职业院校学生素质教育规划丛书

应用文写作

主　编　李翔宇

副主编　徐　艳　张秋勤

编　者　朱　玲　潘　虹　田海凤

周　梅

苏州大学出版社

图书在版编目(CIP)数据

应用文写作 / 李翔宇主编. —苏州：苏州大学出版社，2012.8（2021.12重印）
（职业院校学生素质教育规划丛书）
ISBN 978-7-5672-0226-9

Ⅰ.①应… Ⅱ.①李… Ⅲ.①汉语－应用文－写作－高等职业教育－教材 Ⅳ.①H152.3

中国版本图书馆 CIP 数据核字(2012)第 186776 号

应用文写作
李翔宇　主编
责任编辑　巫　洁

苏州大学出版社出版发行
（地址：苏州市十梓街 1 号　邮编：215006）
广东虎彩云印刷有限公司印装
（地址：东莞市虎门镇黄村社区厚虎路20号C幢一楼　邮编：523898）

开本 787 mm×1 092 mm　1/16　印张 17.5　字数 430 千
2012 年 8 月第 1 版　2021 年 12 月第 2 次印刷
ISBN 978-7-5672-0226-9　定价：35.00 元

苏州大学出版社营销部　电话：0512-65225020
苏州大学出版社网址　http://www.sudapress.com

前　言

为贯彻以能力为本位、以职业实践为主线、以项目课程为主体的新时期课程改革精神，培养和提高广大职业院校学生应用文写作能力，服务学生的学习、就业与创业需要，我们组织编写了这本《应用文写作》。

本书以职业院校学生实际状况和能力水平为基准，以"实用"为原则，具有实用性、指导性、时代性。内容上，较以往应用文教材增加了毕业论文与社会实践；考虑到法律文书的特点，本书未加编写。本书重视应用性，突出"实践"特色，精心选择文种，按照学习应用文的难易程度，充分考虑学生生活和未来职业的主要需要。结构上，本书章节作如下安排：公务活动——行政公文，日常工作——事务文书，信息流通——传播文书，沟通关系——礼仪文书，智力总结——科研文书，经济生活——经济文书，生存问题——职业文书。在编写体例上，打破传统模式，结合专业特点，例文丰富，突出指导性。增加了实训比例，训练的针对性强，重视情景模拟，充分体现职业教育的特点。

本书主要面向三年制中等职业学校、五年制高职院校及各类高职院校的师生。

本书绪论由李翔宇执笔，第一、二章由朱玲执笔，第三、六章由潘虹执笔，第四、五章由田海凤执笔，第七章由周梅执笔。编写的事务工作由徐艳承担，全书由李翔宇、徐艳、张秋勤统稿，李翔宇审定。

本书编写过程中，得到了苏州大学出版社的支持和帮助。同时，我们也参阅了一些时贤的著述，引用了一些书刊的例文资料，在此，一并对其表示衷心的感谢。

由于水平所限、时间紧迫，书中定有许多不妥之处。恳请老师、同学们在使用本书的过程中多提宝贵意见，以便修订时改正。

编　者

2012 年 4 月

目 录

绪　论　应用文概述

第一章　行政公文

第二章　事务文书

第三章　传播文书

第四章　礼仪文书

第五章　科技文书

第六章 经济文书

第七章 职业文书

绪 论

应用文概述

应用文是人们在学习、工作、生活中经常使用的具有固定或惯用格式的文体。在当代社会中，应用文作为一种交流社会信息、解决实际问题、处理具体事务的工具，越来越显示出它的重要性，已成为个人工作中最主要的写作文体。

在长期的发展过程中，应用文写作已经逐渐形成了鲜明的特征。

第一节 应用文的产生与发展

中国应用文的发展演变大致经历了五个阶段：第一阶段为先秦至魏晋南北朝时期，第二阶段为隋唐至宋代，元、明、清时期为第三个阶段，近现代为第四个阶段，到电子化写作进入第五个阶段。

一、先秦至魏晋南北朝时期

应用文写作应当是与人类文明共同发展的。早在夏、商、周三代，应用文的撰写就得到了长足的发展。商代有专职公文撰制机构——太史寮，应用文写作中的公文写作制度化进程全面展开。

《尚书》是我们目前所能见到的最早的公文集。它所收录的最主要的六种文体——典、谟、训、诰、誓、命，代表了殷商时期公文的基本形式。至此，中国封建社会公文的种类划分初现雏形。

春秋战国时期，应用文写作的政治目的异常明显；诸学竞长、百家争鸣的文化氛围，开放自由的社会环境，形成了应用文写作特有的繁荣局面。“后世之文，其体皆备于战国。”这一时期的应用文主要集中在《战国策》《左传》《国语》等先秦典籍中。

秦灭六国，中国出现了空前统一的政治局面，建立了中央集权的封建专制王朝。秦王朝在公文制度的完善方面做了大量工作。公文的格式和文种、行文规范等，第一次以国家政令的形式得以确认。

汉初的社会经济与政治环境，为文化的元气复苏提供了保障。文帝、景帝前后，应用文的创作出现了“西汉鸿文”的全盛局面。著名作家如贾谊、晁错等，以文陈事，论得失，谈治国之策，具战国游说之风。贾谊的《陈政事疏》、晁错的《守边劝农疏》、枚乘的《上书谏吴王》、邹阳的《狱中上书自明》等为代表作品。

汉末魏晋之际，应用文的发展进入一个新阶段。长期的社会动乱，使得应用文的创作氛围出现新的自由的空气，诸学竞长的局面又得以重现。此时应用文被广泛地应用于政治、军事、思想斗争的各个领域，出现了许多应用文写作的高手。同时，骈文的发展也影响到了应用文的写作。这一时期应用文的代表作品有曹操的《求贤令》《让县自明本志令》，诸葛亮的《出师表》，陈琳的《为袁绍檄豫州》，等等。尤其是曹操，其写作风格在当时具有开拓者和领袖的地位。

魏晋时期，应用文发展的成就还充分表现在应用文理论的研究上。其中成就较突出的有曹丕的《典论·论文》、陆机的《文赋》、挚虞的《文章流别论》。

二、隋唐至宋代

隋唐时期实现了国家的统一，使南北文化合流，为社会思想的活跃提供了条件。

隋文帝曾下令改革文风，强调“公私文翰，并宜实录”，禁止“文表华艳”。唐初，文章开始出现由骈入散的现象，加之唐代科举考试中有应用文，士子于是必须精通各种应用文的写作，公务写作的地位也得以确立。初唐的魏徵、房玄龄、杜如晦等一大批具有远见卓识的政治家的摇旗呐喊和身体力行的写作实践，使应用文散体化倾向越来越明显。中唐时韩愈、柳宗元等人发起的古文运动，使散体应用文日趋成熟，骈散兼行、共同发展的应用文文风已初步形成。

宋代科举考试中新增了策论，各种应用文体写作在应试中分量加大，宋代应用文的写作出现了空前繁荣的局面。崇尚朴实、长于说理、重实轻虚，成为应用文写作的共同特点。如欧阳修，“尊韩而不效韩”，反对韩愈怪僻险涩的文学风气，并身体力行，使应用文文风完成了由骈体向散体的实际过渡，并明确了应用文的社会功能，第一次提出了“应用文”的概念，对应用文从上行、下行、平行三个方面作了分类。

这一时期应用文写作的巨大成就主要体现在骈散应用文文体文风的演变和各种应用文体的成熟、大量应用文大家的出现、众多应用文名篇的传播。尤其自《文心雕龙》以来的“文”“笔”之分至此又合流，使应用文的写作成为社会政治生活中的一部分，并成为文人实现自我价值的重要手段。

三、元明清时期

元朝作为第一个由少数民族建立起来的大一统政权，其质朴、拙野，某些文化的“异质”，与长期以来中原文化的繁缛、浮华形成鲜明的对比，在这样的文化环境中发展起来的应用文丰富了应用文的多样性。粗俗体应用文的出现，使应用文更接近口语，代表作家有许衡、赵孟等。

明代朱元璋规定陈事不得冗言烦文，要求应用文朴实晓明，文理并茂。但明代应用文受道统和台阁体影响较大，总的成就不如唐宋时期。在理论研究上，徐师曾的《文体明辨》、吴讷的《文章辨体》等，标志着这一时期应用文研究的较高水平。写作大家代表有宋濂、杨荣、杨士奇、李东阳、张居正等。

清代，应用文减繁为简的工作继续加强。鸦片战争的爆发，则改变了应用文“唯我独尊”的观念，大量引进了西方现代应用文的形式。以李鸿章、曾国藩、左宗棠文章为代表的三大秘书体系的形成，使中国近代应用文呈现出异彩纷呈的局面。清代姚鼐的《古文辞类纂》、刘熙载的《艺概》等，从不同侧面对应用文写作给予理论概括，产生了广泛的影响。

四、近现代时期

1911 年的辛亥革命推翻了清王朝，结束了几千年的中国封建帝制；1949 年新中国的成立，标志着社会主义革命与建设的全面展开。社会的变革，也带来了应用文写作的巨大变革。

1912 年，南京临时政府制定并颁布了第一个《公文程式条例》，废除了几千年来封建王朝使用的制、诏、诰、敕、奏、表等文种名称，代之以令、咨、呈、示、状等，涉及人的称谓，不再使用“大人”“老爷”等，官员互称职务，民间互称“先生”，公文写作用白话，使用新式标点符号。

1927 年—1928 年，国民政府先后颁布了 3 个公文程式条例，文体增加到 27 种。

在解放区，中国共产党领导的人民政府也非常重视应用文的写作工作。1931 年，在江西瑞金成立的中央工农民主政府曾制定《地方苏维埃政府暂行组织条例》，规定了上行文、平行文、下行文的格式和文种；毛泽东的《反对党八股》，对当时应用文的写作产生了极为深远的影响，推动了当时文风的改革；1948 年和 1949 年，东北行政委员会办公厅和华北人民政府办公厅也先后颁布了《简明公文程式》《公文处理办法》《公文处理暂行办法》等，为新中国成立后文书工作的建设提供了丰富的经验。

建国后，我国先后公布了《简化公文公约》《关于统一文件纸型与格式的规定》《关于纠正电报、报告、指示、决定等文字缺点的指示》等。1951 年 9 月，中央人民政府政务院颁布《公文处理暂行办法》，规定公文文种名称有报告、签报、公函、便函等 7 类 12 种，中间曾多次颁发公文处理办法。2000 年 8 月，国务院颁发《国家行政机关公文处理办法》，规定的公文文种有命令（令）、决定、公告、通告、通知、通报、议案、报告、请示、批复、意见、函、会议纪要13种。经过几代人的共同努力，我们已经建立起比较完备的公文写作系统。

五、电子化应用文写作时期

21世纪，计算机信息处理技术成为发展最快的科技之一，网络传播深刻地影响到社会生活的各个方面。中国的国际化进程将越来越快，应用文写作的电子化趋势已更加明显。应用文写作的电子化，既可以极大地加速应用文的传播，也可以加速应用文写作的社会化和国际化。应用文写作的电子化，有以下几个方面的特征：

第一，写作手段的更新。从手写到活字印刷，我们经历了一个漫长的过程。一份格式完整的公文，过去要经历多人之手，难免出差错。今天，大多数的应用文都采用电脑输入、排版、打印，不仅提高了工作效率，而且加速了应用文的规范和统一，制作的应用文的文面也更加精美。

第二，载体的变化。应用文的载体经历了从龟甲、钟鼎、竹简到纸张的变化，这个过程极其漫长。随着文件的电子化，应用文的载体变为磁盘乃至容量更大的光盘，这使得社会资源大为节省，由造纸带来的环境问题也将大为改善。

第三，传播方式的改变。过去，应用文的传播多通过邮寄，速度慢，耗费大量的人力、物力，不少具有查考价值和利用价值的应用材料的贮存也比较麻烦。应用文写作的电子化，可以使文件在网络上发送、传播，极大地提高了文件的传播速度，缩短了人们之间的距离，加快了信息的传播。现在，许多机关实行网上政务办公。

当然，应用文写作的电子化也对应用文作者提出了较高的要求。

首先，应用文的写作者要转变观念，主动适应应用文写作电子化的趋势，探索应用文写作电子化带来的应用文写作的新特点、新功能，探索应用文写作对社会生活的新影响，总结应用文写作新的结构方法、表达方法、传播方法，以指导应用文写作的实践。

其次，要充分发挥网络传播的特点和优势，丰富应用文写作的信息形态，力求从过去单一的文字形态向“多媒体应用文”转变。充分发挥声音、图形、图像等的作用，从而大大提高应用文的传播效果。

最后，逐步确立电子化应用文的地位和效力，制定适合应用文写作电子化的法律法规和相关的行业标准。实现应用写作及处理的全程自动化和无纸化，从制度上、技术上保证电子签名、电子印章等的法律效力，并制定应用文写作电子化的操作规程，力求在各个环节上使电子化应用文写作更加规范。

第二节 应用文的性质与作用

一、应用文的概念

应用文写作是一门古老而新兴的学科，是写作学的一个重要分支。一般而言，应用文是指机关、单位和人民群众在处理日常公私事务中所使用的具有固定或惯用格式并具有直接应用价值的文章。

这里有三个注意事项：一是应用文的主体包括机关、单位、个人，用于处理公私事务，包括处理公务活动中的事务，如单位与单位、单位与个人、个人与个人之间的各种事务，也包括个人在学习与生活中形成的文章；二是应用文具有固定或惯用格式，包括法定的或人们约定俗成的；三是应用文必须有直接应用价值，即它对人们的公私事务发生直接的作用，如邀请函、会议通知等。

二、应用文的作用

应用文是随着社会经济的发展而出现的，是人们生活的需要，是社会管理活动的需要。其作用有以下几点：

1. 管理作用

应用文是管理国家、企事业单位事务的一种重要工具。国家及企事业单位要进行有序的管理，就必须发布法律和行政法规，必须有从上而下的政令。国家布政明法，统一认识，规范行为，都必须通过应用文上传下达，如上级机关发布的命令（令）、决定、意见、通知，都起着管理、约束的作用。

2. 指导作用

应用文有着明确的目的和要求，这就决定了它具有指导作用。不论是下级呈送上级的报告、请示，还是上级颁布的通知、制度，都是从实际工作中来并指导实际工作的，所有的工作都应围绕、针对应用文提出的目标、要求展开。它决定实际工作的原则、方向、程序。

3. 交流作用

现代社会是信息社会，人们参与各类活动的范围愈加广泛，彼此之间的合作交流日益增多，人与人、地区与地区之间都存在着千丝万缕的联系，需要进行信息交流与传递。如上级通过下级呈示的工作简报、调查总结报告可以了解实际工作中出现的具体问题，把握倾向，协调各部门的关系；求职简历可以让用人单位迅速了解求职者的个人信息。

4. 凭证作用

应用文中的行政公文用于传达方针、政策，安排任务，部署工作。而某些专用公文,其凭证作用更为明显,如协议书、合同书等都规定了当事人双方的权利与义务,任何一方违约,都要以此为凭证追究法律责任。有些应用文不仅在现实中发挥作用,而且还是真实的历史记录,依照有关规定立卷、整理、归档,可作为文献资料供后人研究、参考,成为珍贵的历史档案资料。

第三节　应用文的特点与种类

一、应用文的特点

作为交际工具,应用文具备一般文章所具有的共同特点,如观点鲜明、层次清晰、结构严谨等。但在长期的社会实践中,应用文逐步形成了有别于其他类别文体的鲜明特点。

1. 实用性

进入现代社会,应用文更是与人们的工作、学习、生活密不可分,无论是公务还是私事都离不开它。这一点是应用文与其他以审美为主要功能的文学作品的最大区别。实用性是应用文最根本的属性。

2. 真实性

应用文写作以应付生活、用于事务为目的,以事实为基础,不允许虚构、想象。这一点与文学作品不同。文学作品也讲求真实,但文学作品的真实强调的是艺术的真实,它允许艺术的虚构,其“真实”是相对而言的。

应用文的真实性,尤其体现在材料的真实性上,必须注意三点:一是选用的材料本身必须是真实的,是符合客观实际和社会生活现实的;二是应用文写作中运用材料的方式是得当的,反映给应用文阅读者的材料必须是真实可靠、准确唯一的;三是材料的取舍与应用文主旨之间的关系是紧密的,材料必须充分地支撑观点。

3. 规范性

应用文是一种具有“规范格式”的文体。也就是说,应用文写作应当遵循一定的模式。所谓模式,指的是事物的标准、规定样式。应用文的文种、格式、语体语境、布局等有大致相近的样式,有大体统一的要求。这样,作者写起来简便、快捷,读者看起来一目了然。而且,规范的模式也更便于有关方面作出准确的判断和反应,便于更好地处理公私事务。

应用文的规范性、模式性形成的原因主要有两点:

一是“约定俗成”。即在长期的写作过程中,部分格式、用词、布局代代相传,互相效仿,从而被大家认同,形成社会公认的模式,如书信、条据、碑志等。这种“约定俗成”到现在仍在发挥作用并在继续完善。

二是法定促成。特别是党政公文、法律文书等，主要由行政机关或权力机关以法律法规的形式，对文种、格式、制度等加以认定，并在管辖范围内普遍执行。2000年8月国务院颁布的《国家行政机关公文处理办法》对行政公文的13种文种和格式作了规定。中华人民共和国标准《国家行政机关公文格式》(GB/T 9704—1999)则对国家行政机关公文通用的纸张要求、印刷要求及公文中各要素的排列顺序和标识规则等作了详细规定。这些规定，每个应用文写作者都必须遵守。

当然，讲应用文具有规范性，并不是说应用文就是呆板僵化的。相反，规范性更强烈地要求我们不断提高应用文写作技巧，因为作者的主观性在应用文文体的写作中既非常重要，表达起来又有更高的难度。并且，应用文的各种模式、规范，也随着时代和社会的不断发展而发生着或多或少、或快或慢的变化。

4. 简明性

应用文表述的简明性，是由应用文价值的直接实用性派生出来的。应用文的效用只有通过应用文接受这一中间环节才能得以发挥。

(1)“简约”。从接受者对语言的期望来看，应用文的语言必须简约，要质朴典雅，切忌浮华不实。只有这样，应用文接受主体才能够准确地抓住应用文的主旨和中心。简约表现在概念清楚、详略得当、轻重分明、说理明确上。

(2)配合简约的要求，应用文应“明白”。应用文要多用说明，叙述上多用直笔，不兜圈子，不绕弯子，“篇中不可有冗章，章中不可有冗句，句中不可有冗字，亦不可有龃龉处”(吴讷《文章辨体序说》)。要简洁省俭、要言不烦，多用陈述句式，尽量少用抒情、描写。

当然，简约的前提是明了清晰，切不可为简而简，影响应用文内容的正确表述。

上面所述，只是应用文的主要特点。其他如写作主体的服从性、写作过程的及时性、构思行文的逻辑性，虽也是应用文的特点，但多是由以上特点派生出来的，或者尚算不上区别于其他文体的本质属性，故这里就不一一叙述了。

二、应用文的种类

应用文的种类繁多复杂，目前常用的应用文就有200多种，并且还在不断产生新的文种。要想对这一庞大的系统进行分类是非常困难的，应用文写作界至今也没有权威的分类体系。由于标准、类别不一，有的按行文关系进行分类，有的按功用进行分类，有的按使用范围来分。

我们认为，文体分类要遵循宏观整体的原则，分类不宜过于琐碎，本着“必需、够用、实用”的原则，本书把应用文分为行政公文、事务文书、经济文书、传播文书、科研文书、礼仪文书和职业文书七大类。

第四节　应用文写作的过程

一、应用文的主旨

文章的主旨，又称为主题或者中心思想，是一篇文章最重要的意思和观点，是文章的灵魂。

相对文学作品而言，应用文的主旨更突出、更明确、更直接。文学作品的主题往往深蕴于作品的形象、情节、情感中，含蓄、深刻，饱含创作者个人的世界观、气质、创作风格、创作特点，不同的读者往往从中能得出不同的结论。而应用文的主旨不容许含蓄隐晦，应该中心突出、鲜明、直截了当，不能出现有歧义的解释。应用文的主旨必须主旨先行，“意在笔先”，构思及选择安排材料都必须以主旨为中心和依据。

应用文的主旨，至少应该符合两点要求：

1. 正确

做到主旨的正确，即要遵循实事求是的写作原则，要符合事物发展的客观规律，在制定目标时，必须做到实事求是，不得弄虚作假。

2. 鲜明

应用文的主旨非常强调鲜明。应用文多数是管理和行事的准则，肯定什么，否定什么，提倡什么，反对什么，必须旗帜鲜明；否则，在按其实际解决问题时会失去准确可靠的依据和尺度。

二、应用文的构思

应用文有着不同的类别、形态和风格，不同的应用文有着不同的构思方法。

构思是文章写作者的思维过程和运动，也就是我们通常所说的“思路”。按照思路写成文章，就是所谓的组织结构。要提高构思的水平，要注意以下几个环节：

1. 观察

观察是人们认识客观事物的第一个阶段，观察的周密与否、深入与否在认识过程中起着决定性的作用。这是应用文写作的基础。

首先，在撰文之前，应该全面周详地观察将要反映、影响的客观外界，获取外界的第一手材料，做到全面、客观。例如，为学校制订五年发展规划，就必须全面了解学校的概况，如办学目标、指导思想、师资设备、生源状况、区域经济特征等，这样写成的发展规划才能真正地指导学校的发展，发挥指导作用。

其次，须对事物进行进一步的观察和认识，深化已有的初步认识。这种观察是有针对性、有重点、有目的的观察。结合写作目的，抓住关键问题及其相关因素，这样才能有的放矢。

最后,还要比较一定范围内不同性质、不同特征的事物,或者是比较一定范围内的事物与另一范围内的事物。通过比较观察,可以得出更为科学合理的判断和结论。

2. 分析

观察是认识的基础,而认识的形成,有赖于分析。分析是科学判断的基础,大致可分为综合比较分析、重点分析、反复分析三个环节。

(1) 综合比较分析。综合比较分析是对分析的全面细致的要求。由观察获取的第一手客观材料往往是相当丰富复杂且粗糙杂乱的。分析,就是要对这些客观现实材料进行全面的分类比较和鉴别,从而对事物进行初步的定性、定位。

(2) 重点分析。即有目的、有重点地抓住关键问题、主要问题及问题的主要方面,深入分析它们的特点和本质。抓住了重点,才能从根本上解决应用文写作的主要问题。

(3) 反复分析。因为事物总是在变化和发展,主要矛盾会变,矛盾的主要方面会转化,而人的认识水平也在变化和提高,这就要求写作者要反复分析问题,要使文章经得起客观外界的检验。

3. 拟立提纲

拟立提纲是构思的物化阶段,并没有固定的模式,因人而异,因文章类别而异,因写作目的与要求而异。提纲是一篇文章思路的基本骨架和大致脉络,写提纲时要考虑文章主要内容的次序及其相互之间的逻辑联系,要考虑每一部分将解决什么问题、从哪几方面着手、必要的材料如何分配等。提纲是从观察、分析转化为行文表达的关键,它将构思系统化、逻辑化,将写作材料条理化、有序化。好的写作提纲,整体感强,逻辑性强,目的性强,中心突出。

拟立提纲,是应用文写作者应该具备的素质和习惯。

三、应用文的材料

应用文的材料是指作者为表现文章立意所搜集、摄取或写入文章中的一系列事实、数据或论据。材料是应用文写作的基础,如果说主题是应用文写作的灵魂,那么材料就是应用文的血肉。应用文的材料一般分为理论材料和事实材料两部分。理论材料主要有方针、政策、各种法律法规及科学原理、定律、学说等;事实材料主要有事件和情况、实物与现象等。应用文的写作实际上是一个搜集分析、综合选择、排列组合材料的过程。要注意以下三个环节:

1. 搜集材料

为了特定的写作目的,应用文的材料搜集要做到丰厚、典型。所谓丰厚,是指占有材料要全面。所谓典型,是指材料能够揭示事物的本质和特征。应用文搜集材料主要有直接获取和间接获取两条途径。直接获取是指作者运用观察、实地调查、访问、问卷调查、开调查会等方法直接搜集材料。间接获取的材料是指作者通过某种传播媒介所获得的材料,如各种记录、报表、统计数字、报刊、书籍、部门或单位的档案等。

2. 分析材料

材料的真实是应用文写作的重要点。拥有了大量的材料,接下来就是分析材料的真伪。可以从两个方面入手:一是分析材料的客观真实性。材料的客观真实是指作者不能根据需要随意编造,不能移花接木和虚构、夸张。二是分析材料的本质真实性。材料的本质真实是指现实社会中,有些偶然的个别现象,从局部看,它确实是真实的,但就整体而言,它却不能反映事物的整体面目和内在本质。因此,在分析材料客观真实性的基础上,作者还必须分析材料的本质真实性,及时发现、剔除那些不能反映事物本质真实的虚伪材料。做到去粗取精,去伪存真,由此及彼,由表及里。

3. 选择材料

选择材料是指在搜集和分析材料的基础上进行材料的筛选取舍,选择材料是分析材料的深化。应用文选择材料主要是根据主题需要选择那些典型、真实、新颖的材料。即选择那些能够深刻表明事物本质及共性又带有鲜明个性色彩的材料;选择那些具有典型意义、有一定思想深度,同时又具有很强的感染力和吸引力的材料;选择那些没有人用过的,或是虽有人用过却能发掘出新鲜含义的材料。

四、应用文的结构

结构是作者的构思在文章中的具体体现,是文章内部的组织构造,也是安排材料、谋篇布局的方式,表现为思维形式的叫做逻辑结构,表现为语言形式的叫做篇章结构。

应用文的结构形式,通常包括开头、主体和结尾三个部分。

1. 开头

开头,是指文章从什么问题写起,从哪里下笔。由于写作内容、文种、目的的不同,应用文的开头方式也不同。

(1) 概述式。概述式是指在文章开头部分用叙述的方法,概括地写出写作对象的基本情况。这种开头,多用于调查报告、简报、总结、会议纪要等。

(2) 目的式。目的式是在开头就开宗明义,说明写文章的目的。这种开头常用于情况通报、通告、通知、意见等文种。

(3) 根据式。根据式是根据法律、法令、文件精神、领导指示、对方来文、突发事件等行文。多用于决定、调查报告、市场预测报告、合同等。

（4）提问式。提问式就是开门见山地提出问题，发人深省，然后引出正文。情况通报、调查报告、会议纪要、学术论文、新闻等有时用这种方式开头。

（5）说明式。说明式是先对要写的对象的背景、情况做一些说明，在此基础上引出正文。这种开头多见于调查报告、新闻、通讯、广告等。

（6）慰问祝贺式。慰问祝贺式即开头就表示慰问和祝贺。这种形式常用于贺信、表扬信、慰问信等文种。

2. 主体

主体是应用文的主干部分。在写作时要根据行文的目的，紧紧扣住主题，条理清晰地逐层展开述说，把有关事项的要求、措施、办法、结果、成效、问题、经验、教训等叙述清楚。应用文主体部分的写法没有固定的模式，可以灵活多变，量体裁衣。下面介绍几种常见的结构方式。

（1）时序式。时序式是按时间的推移或按事物发生、发展的演变过程来安排结构。各层次之间为"先后"关系。

（2）递进式。递进式是指内容之间的意思一层进一层，层层推进，其顺序不可颠倒。

（3）总分式。总分式是指总述与分述的层次关系。运用此方式时，可以是先总提，后分述的"首括式"安排，也可以是先从几个方面分述，最后总括的方式。

（4）并列式。并列式是指文章各层意思无主从关系，共同表达主题或论点。运用此方式时，可以按空间的分布或场面的转换安排层次，可以按材料的性质归类安排层次，也可以按中心论点的若干侧面，提炼各个分论点，从不同的角度共同论证论点。

3. 结尾

结尾是文章的总收束。应用文常见的结尾方式有如下几种。

（1）总结式。总结式是依据正文的中心内容进行概括总结，作出结论，点明主旨，以加深人们对文章的印象。

（2）号召式。号召式是在结尾处发出号召，激励人们行动起来去落实文中所提出的各项要求和任务。

（3）说明式。说明式主要是对主体部分的未尽事宜做一些补充说明，或者对与内容有关的问题做一些必要交代。

（4）惯用式。惯用式多用于公文的结尾。其中包括上行文中的祈请式，如"妥否，请审查批示""以上意见，如无不妥，请批转各地执行"等，即将带有祈请意思的语句作为公文的结束语；还有下行文中的期望式，如"特此公告""希遵照执行""希参照执行”等,即将带有期望意思的惯用语句做结尾。

以上各种结构形式,在一篇应用文中可采用一种,也可以以一种为主、其他几种并用,但结构的安排必须为主题服务这一宗旨不能改变。

五、应用文的表达方式

表达方式是指在行文过程中对有关内容进行表达时所采用的表述角度与方法。应用文的表达方式通常有叙述、说明、议论等。这些表达方式各具特点,它们在写作中,有的被单独使用,有的交互使用,更多的是交互混合使用。

1. 叙述

叙述是对人物的经历、事物发展变化的过程所做的介绍和交代。应用文的叙述,要求写作者要有立足点和观察点,或从自我出发,或从与叙述对象的平行地位出发,以此来确定叙述时的人称。常用的叙述方法有概述、详述、散叙和顺叙等。概述就是概略叙述某一状况、某一过程的基本面貌,使读者能了解大体情况,这种叙述方法在应用文中运用得最多。详述就是详细叙述某事物的基本面貌或某一事件的具体过程,使读者能详细了解情况,如产品说明书、调查报告等多用此种叙述方法。散叙是将多个在不同时间、不同地点发生的事情,紧紧围绕一个主旨,分别对其进行叙述。顺叙是完全按照时间先后或事情发生、发展的过程来安排段落层次的一种写法。用这种方法,可以把事物发展的过程叙述得头尾清楚、层次分明。

2. 说明

说明是对事物、事理和人物所作的具体或概括的介绍或解说。常用的说明方式如下。

(1) 定义、诠释说明。是用有依据、精确的语言表述事物的本质属性,使它与别的事物相区别,即下定义。有时下定义比较困难,就只说明对象的某些特点,即诠释或解释,这种方法使用起来比较自由灵活。

(2) 概貌说明。是对说明对象从外观形象上进行概括的介绍。这种说明注重事物的完整性,能给人一个总体的印象。

(3) 程序说明。是对说明的对象从制作过程或工艺流程乃至施工进度的解说。这种说明要注意程序之间的衔接和贯通。

(4) 局部说明。是对完整事物的划段解说,要做到划段准确,各阶段解说的事理要具有针对性和一致性。

(5) 举例说明。是一种通过举例的方法解说事物的写法。要特别注意挖掘所举实例与所解说对象的共同点与相似点。

(6) 比较说明。是把两种(或多种)事物或者同一事物的不同阶段进行比较,借以说明对象的性质、特点和其变化情况。这种说明要注意所比较的两者之间是否有可比性。

(7) 数据与图表说明。这是利用有关数据或图片表格进行解释的一种直观说明方式,这种说明要注意数据的准确和图表的鲜明、形象。

总之,说明的文字必须言简意赅,只要是能把事物形状、性质、特征、关系、功用等方面解释清楚,或者把人物的经历、特点、成就等表达明白,就是好的说明。

3. 议论

议论是作者通过事实材料及逻辑推理阐明道理,表明自己的观点、见解和主张,驳斥他人观点的一种表达方式。

议论有三个要素,即论点、论据和论证。所谓论点,就是作者对问题提出的观点、看法和主张。它可分为中心论点和分论点,中心论点可在文章开头提出,也可在篇末归纳提出,常以一个判断性语句出现在文章中的明显位置上。分论点是从中心论点中分化出来的,经常是文章每一部分开头提出的小论点,分论点起着为中心论点服务的作用。所谓论据就是用以证明论点正确(或错误)的理论和事实依据。论证则是用论据证明论点的过程,一般包括论点提出的原因及论点的基本解说、证明论点的正确(或错误)、归纳论证的结果等几个部分。

议论分为两大类,即立论和驳论。立论是正面阐述自己的观点,驳论是反驳他人的论点。在一篇文章中,有的运用单一、典型的立论或驳论,有的则交叉使用,破立结合。

下面是论证常用的几种方法。

(1) 归纳法。以事实为依据,从许多“个别”事例中归纳出一个“一般”性的结论。

(2) 演绎法。以推理的方式,从“一般”性的结论演绎出“个别”的论断。

(3) 举例法。以事实为论据,用典型事例证明文章论点的正确性。

(4) 引典法。以名人及经典著作中的言论或公理、常理为论据,证明文章论点的正确。

(5) 比较法。把不同情况或事物列举出来进行比较,在比较中明辨是非,阐明事理。

(6) 类比法。通过讲故事、举实例,用比喻等方法来证明两个事物之间具有某种共同的特点和属性。

(7) 驳论法。一种是直接反驳,即用确凿的事实或常理,直接批驳他人错误的论点。另一种是间接反驳,这种反驳法又可分为归谬法和反证法。归谬法就是对错误观点作“顺水推舟”式的发挥,以充分显示其荒谬;反证法就是首先用充分的论据证明与其相对立的观点的正确,借以证明对立论点的无法成立。

六、应用文的语言

语言是思想的物质表现。与文学作品不同，应用文在语言运用上有自己的特殊要求，其中，准确、规范和简练是基本要求。

1. 准确

应用文的语言对“准确”的要求很高。应用文写作中不得使用不准确的词语、模糊的语句，以免造成理解的偏歧和错误。因此，在写作应用文时，要尽量选择那些最为贴切和更为准确的词语。

2. 规范

应用文的语句要完整、周到、有序，要注意逻辑，主语、谓语、宾语的安排应尽量做到规范化、平易化。

3. 简练

应用文用最准确而精简的字词表达所要说的意思，力求干净利落、更有力地为现实生活服务。

应用文在语言运用上具有自己独特的个性风格，经常使用缩略语，如把“中国共产党中央委员会”简称为“中共中央”；经常使用一些弹性语词，如“基本”“较大”“较丰富”“较高”“加强”“当前”“各单位”“可以”“必要”等；经常使用古语、介词短语、固定用语，如“业经”“兹有”“荷”“对”“对于”“执照”“拟”等；常用借代语，如“本校”“贵单位”“为此”“我单位”等。

第一章

行政公文

行政公文是指国家各级行政机关在行政管理过程中形成的具有法定效力和规范体式的书面材料，是依法行政和进行公务活动的重要工具。国务院2000年8月24日发布、2001年1月1日起施行的《国家行政机关公文处理办法》规定，行政公文主要有命令（令）、决定、公告、通告、通知、通报、议案、报告、请示、批复、意见、函和会议纪要共13种。本章主要介绍通知、通报、报告、请示、批复、函、会议纪要、决定、意见。

行政公文的特点主要包括内容的权威性、程序与格式的规范性、作者与读者的指定性、问题的时效性。行政公文的作用主要有沟通协调、领导指导、依据凭据、宣传教育等。

行政公文一般由秘密等级、保密期限、紧急程度、发文机关标识、发文字号、签发人、标题、主送机关、正文、附件说明、成文日期、印章、附注、附件、主题词、抄送机关、印发机关和印发日期等组成。

第一节　通　知

［**基础知识**］

1. 概念

通知是指批转下级机关的公文、转发上级机关和不相隶属机关的公文、传达要求下级机关办理和需要有关单位周知或者执行的事项时使用的公文、任免人员时使用的公文。

2. 特点

通知具有使用范围广、告知及时、使用频率高、种类多等特点。

3. 种类

通知按其用法可以分为以下几类：

（1）发布性通知。主要用于向所属下级机关发布有关行政法令和规章制度，具有很强的政策性。

（2）批转（转发）性通知。主要包括批转性通知和转发性通知两类，用于批转下级机关的公文、转发上级机关和不相隶属机关的公文。

（3）事务性通知。主要用于处理日常工作中带事务性的事项。

（4）部署性通知。主要用于部署工作、传达要求下级机关办理和需要有关单位周知或执行的事项。

（5）任免通知。主要用于任免、聘用干部。按干部管理权限，由上级机关决定任免人员，再把任免决定以通知行文在指定范围公布。

（6）会议通知。主要用于组织召开会议，向参加会议的机关单位或有关人员告知会议内容、时间、地点及注意事项等。

［**例文导读**］

例文1：

国务院办公厅关于印发《×××××××××》的通知

各省、自治区、直辖市人民政府，国务院各部委、各直属机构：

《×××××××××》已经国务院同意，现印发给你们，请遵照执行。

附件：《×××××××××》

国务院办公厅（印章）

二〇〇五年十月二十八日

点评：这是一则发布性通知。当有多个主送机关时，应分类书写，并用逗号隔开，每类中不同机关用顿号区别；这则通知正文内容简单，言简意赅。

例文2：

关于召开“××××××”的通知

各有关单位：

×××××系统建设项目经国家发改委批准立项后，已进入编制可行性研究报告阶段，项目将在今年全面展开建设。为了提高×××××系统的合理性、实用性、先进性、可扩展性和可操作性，确保一期建设的主机、网络、存储备份和安全系统、应用系统及其数据库切实发挥作用，为各级安全生产监管部门、煤矿安全监察机构提供高效、可靠的信息化手段与平台，并为×××××后续项目建设打下良好的基础，定于1月24日—25日在北京召开“××××××”。现将有关事项通知如下：

一、会议内容

（一）介绍××××××系统总体方案。

（二）请有关大型IT厂商介绍电子政务总体解决方案及其成功案例。

（三）专题报告与研讨：

在×××××中心介绍××××××系统的主要应用系统功能、结构与流程，相关单位、专家或厂家介绍相关情况及已获得一定应用的产品情况的基础上，分专题进行研讨，以便完善系统设计。专题研讨分组如下：（略）

二、参会人员

（略）

三、时间与地点

1. 时间：23日报到，24日、25日两天开会。务请参会代表于1月18日前将会议回执（可通过×××政府网站www.××××××.cn主页会议通知栏目下载通知和回执）报会务组。（联系人：×××电话：×××××××××传真：××××××××邮箱：×××@chinasafety.gov.cn）

2. 地点：××××××第二招待所（北京×××××南侧，电话总机：××××××××）。

3. 联系人：

×××××信息中心　×××电话：×××××××××　邮箱：×××@chinasafety.gov.cn。

附：与会单位及代表名额分配表

“××××××”回执表

×××××管理局（印章）

二○○五年一月十二日

点评：这是一则会议通知。通知详细交代了会议内容、时间、地点及注意事项等。为确保会议顺利召开，附有会议联络员的详细联系方式以及各单位参会回执。

［**写法指南**］

通知因为适用范围广，不同类型的通知作用也各不相同，因而在写法上也不完全一样，写作时要注意根据实际情况灵活操作。通知的结构一般由标题、主送机关、正文、落款等几个部分组成。

1. 标题

通知的标题一般由发文机关名称、事由和文种名称构成。当落款中署有发文机关名称时，标题中发文机关名称可省略，如“××市人民政府办公厅关于开展消防安全工作检查验收的通知”，如落款为“××市人民政府办公厅”，则标题可简写成“关于开展消防安全工作检查验收的通知”。批转(转发)性通知标题按照“发文机关名称+批转(或转发)+被转的文件名+通知”模式书写,如“国务院办公厅转发财政部关于农业综合开发若干政策的通知”。当通知的具体事项非常紧急时,可以在“通知”前加上“紧急”字样,如“国务院关于切实落实政策保证市场供应维护副食品价格稳定的紧急通知”。

2. 主送机关

主送机关也称为受文对象,一般在标题的下一行顶格写,后加冒号,如主送机关有多个,则由主至次排列,同类用顿号隔开,不同类用逗号隔开。主送机关必须用全称或者规范化简称。普发性通知可以省去主送机关。

3. 正文

正文一般由开头、主体和结尾三部分构成。开头写制发通知的原因、依据和目的。主体部分重点说明具体通知事项,内容多的可采用条款式,要求条理清晰、逻辑严密。结尾可以写要求、希望等,也可因文而异,不写结尾。

(1) 发布性通知。一般先写明发布文件的名称和发布意义,再表明对这一文件的态度并提出实施要求。

(2) 批转(转发)性通知。一般先写明被批转(转发)的文件的名称,再提出实施意见和执行要求,常用“现将……批转(转发)给你们,请参照(遵照)执行”等惯用语。

(3) 事务性通知。一般只需将通知事项写清楚即可,不必发表议论;结构上既可用条款式,也可用分段陈述的形式。

(4) 部署性通知。一般需要把工作来由、工作内容、工作要求三个方面写清楚,多数用条款的形式将内容和要求结合在一起逐条列出。

(5) 任免通知。一般先写明任免依据,再写明任免人员的姓名和职务,有的还详细写明任期和待遇等。

(6) 会议通知。一般要说明召开会议的目的和意义,并准确无误地写明会议名称、时间、地点、内容、参会人员、报到时间、报到地点、费用、准备材料和其他注意事项等。

4. 落款

在正文末的右下方署上发文单位,加盖印章,并写明发文日期。印章要骑年盖月。

［**病例分析**］

××部关于成立摄影小组的通知

我部成立一个摄影小组，目的是为了更好地配合“五讲四美”活动、丰富我们的业余文化生活、培养我们的情操。成立摄影小组有利于我们提高观察生活的能力，从生活中挖掘出美的事物，使我们更加热爱我们的祖国。

本小组将聘请专业或业余摄影家来讲学。在一、二年内本小组成员除了能掌握摄影基本知识外，还能学会在拍摄过程中常用的知识，如追随法、逆光摄影法、高调摄影等；在冲洗照片过程中常用的方法，如冲洗技术，多次曝光叠加成像，修改底片等。待初步掌握这些技能以后，我们还将出外采访，从而更好地深入实际，了解社会，还将尽可能地游历祖国名山大川，拍出有浓郁的生活气息和奇丽风光的艺术照片，并举办学员作品展览，评出优秀作品，对作者予以适当奖励，结业时，凡掌握了所学内容者，都发给毕业证书，并赠送纪念品。总之，凡加入本小组的同志，只要认真学习，虚心请教，互相交流，取长补短，切磋技艺，都会在摄影技术上取得很大进步，成为祖国有用的人才。

凡是对摄影有爱好的同志，可以自愿报名参加，要自带照相机，有摄影作品的同志最好将作品交上来，以供录取时参考。活动时间为每星期二、四下午，报名处在××部办公厅203室，报名时交一张一寸照片，报名时间5月1日—5月10日，过期不再补报。有关各项要求望及时发给各党支部给予传达，尽快将名单报上来。

摄影是一门艺术，它会使我们的生活更加充实，激发我们对祖国的爱和为祖国献身的勇气，望大家踊跃参加。

××部办公厅

一九××年×月×日

分析：这篇通知存在如下几个毛病：

1. 发文机关不当。通过通知内容可知，成立摄影小组并不是本部门行政和业务工作的需要，而是出于丰富干部职工的业余文化生活的目的。这样的工作不应由办公厅来做，而应由工会文体部门来做，因此应以工会的名义发文。

2. 结构紊乱。通知开头阐述了成立摄影小组的目的和意义，结尾对此进行了简单重复。

通知的主体，应按照活动内容、活动方式、报名须知等几个方面，有层次有条理地组织结构。以第三自然段为例，这一段有四个不同方面的内容混淆在一起：报名条件、小组开展活动的时间安排、欲参加者的报名时间和地点、本文的传达和执行要求。

3. 违反有关政策，机构关系混乱。这篇通知提及参加摄影小组的人可获得“毕业证书”，这违反我国有关政策。只有经过对教育机构的相关课程的系统学习，并经考试合格，才能获得教育部门颁发的毕业证书。一个业余性质的活动小组，没有资格发放“毕业证书”。

通知要求各党支部对本文件及时进行传达，部门关系明显是混乱的。办公厅是行政部门，而党支部的工作应该由上级党委来安排。

4. 表达逻辑不清，语言词不达意。第二段在说明学习内容时，对摄影的知识和技法概括得逻辑不清，显得十分混乱。关于拍摄技法和暗房技法，在概念上就没有分清，导致相互交叉、混杂。

语言词不达意的现象很多，如：第二段末尾说参加摄影小组的人可以“成为祖国有用的人才”，意思是说参加之前就肯定不是有用人才，不参加者永远不能成为有用人才，这不会是作者的原意，而是由于运用语言的能力不足所造成的语意混乱。

［**牛刀小试**］

1. 根据下列通知的正文内容写出标题。

(1) 国家统计局、国家经贸委《关于做好工业统计制度改革的意见》已经国务院同意，现转发给你们，请结合本地区、本部门的实际，认真贯彻执行。

(2) 省政府同意省人事局、省计划发展委员会、省教育厅《关于做好2008年高校毕业生就业工作的意见》，现批转给你们，请认真贯彻执行。

(3) 为加强工程建设标准编制工作的管理，统一工程建设标准编写要求，确保工程建设标准编写质量，根据《工程建设国家标准管理办法》和《工程建设行业标准管理办法》的有关规定，我部组织修订了《工程建设标准编写规定》，现印发给你们，自印发之日起施行，尚未报批的工程建设标准，均执行新的《工程建设标准编写规定》。原《建设部关于印发〈工程建设标准编写规定〉和〈工程建设标准出版印刷规定〉的通知》中的附件一同时废止。

2. 请修改下面所列通知的标题。

(1)“关于召开征购动员大会的通知”

(2)“关于你校设立新材料研究中心的通知”

(3)“关于对待业人员统一登记的通知”

(4)“县人民政府关于转发市人民政府办公室关于转发省人民政府办公厅关于加强公共场所卫生管理的通知的通知的通知”

3. 最近一段时期以来，××市接连发生几起重大火灾、交通事故和矿难事故，使国家和人民群众的财产遭受重大损失。××市人民政府为此发文，要求各有关单位要切实加强安全管理、宣传、检查和监督工作，严防类似事故的再次发生。请你代××市人民政府拟写一篇通知。

第二节 通 报

［基础知识］

1. 概念

通报是表彰先进、批评错误、传达重要精神或者情况时使用的公文。

2. 特点

通报一般由领导机关发出，一般指向具有普遍意义的典型事例、成功的经验和失败的教训，起到表彰、惩戒、指导和宣传教育的作用。因此，通报具有典型性、教育性、真实性、时效性。

3. 种类

通报按其性质和功用，可分为以下几类：

（1）表彰性通报。主要用于表扬和宣传先进集体、先进个人典型事迹，从中总结出成功的经验，号召人们向先进学习。

（2）批评性通报。主要用于批评处理重大事故、事件、违法违纪案件等，告诫人们吸取教训，防止此类错误再次发生。

（3）情况性通报。主要用于上级领导机关向所属下级机关传达有关重要情况、发布重要信息，以便上情下达、统一认识，协调并推动工作。

4. 通报与通知的区别

（1）内容范围不同。通报与通知都有告知的作用，但通知告知的主要是工作的情况以及共同遵守执行的事项；通报则是告知正反面典型或有关重要情况。通知主要用于发布行政法规和规章制度、批转和转发公文、告知需办理和周知的事项；通报主要用于表扬先进，批评错误，传达、交流重要情况和信息。

（2）目的要求不同。通知的目的是告知事项，布置工作，部署行动，要求受文机关遵照执行；而通报的目的是通过正反面典型去教育人们，提高人们的认识，引起人们的重视。

（3）表现方式不同。通知的表达方式以叙述为主，语言具体明白；而通报的表达方式常兼用叙述、说明和议论，常陈述事实，说明问题，分析评价，具有较强的感情色彩，以达到宣传教育的目的。

［例文导读］

例文1：

关于表彰2011年度全市固定资产投资工作和节能工作先进单位的通报

×政办发〔2012〕××号

各县、市、区人民政府，×××管理区、××经济开发区管委会，市政府各部门：

2011年，在市委、市政府的正确领导下，全市上下把固定资产投资和节能工作作为贯彻落实科学发展观的重要举措，作为做大做实做强投资、工业、高技术产业和现代农业"四大支柱"，奋力推进跨越发展的重要抓手，多措并举，扎实推进，取得较好成绩。全市实现固定资产投资823.81亿元，同比增长34.7%，增速分别高于全国、全省和中部地区平均水平。全市单位GDP能耗1.2吨标煤，下降3.7%，超额完成省下达的目标任务。为鼓励先进、促进工作，市政府决定对××县人民政府、市教育局等16家2011年度全市固定资产投资工作先进单位（名单附后），××市人民政府、市经信委等7家2011年度全市节能工作先进单位（名单附后）予以通报表彰。

希望受表彰的单位发扬成绩，再接再厉，把固定资产投资、重大项目建设和节能工作推上新台阶。全市各地各部门要学习借鉴先进经验，查找差距，开拓创新，真抓实干，为实现"三个跨越""三个崛起""三个提升"的目标而努力奋斗。

附件：2011年度全市固定资产投资工作和节能工作先进单位名单

××市人民政府办公室（印章）

二〇一二年二月十日

点评：这是一则表彰性通报。全文格式规范，用词准确，正文总述了全市固定资产投资工作和节能工作取得较好成绩，表彰了先进单位，并对各部门提出了希望。

例文2：

国务院办公厅关于××省××市××县擅自停课组织中小学生参加迎送活动的通报

国办发〔1999〕××号

1999年12月5日，××省××市××县举行××高速公路在本县通车仪式，××县主要领导擅自决定，让本县部分中、小学校停课参加通车仪式，近千名中小学生在风雪天等候长达两小时，致使部分中、小学生生病，学生家长和群众极为愤慨，致信中央要求坚决制止此类现象。

中、小学校依照国家规定建立有严格的教育教学秩序，这是教育教学质量的保证，任何单位和个人都不能随意破坏。现在一些地方的个别领导利用自己的权力，动辄调用中小学生为各种会议、考察、参观、访问甚至商业性典礼搞迎送或礼仪活动，有些地方还因此发生了严重的安全事故，造成极恶劣的社会影响。××县发生的问题，已不只是一般的形式主义，而是官僚主义，严重脱离群众，此类不良风气必须坚决予以制止。各地区、各部门以及各级领导干部，要高度重视这一问题并从中吸取深刻的教训，切实增强群众观念，杜绝此类事件再度发生。

中、小学生是祖国的未来，他们的学习和活动安排，要有利于他们的学习和身心健康。今后各地区、各部门都必须严格执行国家的有关法规和规定，不得擅自停课或随意组织中小学生参加各种迎送或礼仪活动，如确有必要组织的，须报经省级教育行政部门批准。

国务院办公厅（印章）

一九九九年十二月二十日

点评：这是一则批评性通报。正文交代了时间、地点、事情的具体经过，以及产生的不良影响；由此事延伸到此类事件，并对停课组织活动的行为提出申报的要求，表示未经批准决不允许此类事件再次发生。

［**写法指南**］

通报一般由标题、主送机关、正文和落款等构成。

1. 标题

通报标题一般由发文机关名称、事由、文种名称构成。有的也可省略发文机关，只由事由和文种名称构成。

2. 主送机关

在标题的下一行顶格写主送机关。主送机关是发文机关的下属单位，也有的不写主送机关。

3. 正文

通报的正文一般由主要事实、事实评析、决定事项、希望要求四个部分组成。

（1）主要事实。概述事实发生的时间、地点、单位或个人、经过、结果。事实要有一定的代表性和典型性。文字表述要抓住主要内容，做到简明扼要、准确无误。

（2）事实评析。对通报的事实进行恰如其分的议论分析，指出事实的性质和产生的原因，阐明通报的意图。表彰先进，要指出先进事迹的精神实质、意义和影响；批评错误，要分析其性质、原因和危害性；传达重要精神或者情况，要全面和辩证。

(3) 决定事项和希望要求。针对通报事实,作出表彰决定,或对错误者作出处分(处理)决定,并由此引申出应当吸取的经验或教训,有的放矢地提出希望与要求。文字表达要简略、概括、针对性强。

4. 落款

在正文末的右下方署上发文单位,加盖印章,写明发文日期。印章要骑年盖月。

[**病例分析**]

热血筑警魂

——关于××县公安局民警见义勇为事迹的通报

今年2月13日下午1点多,××县民警×××正和儿子在儿童公园游玩,忽然从不远处的明月湖畔传来救命声,×××飞奔到明月湖畔,原来有一男孩不慎落水,×××来不及多想,只想到他是一名警察,他脱掉大衣,跃入水中。二月的东北,水凉得扎骨,但他没有想到个人安危,他心中只有一个念头:救孩子。×××一次、两次、三次潜入水中,终于把落水儿童救到岸上,孩子得救了,而×××昏迷了三天三夜。目前,经过抢救,×××已经脱离了生命危险。×××真是新时期最可爱的人,他的精神是多么值得人们学习呀!

×××在生与死的关键时刻,为抢救落水儿童,不顾个人安危,临危不惧,不怕牺牲,表现了人民警察热爱人民的高尚情操和献身精神。

希望各单位职工向×××学习,发扬见义勇为、不怕牺牲的精神,为搞好各项工作作出更大的贡献。

××县人民政府

二〇〇三年三月一日

分析:这篇通报存在如下几个毛病:

1. 标题不恰当。通报的标题要注意与通讯、报道的标题区分开来,它只由发文机关、事由、文种三部分构成,因此改为"××县人民政府关于表彰民警××抢救落水儿童的通报"为好。

2. 缺主送机关。从内容上看,这篇通报是下发到有关单位的,因此最好写上主送机关"××县人民政府所属各单位"。

3. 正文内容不合理。先进事迹部分没有概述主要事实,显得啰唆,并且缺少表彰决定的内容。

4. 语体风格不恰当。首段用了描写和抒情的写作手法,这与平实、朴素的公文事务语体风格相违背。这段可改为"2003年2月13日13时左右,我县民警×××和儿子在儿童公园游玩，忽然发现有一男童不慎落入儿童公园的明月湖，×××一边跑一边脱掉大衣，飞奔到湖边，跃入刺骨的水中。×××一次、两次、三次潜入水底，终于将落水男童救到岸上，而×××昏迷了三昼夜。经过医务人员的奋力抢救，×××目前已经脱离了生命危险。”

［**牛刀小试**］

1. 为下面提供的信息拟写公文标题。

××物业管理总公司××物业分公司物业管理员叶××恪尽职守，智擒盗贼，保护了业主的人身与财产安全，总公司发文表彰他的事迹。

2. 请修改下面的通报。

关于表彰市××厂实现“安全生产年”的通报

×府发〔2004〕第11号

市属各企业：

为确保企业生产和人民生命财产的安全，我市××厂从各方面采取有力措施，花大力气抓各项安全生产制度的贯彻落实，并建立了安全生产各级岗位责任制，2003年实现全年无重大生产和伤亡事故，成为我市标兵企业。为此，市政府决定给予市××厂通报表扬，以资鼓励。

市政府号召全市各企业学习市××厂的先进经验，结合企业实际，建立和健全安全生产岗位责任制，抓好安全生产，争创标兵企业，为把我市安全生产提高到一个新水平而努力。

××市政府(印章)

二〇〇四年元月

3. 根据下面的材料，代××县地税局拟写一份通报。

(1) 原××镇农贸市场协税员刘柳，男，29岁。

(2) 该员工在工作期间，组织纪律性较差，法制观念淡薄，经领导帮助尚未认识到自己问题的严重性，而且对收取的税款不按规定及时上缴入库。

(3) 问题暴露后，不但不及时向组织报告，还外逃躲避，后被公安机关抓获，予以行政拘留。

(4) 刘柳利用工作之便，贪污国家税款，已丧失协税人员的职业道德，造成一定的损失和恶劣影响。

(5) 于1999年5月25日至2000年6月16日应聘为农贸市场协税员。

(6) 各单位组织税务人员认真学习通报，增强税务人员的法制观念，提高遵纪守法的自觉性，并建立和健全各种规章制度，严防贪污、挪用税款等类似事件的发生。

(7) 挪用税款37872.90元,用于自己吃喝玩乐和赌博。

(8) 经研究决定,责令刘柳必须把贪污的税款限期退清,对其予以辞退。为加强对协税人员的管理,提出以下意见。(略)

第三节　报告　请示　批复

[基础知识]

(一) 报告

1. 概念

报告是向上级机关汇报工作、反应情况、提出意见和建议、答复上级机关的询问时使用的公文。

2. 特点

报告具有单向性、汇报性、陈述性、客观性。

3. 种类

按照性质和内容,报告可分为工作报告、情况报告、答复报告、报送报告四种类型。

(二) 请示

1. 概念

请示是向上级机关请求指示、批准时使用的公文。

2. 特点

请示具有呈请性、求复性、单一性。

3. 种类

主要可以分为请求指示的请示、请求批准的请示、请求批转的请示等。

(三) 批复

1. 概念

批复是答复下级机关的请示事项时使用的公文。

2. 特点

批复具有被动性、针对性、权威性。

3. 种类

批复主要分为指示性批复、表态性批复等类型。

(四) 报告与请示的区别

报告与请示的行文方向都是由下级机关向上级机关,但是两种文种不能混用、

错用,更不能写成“请示报告”。它们的区别主要有:

(1) 行文目的不同。报告的目的是下情上达、陈述情况,不要求答复;而请示是要求上级对请示事项给予指示、批准或答复的。

(2) 行文时机不同。报告所涉及的事项大都是过去的或正在进行的,可以事后行文,也可以事中行文;而请示必须在事前行文,在得到上级批准、指示后方能行事,不允许“先斩后奏”。

(3) 内容限制不同。报告一文一事、一文数事皆可;而请示必须坚持一文一事的原则。

(4) 办理要求不同。报告多是汇报工作、反映情况、答复上级机关的询问、报请上级阅知,是“阅件”;而请示多是就有待解决的问题请求上级答复办理,是“办件”。

(五) 请示与批复的区别

请示与批复的联系在于批复是针对请示作出答复的公文;区别在于行文方向不同,请示是下级对上级,批复是上级对下级。

[**例文导读**]

例文1:

××市人民政府关于治理××河水质污染问题的报告

××省人民政府:

省政府转来××××××委员会提出的关于××河水质污染状况的报告,经市政府调查研究,对报告中提出的有关问题及解决方案报告如下:

一、解决××河水质污染问题的关键是尽快建成污水处理厂。现在××河的污染主要是××区排放的污水所致。××区的排放量为25万吨,污水比较集中,因污水处理厂未能及时建立,污水直接排入××河,造成了××河的污染。

为解决××河的污染,市政府已抓紧××区污水处理厂建设,争取在19××年建成。××区污水处理厂原设计概算为8316万元,按现行价格估算约为1100万元,已于19××年×月开工,建成了8项附属设施,计完成投资200万元。市政府今年安排的300万元投资已全部落实,××区城环局正在组织实施。

根据××河河道以南人口密集区的地下水污染和环境问题,在污水处理厂未建成之前,利用现有污水管道,把污水引到××区污水处理厂以西,污水直接排入污水处理厂的出口,这就避开了污染区。

二、电热厂的粉煤灰也是污染源之一。对于电热厂储灰厂的选址,必须考虑到对地下水和环境的污染。选址已责成××区电热厂抓紧做工作,争取尽快报市政府有关部门审批。对南储灰厂渗漏对地下水的污染,主要采取截流集中排放的措施,以减少对地下水的污染。

××市人民政府(印章)

一×××年×月×日

点评:这则报告的标题让人对报告内容一目了然,正文开头交代了报告的缘由,着重阐述了河水污染的相关问题以及解决方案,格式正确,用词准确。

例文2:

××省高级人民法院关于××××是否给予被害人家属抚恤问题的请示

最高人民法院:

据我省××县人民法院的请示,他们对于××××致被害人死亡是否要给予被害人家属抚恤的问题,有不同的意见。一种意见认为被害人是有劳动能力并遗有家属需要抚养的可以给,被害人是没有劳动能力的老人或儿童不给;一种意见认为只要不是由被害人自己过失所引起的死亡,不管被害人是否有劳动能力都应酌情给一点抚恤。我们同意后一种意见。几年来实践经验证明,这样有利于安抚死者家属。这样主张因无现行法律或有关政策指示作根据,是否妥当,请批复。

××省高级人民法院(印章)

二〇〇×年×月×日

点评:这是一篇简洁明了的请示。下级机关针对工作中存在的问题提请上级作出指示,文中先摆明不同的处理意见,后表明自己的态度,并请求指示。篇幅虽短小,但结构完整,事项明确。

例文3:

关于××省撤销××县设立××市的批复

××省人民政府:

你省一九××年×月×日《关于撤销××县设立××市的请示》和一九××年××月××日的补充请示收悉。经国务院批准,同意撤销××县,设立通州市(县级),由省直辖,以原××县的行政区域为××市的行政区域,不增加机构和人员编制。

民政部(印章)

一九××年×月×日

点评:这是一则根据××省人民政府《关于撤销××县设立××市的请示》作出的批复,正文中交代了请示已收悉,并对设立通州市的相关规定作了明确指示,言简意赅，易于执行。

［**写法指南**］

报告、请示和批复的结构都是由标题、主送机关（受文单位）、正文、落款四部分组成，但各文种的具体写法有所不同。

1. 标题

标题一般由发文机关名称、事由、文种名称构成。也可根据需要省略发文机关。

2. 主送机关（受文单位）

报告和请示写主送机关，批复写受文单位。

3. 正文

（1）报告的正文一般由缘由、主体和结尾三部分组成。缘由部分通常写明报告的目的、根据或原因，概述报告的基本内容或基本情况。主体部分主要是报告具体情况、存在的问题和今后的意见。内容较多的报告，可分条列项，由主到次排列。结尾用简明的文字概括全文，或使用惯用语结束全文，常用的有"特此报告""请审阅""请核查备案"等。

（2）请示的正文一般由请示起因、请示事项、请示结尾三部分组成。起因是行文重点，要交代请示事项产生的背景、原因，阐述请示的理由和依据。请示事项是行文的落脚点，必须写得具体明确。请示结尾另起一行，用"以上请示当否，请批复"等惯用语结束全文。

（3）批复的正文由批复引据和批复意见两部分组成。一般先引述下级来文日期、标题和文号，告知收文情况，接着写批复意见，或同意或否定，写明具体意见和要求。

4. 落款

在正文末的右下方署上发文单位，加盖印章，并写明发文日期。印章要骑年盖月。

［**病例分析**］

××乡关于当前植树造林工作的报告

××镇政府：

我乡根据镇政府今春造林计划提出的要求，开展了造林工作。截至4月5日，已种下杉树158亩，松树70亩，油茶30亩，油桐40亩，毛竹60亩，共358亩，超额完成计划5%，经过检查，树木生长情况良好。现将我乡植树造林工作的具体情况汇报如下：

一、首先认真学习有关植树造林的文件和各项政策,使大家深刻认识到植树造林对社会主义建设的重要作用。在提高认识的基础上,大家积极性很高,许多有经验的老农都踊跃参加造林工作,起了很好的推动作用。

二、充分做好准备工作。由于造林季节性强,需要抢时间争速度。我们在去年秋收后就已布置各村,选好林地,进行整理,全面检修了工具,合理组织劳工,乡苗圃场按计划提供了各种树苗,做到苗木随起、随运、随栽,保证了这项工作的顺利进行。

三、及时进行技术指导和检查。造林期间,林业干部和老农对树苗作了严格选择,分片把关。李村还组织了5名技术员到各造林点去指导、检查、验收,保证栽一株,活一株,造一片,活一片。

目前,群众的造林积极性仍很高,估计还可以再种40亩,但我乡苗圃场已无树苗,林业站也没有,急需镇政府帮我们解决,调拨3万株杉树苗给我们,以便更好地完成这次造林任务。

以上报告,如无不当,请批示。

××乡(印章)

××××年×月×日

分析:该报告存在的主要问题有:

1. 把“报告”和“请示”两种文体揉在一起。从开头至“造一片,活一片”,是该乡植树造林情况的工作汇报,属于报告;从“目前”至结尾的内容,行文又是请示。“报告”中不能有“请示”事项,因此,调拨杉苗之事只能写成“请示”另外行文。

2. 结尾用语不当。报告一般用“专此报告”“特此报告”等结尾用语,不能用“以上报告……请批示”。

××研究所关于增加办公室编制、经费和解决办公用车的请示

××××:

我所办公室自××××年×月成立以来,在有关部门的大力支持下,工作开展顺利,但目前仍存在一些较为实际而又急需解决的困难。

第一,我所办公室编制甚少,现编制4人,除两名正、副主任外,只有两名工作人员,又因本部门工作需经常外出调查,故工作不能很好地开展。

第二,经济严重不足。我所辖地目前有5个××现场需要我们组织人力、财力、物力调查发病原因及有关数字,但包干的经费远远不够所需开支的资金。有些工作,由于经济不足,已陷入瘫痪状态。

第三,出车难问题。由于交通工具不便,人少经费紧,我们需要批给一辆卧车

和司机。

以上请示报告，请批复。

××研究所（印章）

二○○五年×月×日

分析：这则请示主要有以下几个问题：

1. 违背“一文一事”原则。本文同时请示编制、经费、车辆三事。

2. 要求不具体，欠明确。要增加几人？作何用？需增加多少经费？用在哪里？“批给一辆卧车”是要上级批指标还是钱？这些问题都没有说清楚。

3. 请示理由有矛盾，如前面说“开展顺利”，后面却说“已陷入瘫痪状态”，用车请示中的司机应列入编制之内。

4. 用语不够谦和、通顺、准确。如“需要批给”宜改为“请求批给”；“经济不足”应是“经费不足”。

关于几个问题的答复

××边防检查站：

对你站的多次请示，作如下答复：

一、原则批准你站建立××××。

二、你站提出试行“关于违反××××规定的惩罚办法”最好不执行，因为这个办法违反上级有关文件精神。

三、今年你站要盖礼堂一座，并准备开辟对外营业的影剧院，有利于活跃当地军民的文化生活，批准你们的请示。

四、同意你站“关于开展学习技术攻坚能手××同志活动”的请求。××同志恪尽职守，事迹感人，应大力宣传。

××边防局（印章）

二○○四年×月×日

分析：这则批复主要存在如下几点问题：

1. 工作效率低，批复不迅速。请示是一文一事，批复也应力争一文一批，而这份批复将下级的多次请示集中在一份批复中，极容易造成下级机关良好工作时机的丧失，不利于下级机关开展工作。

2. 态度暧昧，语言模糊；依据不明，政策性不强。批复中“你站提出试行‘关于违反××××规定的惩罚办法’最好不执行”一句，“最好”两字用得极不恰当，让下级接到批复后不知到底该不该执行，而且下级做了违背上级有关文件的精神的工作，批复中却不列举相关的政策依据。

3. 主观臆断,没有针对性。第四点中,很显然,该同志的突出事迹主要体现在技术攻坚方面,而不是所谓的“恪尽职守”,批复在表明意见后所提出的希望与要求不具有针对性。

4. 标题中“答复”应改为“批复”。

[**牛刀小试**]

1. 选择题。

(1)《关于××厂进口 SD6 型自动车床的请示》这则通知,作者是(　　)。

A. ××厂　　B. ××厂的负责人

C. 起草文件的秘书　　D. 签发文件的厂长

(2) 下列“请示”的结束语得体的是(　　)。

A. 以上事项,请尽快批准。

B. 以上所请,如有不同意,请来函商量。

C. 所请事关重大,不可延误,务必于本月 10 日前答复。

D. 以上所请,妥否? 请批复。

(3) “请示”应当(　　)。

A. 一文一事

B. 抄送下级机关

C. 一般只写一个主送机关

D. 不考虑上级机关的审批权限和承受能力

(4) 下列标题正确的有(　　)。

A. ××分公司关于请求批准开发新产品的报告

B. ××县人民政府关于解决我县高寒山区贫困户移民搬迁经费的请示

C. ××县人民政府关于请求将××风景区列为省级自然保护区的请示报告

D. ××公司关于解决生产用地的请示

E. ××省移民办公室关于对移民区域作适当调整的请示

2. 写作练习。

(1) 根据下列材料写一份请示。

清水村的学校校舍年代久远,破烂不堪,有的已成危房,再加上入学儿童增加等原因,校舍不够用,决定另选校址新建一座校舍。目前校址已选定,村里通过村民募捐等形式已筹集了部分资金,但还缺少一部分,打算向乡政府申请拨款 20 万元。请你代表村委会给乡政府写一份请示。

要求:按照公文的内容格式要求,不能有遗漏。注意将请示的理由写得充分具体(可以根据材料合理想象),以得到上级领导的支持,尽快拨款。

（2）根据下列请示，写一则批复。部分内容可以虚拟。

关于拨款改造总装车间的请示

总公司：

我公司总装车间自建成至今已有25年，这期间虽经两次大规模的扩建，但仍无法满足我公司军品和民用产品的生产需要。鉴于目前总装车间面积过小、设备陈旧，为了保证我公司能保质保量、按期完成今年的生产任务，须立即对总装车间进行扩建和改造。经测算，此项工程需经费200万元。目前，我公司已自筹资金120万元，尚有80万元缺口。希望总公司拨给专项经费80万元。

妥否，请批复。

×××分公司（公章）

二○一○年四月二十四日

第四节　函

［**基础知识**］

1．概念

函适用于不相隶属单位之间商洽工作、询问或答复问题，也是向有关主管部门请求批准和答复审批事项时使用的公文。

2．特点

函的适用范围广泛，行文自由、灵活、简便。函的内容均属于一般事务性工作，不涉及大政方针问题和机密事项。函的功能多样，既可以商洽工作、联系事务，又具有处理“请示”“批复”类公文中较小事项的功能。

3．种类

按行文目的、内容，可分为商洽函、问答函、请批函和告知函；按公文处理程序，可分为公函和便函；按行文方向，可分为发函和复函（回函）。

4．请批函与请示的区别

请批函与请示都有请求批准的功用，但请批函是向不隶属的机关或者有关主管部门请求批准事项；请示则是用于有隶属关系的上下级之间，是下级向上级请求批准事项。

[**例文导读**]

例文：

××大学人事处关于商洽×××同志调动工作事宜的函

××××制造厂人事处：

我校××学院××系××教研室×××同志，19××年从××工业大学××专业本科毕业，从分配到我校任教师以来，工作认真负责，教学、科研都取得了显著成绩，于19××年被聘为讲师。

该同志单身一人在我校工作，家庭的其他成员全部住在你市，其妻×××同志在贵厂工作。不但夫妻分居两地，且上有体弱多病的母亲，下有不满周岁的儿子需要照顾。根据该同志多次申请，经我校领导研究，为解决×××同志夫妻两地分居的问题并照顾其家庭存在的特殊困难，我校同意该同志调往贵厂工作的要求。现特致函与你们商洽，并请尽快函复。若贵厂同意考虑×××同志的这一要求，接到你们复函后我们即将该同志的档案寄给你们审查。

××大学人事处(印章)

一九××年×月×日

点评：这是一则××大学人事处与××××制造厂人事处商洽×××同志调动工作的函。正文介绍了×××同志的个人成绩以及家庭情况，表明同意×××同志调动工作，并对商洽的后续事宜进行了补充。

[**写法指南**]

函的结构一般由标题、主送机关、正文、落款四部分组成。

1. 标题

一般由发文机关名称、事由、文种名称构成。也可根据需要省略发文机关。文种名称应点明是“函”还是“复函”。

2. 主送机关

在标题的下一行顶格写明主送机关(收函单位)名称，一般只有一个。复函的主送机关就是来函的发文机关。

3. 正文

函的正文包括缘由、主体和结尾三部分。函的开头要先简述发文的原因和目的；复函则用一句话引述来函的标题(或主要内容)、发文字号(或日期)，并说明函已收，常见写法是“你单位××××年××月××日来函收悉”。主体部分要具体写明所商洽、询问、告知或请求批准的事项，内容较多时应分条款写；复函要针对来函事项对来函方给予明确的答复。函的结尾往往提出要求对方答复的请求，常用惯用语,去函常用“特此函达”“即请复函”“敬请回复”“务希见复”“请研究后函复”等,复函常用“特此函复”“特此函告”“此复”等。

4. 落款

在正文末的右下方署上发文单位,加盖印章,并写明发文日期。印章要骑年盖月。

[**病例分析**]

公　函

××大学校长办公室:

首先,我们以××省财经学校的名义,向贵校致以亲切的问候。我们以崇敬和迫切的心情,冒昧地请求贵校帮助解决我校当前面临的一个难题。

事情是这样的:最近,我们经与××学院磋商,决定派×位老师到该院进修学习。因该院恢复不久,在“文革”中大部分房屋遭到破坏,至今未能修盖完毕,因此该院职工的住房和学生的宿舍及教室破旧拥挤。我校几位进修教师的住宿问题,虽几经协商,仍得不到解决。然而举国上下,齐头并进,培养人才,时不我待,我校几位教师出省进修学习机会难得,时间紧迫,任务繁重,要使他们有效地学习,则住宿问题是亟待解决的。

为此,我们在进退维谷的情况下,情急生智,深晓贵校府高庭阔,物实人齐,且具有宽大为怀、救人之危的美德。于是,我们抱着一线希望,与贵校商洽,能否为我校进修教师的住宿问题提供方便条件。但不知贵校是否有其他困难,如有另外的要求和条件,我校则尽力相助。若贵校对于住宿一事能够解决,我校进修教师在住宿期间可为贵校教学事务做些义务工作,如辅导和批改作业等,这样可以从中相得益彰。我们以校方的名义向贵校表示深深的恩谢。

以上区区小事,不值得惊扰贵校,实为无奈,望谅解。并希望尽快得到贵校的答复。

此致

敬礼

××省财经学校(印章)

一九××年×月×日

分析:这篇公函存在以下几个方面的问题:

1. 格式不正规。首先是标题不规范。作为正式的公文,应该采用公文标题的常规格式,只用“公函”二字作标题,显然不合要求。其次是结语不规范。此函用一般书信的祝颂语作结语,消解了公文的特色,有些不伦不类。

2. 请求近乎无理。发函单位为解决自己进修教师的住宿问题，竟要求与此事无关的第三方帮助解决困难，这要求近乎无理。合作总是要在互利互惠的前提下才能得以实现，请求帮助也要在合情合理的情况下才能提出，此函仅以帮助辅导、批改作业作为交换条件（他们的教师其实并没有为对方做辅导和批改作业的资格），其他真正能作为对等交换的条件完全没有，其结果可想而知。

3. 语言不得体、不准确。此函的语言有较多问题，一是没有公文语言应有的严谨性与简洁性，有些话近乎口语，如“事情是这样的”“希望尽快得到贵校的答复”等；二是有些语言分寸失当，有献媚之嫌，如“深晓贵校府高庭阔，物实人齐，且具有宽大为怀、救人之危的美德”；三是用词不当，如“宽大为怀”应是旧时惩处时的用语，“救人之危”“相得益彰”的说法也不合适，还有“我们以校方的名义”也不妥，函本身就应该是以校方名义发出的，此处显得多余。

关于请求回复××同志的工作及工资待遇的报告

县人事局：

2004年，××同志担任××乡计生办主任，该乡2004年度被评为计划生育三类乡。于2005年2月，××同志受到停职停薪一年的处分，现处分已到期。经我局党组领导研究，同意解除对该同志的处分，按期恢复他的工作及工资等福利待遇。特请求县人事局按期解除××的处分，恢复××的工作及待遇。

特此报告

××县人口和计划生育局（印章）

二〇〇六年二月十日

分析：这是一份因搞错行文关系而误写成“报告”的公函。除文种错用外，还存在如下问题：

1. 内容欠缺。“处分已到期”和“经我局党组领导研究”不能成为××同志“解除处分和恢复工资及待遇”的充分理由，应补充其表现情况等内容，如“我局人事处在××××年×月份对该同志进行了考察，认为该同志在接受处分期间，能认真反思工作中存在的不足，能正确对待所受处分，而且积极学习业务知识，追求进步，迫切希望早日恢复工作”。

2. 表达不准确。开头对××同志的身份介绍不准确，因何处分也欠清晰，不如改为“××同志，男，原任××乡计生办主任，2005年2月，因××乡计划生育工作在全县综合考核评估中定为三类乡，受到停职停薪一年的处分”；“经党组领导研究”会被误认为是个别领导的意思，应改为“经党组研究”或“经党组全体领导集体研究”；结语改为“特此函达，顺致敬意”或“特此函达，请研究后函复”均可。

［**牛刀小试**］

1. 改错题。

（1）请修改《关于上海市××研究所引进 CAD 设备的函（注：发文单位为上海××研究所）》这一函的标题。

（2）修改下面的函。

商务部关于选拔出国人员的函

××省人民政府：

中国××进出口总公司定于 9 月底派一贸易小组赴澳大利亚进行推销和调研活动。拟请你省××进出口公司派一人参加。如同意，请将你省审批的出国人员的批件寄公司。

2008 年 4 月 10 日

总公司（印章）

关于请××商厦准备经保工作经验材料的函

××市商业局：

你局××商厦狠抓安全保卫工作，成绩突出。经市综合治理办公室同意，我局准备于 12 月中旬召开全市经保工作经验交流会，请××商厦在会上介绍加强内部防范工作的经验。请速通知该单位，于 12 月中旬将此材料报送我局×处秘书科（写作要求附后）。

此致

敬礼！

××市公安局（印章）

一九××年十一月二十日

2. 写作练习。

（1）根据以下信息写一则商洽函。

南宁百货有限责任公司急需田七牙膏 5000 箱，每箱价格比原来低 29 元，根据这个意向拟定了一份购销合同，用函的形式向柳州田七牙膏集团公司征询意见。以甲百货有限责任公司名义，向柳州田七牙膏集团公司发函，洽谈田七牙膏购销合同问题。发文时间 2007 年 8 月 9 日，董事长叶秋民。

（2）写复函。

柳州田七牙膏集团公司收到函后，经研究，决定将每箱牙膏降价 21 元，并给南宁百货有限责任公司回函。发文时间 2007 年 8 月 17 日，董事长程问好。

第五节　会议纪要

[**基础知识**]

1. 概念

会议纪要是记载、传达会议情况和议定事项时使用的公文。会议纪要要向上汇报，让上级了解情况，同时要向下传达，以便下级机关遵照执行。

2. 特点

会议纪要中的“纪”是“综合、整理”的意思，“要”指要点。会议纪要就是把会议的主要情况、主要精神加以综合整理，形成文字，它具有纪实性、概括性、约束性、周知性、灵活性。

3. 种类

会议纪要按会议的形式可分为办公会议纪要、工作会议纪要、座谈会议纪要、联席会议纪要、专题会议纪要等；按纪要的内容性质可分为决议性会议纪要、部署性会议纪要、情况性会议纪要等。

4. 会议纪要与会议记录的区别

会议纪要是在会议记录等材料的基础上整理而成的，但与会议记录有很大的区别：

(1) 会议记录是对会议过程及内容所作的实录，是撰写会议纪要的基础材料；会议纪要是对会议记录内容的整理、归纳和提高。

(2) 会议记录是存档备查用的内部材料，一般正式会议都要有；会议纪要是外发公文，具有一定的约束力。

(3) 会议记录是顺时实录式结构；会议纪要则以整理过的总分式结构为基本框架。

[**例文导读**]

例文：

××××学校行政办公会议纪要

（××××年3月26日）

3月26日上午，××××学校在××校区召开行政办公会议，××校长、××书记、××副校长和各处室、系部负责人参加会议，××校长主持会议。会议听取了各处室、系部3月份主要工作完成的情况和4月份重点工作的安排汇报；通报了关于××的相关事宜。××校长、××书记、××副校长对下一阶段重点工作进行部署,并提出明确要求。

会议强调,4 月份教学方面主要工作有 5 项,一是江苏省教育管理信息上报工作应于 4 月 15 日前完成,各单位要按序时进度,统筹协调,教务处做好引导督查;二是品牌特色专业申报工作申报截止日期为 5 月 10 日,各系要认真领会专业标准,做好资料准备工作;三是“两课”评比、信息化教学大赛工作,相关单位要提高认识,加强组织化程度,将普遍要求与重点指导相结合;四是对于精品课程建设,各系针对已立项的校级精品课程,要抓紧申报、建设,争取建成 1 ~ 2 门院级精品课程;五是对××××考试,××综合办要针对实际、抓差补缺,认真做好心理辅导,调整学生应试状态,并组织好送考工作。

会议指出,技能大赛工作是我校重点工作之一,截至目前,今年我校参加江苏省技能大赛成绩如下:(略);全校师生对竞赛高度关注、足够重视,训练扎实、方法得当,尤其在信息畅通方面、专家指导方面、夺牌欲望方面表现出积极向上的精神面貌;全校上下要认真总结技能大赛的成绩与不足,对取得成绩的要给予奖励,对不足之处要加以改进,要及早谋划明年大赛,要从教学的机制上、训练的手段上进行谋划、改革、创新,要把技能大赛训练工作作为常态性、持久性的工作。

会议要求,要加强师资队伍建设,在 4 月份召开相关座谈会,形成学校师资队伍建设规划,适时出台师资队伍建设意见、措施,形成建设机制,切实使我校在师资队伍建设上有目标、有措施、有考核,通过几年的建设,要使我校师资队伍结构与质量明显提升,这项工作由组织人事处牵头,教学部门、各系部要积极配合。

会议强调,各单位要更加重视科研工作、课题工作、论文工作,这是我校长期发展、持续发展、质量提升、师资队伍建设的关键,同时也是教师个人职业生涯成长的需要。

会议指出,文明风采大赛、创新大赛的成绩对我校办学质态的影响、年终考评都至关重要,要早起步,争取有新提高与新突破;相关单位务必要落实好实习就业工作,确保每个学生有岗可上;各单位要将招生宣传工作责任分解明确,为 5 月份学生社会实践工作提供保障。

点评:这篇会议纪要的前言部分写明了会议名称、时间、地点,与会人员和主持者,会议的议程和议题。正文部分采用的是综述式,对学校 4 月各项重点工作进行了详细的部署,提出了严格的要求。

[**写法指南**]

会议纪要的写法较为灵活,一般由标题和正文两部分组成。

1. 标题

会议纪要的标题一般由会议名称和文种名称构成,如“关于食糖储备工作会议纪要”;有的还写上召开会议的单位名称,如“青年学院思想政治工作会议纪要”;也有的由正标题、副标题构成,如“抓住机遇,扩大开放——沿长江五市对外开放研讨会议纪要”。

标题下方以会议结束的日期作为成文的时间,并加圆括号括入,不需要加盖印章。

2. 正文

正文通常由前言、主体和结尾三个部分组成。

前言即会议纪要的开头部分,一般写会议概况,包括会议的背景、依据和目的,会议的名称、时间、地点,与会人员和主持者、领导人出席会议的情况,会议的议程、议题、结果及评价。

主体是会议纪要的核心部分,要写明会议的主要精神、研究的问题、讨论的意见、议定的事项、提出的任务要求等。常用的写法有:

(1) 分项式。即把会议的主要内容和议定事项分成不同的几个问题,然后加上小标号或小标题,分项写出。这类纪要内容相对全面,问题分析较为细致,需要基层全面领会、深入贯彻的大中型会议或经验交流会议常采用这种形式。

(2) 综述式。也叫概述式,就是将会议内容用概括叙述的方法进行整体的阐述和说明,一般分段(层)逐一写明。这种形式适用于会议规模较小、意见比较集中的专题会议。

(3) 摘要式。即对与会者的发言摘录其要点,按会议发言顺序或内容性质将其写出,除写出发言者的真实姓名外,还需说明他们的职务、职称。

结尾一般写提出的希望、发出的号召、指明的方向等内容。有的会议纪要不写结尾,这要根据具体情况而定。

[**病例分析**]

××市经济普查联络会议会议纪要

2004年6月16日,××市召开经济普查联络会议,各成员单位联络员、统计局领导和普查办公室全体同志参加了会议,会上通报了前阶段我市经济普查情况,研究讨论了联络员工作制度。市经济普查办公室主任鲍××部署了近期工作:一是提高认识,摆正位置。二是扎实抓好普查各阶段的工作。当前主要抓好在册企业清理和企业财务报表规的工作。会议要求,市工商局、编办、民政局和质监局要按照《××市基本单位清理工作方案》要求,做好在册企业清理工作;市财税局牵头研究部署全市规模企业财务报表的规范工作。三是做好宣传工作,扩大社会影响。四是做好全市动员大会的各项准备工作。

会议强调了普查的目的，即主要是为了全面掌握国民经济的发展规模、布置结构、组织形式和经济效益等基本信息，更好地为政府制定国民经济和社会发展规划提供科学依据，为调整和优化经济结构等提供基本信息，更好地为政府制定国民经济规划和优化经济结构，改进政府调控，统筹城乡发展，全面建设小康社会提供信息服务，为引导企业正确判断行业发展和市场走向，适时作出生产经营决策提供统计参考，为社会公众正确了解经济社会发展情况，积极参与国家事务，自主进行就业、消费和投资等提供相关信息，为建立健全覆盖国民经济各行业的基本单位名库录和数据库系统，完善国民经济核算制度，推进统计调查体系的综合配套改革提供良好条件。

分析：这份会议纪要主要问题有：

1. 标题不规范，应改为“××市经济普查联络会议纪要”。

2. 表述不清，前言部分与会者几人，何等职务领导参加了会议，谁主持、发言，达成哪些共识或取得哪些成果均无交代。主体部分“部署工作”只提其“要”而没展开阐述，没说明具体做法。

3. 没抓住要点，主题不突出。这篇会议纪要笔墨过多地放在“目的”“意义”上，“部署工作”却轻轻带过，属于主次不分。应先强调普查工作的重要意义，紧接着写“部署工作”，这是重点内容，应详写，最后提出总体要求。

4. 格式不完备，应加注成文时间。

[**牛刀小试**]

1. 请修改下面的会议纪要。

关于审批××镇商业服务业网点现场办公会议纪要

××××年×月×日，区委常务副书记×××、区政府常务副区长×××在××镇召开了审批商业、服务业网点现场办公会。区委、区政府以及有关委、办、局、公司和镇党委等单位负责同志参加了会议。会上，听取了××镇党委书记×××同志“关于××镇××××年至××××年第三产业发展规划”的汇报。然后，与会人赴现场查看了商业服务网点建设用地情况。

一、同意××至××街地段建设商业街。××地段现在即可施工，××街地段因有移树问题，待春季再动工。

二、同意将×××街至×××地段两侧建成商业街。有关事宜要与邻近单位协商好，建设网点临时设施要让开地下管道，保护好路旁树木。同时，对×××商业摊车也要整顿。

三、原则同意在×××街北段两侧建设商业街。新建商业服务网点临时设施,待公路修好后施工。

四、同意将×大街建成便民服务街。可采取城乡结合、以××镇与×××农工商联合公司联合兴办的形式进行建设。此事请×××同志牵头,做好城乡双方的谈判工作。

会上,×××同志指出,××镇党委在发展第三产业工作上,思想比较解放,规划比较现实。在指导思想上既注意抓好物质文明建设又注意抓好精神文明建设。如在发展第三产业的同时,注意美化市容、居委会建设等想法都是值得肯定的。今后在修改"规划"时,要根据××镇的地位和我区分区规划的要求,着重考虑长远的总体设想问题,也要实事求是根据本地区实际适当发展第二产业。

×××同志肯定了××镇发展第三产业的指导思想:"方便群众、美化市容、便利交通、增加收入。"肯定了他们建设商业街讲求速度的精神。如×××、×××街这两条商业街的建设,要在春节前后开业,这种加速兴办第三产业的精神是值得提倡的。

他还指出,我们要贯彻整党精神,做到边整边改,未整先改,积极发展第三产业,全心全意为人民服务,为基层服务,不断提高工作效率。今后要坚持现场办公会的工作方法,同时带领基层一起改进工作作风。今后现场办公会,各部,各有关局、公司,要出席能解决事情的负责人。有关执法的综合部门,在发现某个企业的某些方面不符合法规或规定时,不但要严格执行政策,还要帮助分析原因使其及时改正,但不要轻易下令停产。今后下令停产必须经过区经济改革办公室同意。今天,对各有关部门再一次提出要求,凡现场办公会上决定的事情,大家要积极地给以支持。我们要齐心协力迈大步,共同把我区发展第三产业的工作做好。

××区×××办公室

×年×月×日

2. 请根据下面的会议记录拟写一份会议纪要。

××市××区人民政府区长办公会议记录

时间:××××年12月9日下午。

地点:第一会议室。

主持:阎逸(区长)。

出席:李萍、赵迅、于明华、钱诗涛(副区长)。

列席:吴奎(农办主任)、常聚智(研究室主任)、王布久(商委主任)、孙浩长(畜牧局局长)、张良(粮食局局长)、金铃(教育局局长)。

记录:王春春、常降智。

阎区长:今天研究三个问题:(一)请李萍同志传达市商业工作会议精神,研究决定我们明年的商业工作重点。(二)请于明华同志谈谈当前牛种的主要问题,研究解决办法。(三)请钱诗涛同志谈市人大代表视察我区教育工作时提出的意见,商定我们的解决办法。先请李萍同志讲。

李萍:市里的商业工作会议是上月15日到18日开的。会议纪要和市领导同志的讲话已经印发给大家了,就不重复讲了。这次会议主要解决两个问题:一是商业改革问题。会上介绍了一些商业、服务业的门店实行租赁制的经验。二是增加商业网点,方便群众问题。全市新建小区不少,那里群众反映商业网点太少,生活不方便。会议要求各区、县要设法解决这些问题。咱们区今年商业工作进步很大,特别是在一些中小门店搞租赁试点以后出现了一些新气象。过去亏损的门店扭亏为盈,服务态度也有了较大的改进。我们区的"城门前综合商店",这次还在市商业会议上介绍了经验,受到了与会者的重视。

赵迅:这个店的经验很值得重视。这个店的地理位置不错,经营品种也不少,可过去半年亏损,群众多有反映。实行租赁后,大大改观了。我找一些商店经理谈过此事,他们认为"城门前店"的办法可以推广。

钱诗涛:租赁这件事可以搞,但时间太短,应当看一看。

于明华:中小型门店可以实行,大型的可不可以搞,恐怕还得再调查研究一下。

李萍:我也认为可以在中小型门店推广这个办法(以下详细论述了租赁制的具体做法及优缺点)。

阎区长:搞租赁制是个好办法,明年我们先在中小型门店实行,不断总结经验、研究存在的问题,不断加以完善。大家是否同意这个意见?(大家表示同意)这件事就这么定下来。下面等3件事都谈完了,我们一并讨论,以节省时间。请李萍同志接着讲。

李萍:会上提出商业网点问题,咱们区问题较大。这几年在咱们这儿盖了许多楼房,形成了2个小区,几十栋高层建筑,几万人口。一下子增加这么多人,商业压力很大,群众也有意见。电台、晚报等新闻单位转来不少群众来信,我也收到了一些提意见的信,看来这一问题必须尽快解决。我同商委的同志研究了一下,认为明年商业工作的重点是:加快小区商业点建设,在楼群中开3至4个综合商店,再搞一批代销点;在中小型商业门店中——当然也包括服务、饮食、修理业——推行租赁制,以这种改革,促进服务质量的提高,改进服务态度。具体工作计划在这次会议以后报道,明年年初召开一次全区的商业工作会议进行部署。讲完了。

阎区长:请于明华同志谈一谈。

于明华:市里召开了关于发展奶牛、改善牛奶供应的会议以后,区里决定在山坡乡区办3个奶牛场,各乡也要发展集体或户养奶牛产业。经过近两年的努力,咱们区奶牛产业发展很快(以下介绍了奶牛发展的情况),给市里提供了更多的奶源,受到市领导的表扬和群众的称赞。当前,饲料供给成了问题,特别是精饲料供应不足。各乡还可以自己想点办法,区办的3个场,困难更大。这3个场的牛奶产量占全区的1/2以上,因此,急需解决他们的问题。当然,乡办的集体牛场和一些养牛专业户也有这个问题,但目前还能维持,从现在抓起,不会产生大的影响。解决的办法我看还要粮食局设法调拨。张局长,吴主任,你们看怎么办好?(张、吴表示可以帮助解决)

阎区长:老于讲完了吗?(答:"完了。")请钱诗涛同志谈一谈。

钱诗涛:本月1日、2日市人大代表一行8人来我区视察教育工作。他们走访、视察了16所小学,对各校工作的成绩给予了充分的肯定,对学校领导、老师、学生提出的一些问题作了解答。有的代表还接受了学校的邀请,答应抽时间给师生做报告。视察结束后,代表们提了一个很重要的意见,即要求区里立即解决前山、子母堡、洼地3个小学的危险教室的翻修问题。这3所小学各有两三个教室是危房,有倒塌的危险。(以下谈了具体情况)

阎区长:金铃同志,你立即给这3个小学打电话,要求这些教室马上停止使用,并在周围设立屏障和危房标志,必须确保安全。具体办法过一会我们研究。(金局长去打电话)诗涛同志接着讲。

钱诗涛:解决这3个学校的危险教室的翻修这一问题已迫在眉睫。现在主要是经费不足,我的意见是无论怎么困难也得先翻修。修教室期间,学生们可以分二部制上课。我讲完了。

阎区长:对这三件事。我讲以下意见,然后大家讨论。

(一)商业会议明年年初开。同意商委意见,明年工作重点是:推行租赁制,先在中小型门店搞;加快网点建设,除了依靠我们自己的力量,还要发动群众,多办些代销点,货源我们保证,形成一个网。(二)奶牛场饲料问题,要保证区办的3个场的供应,请粮食、畜牧局同志协商解决。一定尽力优先解决这3个场的问题,保证一定量的牛奶供应。乡里要因地制宜,早做规划,尽快解决饲料供应问题,不要等到不能维持时再办。这件事情请张局长、孙局长协助乡里办好。

孙浩长:饲料问题我们一定尽力解决,饲料公司已有准备。(下面谈了具体解决的办法)

阎区长:好。饲料公司还是有远见的,优先解决区办的3个奶牛场的饲料问题。(三)对于三所小学危险教室这一问题我应该检讨,这么严重的问题,竟然没有得到及时解决。危险教室先停止使用,教育局立即筹款请城建部门协助,找最好的施工队，在短期内翻修好。修房期间教学可以实行二部制，不要影响学生上课。过两天，请金铃同志跟我到这 3 所学校看看。大家对这 3 件事这么办有什么意见？请发表。（大家表示同意这么办，并补充了一些情况）没有不同意见，这就这么决定了。散会。

第六节 决定 意见

［**基础知识**］

（一）决定

1. 概念

决定是对重要事项或者重大行动作出安排、奖惩有关单位及人员、变更或者撤销下级机关不适当的决定事项时使用的公文。

2. 特点

决定一般以领导机关或者团体的名义作出，要求下级机关、团体成员知照或者执行。决定具有制约性、指导性、稳定性。

3. 种类

决定的使用范围较广，按其内容和作用分，大体有五类：部署性决定，如《中共中央关于经济体制改革的决定》；法规性决定，如《第八届全国人民代表大会第四次会议关于修改 < 中华人民共和国刑事诉讼法 > 的决定》；重大事项的决定，如《中共中央关于学习 < 邓小平文选 > 第三卷的决定》；机构人事决定，如《四川省人民政府任免决定》；具体工作决定，如《国务院关于处理“渤海二号”事故的决定》。

4. 决定与命令的区别

一是制文级别不同，命令的发布机关级别高，一般县级以上机关才能发布，是具有最高权威的下行文，决定的发布机关极为广泛，企事业单位、群众团体和基层单位都可作出决定；二是制约性强弱不同，命令的制约性强，正所谓“军令如山”，理解要执行，不理解也要执行，而决定当然也要执行，但不理解的地方可以请求上级解释，有特殊的情况可向上级请示；三是适用的范围不同，命令和决定虽然都可以用来发布重要行政措施、安排重要行动、奖惩有关人员、撤销下级不当的决定，但命令可以用来发布行政法规和规章，决定则不具备这一功能。

5. 决定与决议的区别

一是产生过程不同，决议须由有关法定会议正式表决通过方能成文，并以会议名义发布，而决定既可以在会议通过后由权力机关发布，亦可以由领导机关直接制定发布；二是行文用语不同，决议常用“会议认为”“会议号召”“会议指出”等领起下文，而决定常用“为此，特作以下决定”引出决定事项。

（二）意见

1. 概念

意见是对重要问题提出见解和处理方法时使用的公文。

2. 特点

意见的行文机关没有限制，党委、政府、人大各机关都可以行文。意见多半是对具有普遍性的问题发表见解、提出处理方法，可以上行、下行，也可以平行。它具有灵活度高、针对性强等特点。意见多是上级机关直接下达的，有些则是职能部门提出的工作意见，由上级机关转发，如《国务院办公厅转发人事部等部门有关培养跨世纪学术和技术带头人意见的通知》，就是领导机关以“通知”形式转发的职能部门的“意见”。

3. 种类

意见的种类主要有三类。建议性意见主要适用于就某一具体工作或问题向上级机关或相关部门提出自己的看法或建设性意见，为决策或改进工作提供参考；规定性意见主要适用于上级机关引发的意见，用于对所属机关、组织和人员提出规范性要求和措施，具有较强的规定性和强制性；指导性意见，主要适用于上级机关依据职权向下级机关传达指示、布置工作，阐明指导思想、基本原则，提出工作思路和措施办法，此类意见具有很强的指导性而非强制性。

[**例文导读**]

例文1：

国务院关于大兴安岭特大森林火灾事故的处理决定

（一九八七年六月六日）

一九八七年五月六日至六月二日，在林业部直属的大兴安岭森工企业，发生了特大森林火灾，这场森林大火，给国家和人民的生命财产造成了重大损失，是建国以来最严重的一次。

这次特大火灾事故的发生，主要是由于企业管理混乱、纪律松弛、违反规章制度、违章作业和领导上严重官僚主义所造成的。这次火灾充分暴露了这个地区护林防火制度和措施很不落实，防火力量严重不足，消防设备、工具和手段准备很差，以致火灾发生后不能及时彻底扑灭，小火酿成大火，造成了建国以来损失最为惨重的特大火灾事故，这场大火不仅烧掉了许多森林资源，而且烧毁了城镇、民房、贮木场、仓库和火车站，造成职工、居民死亡一百九十三人，伤二百二十六人。

森林防火工作是林业部的主要职责之一，大兴安岭特大森林火灾事故的发生，充分暴露了林业部领导对这项重要工作没有给予应有的重视，也没有吸取近年来频频发生森林火灾的教训，对国家的森林资源和人民的生命财产不负责任，这是严重的官僚主义和重大的失职行为，林业部主要负责同志对此负有不可推卸的重大责任。为了严肃认真地处理这次火灾事故，国务院全体会议决定：

一、撤销杨钟的林业部部长职务，提请全国人大常委会审议批准。

二、责成林业部和大兴安岭扑火前线总指挥部对这次特大森林火灾进行认真调查，总结经验教训，提出改进措施，并对其他负有直接责任的人员进行严肃处理，并将处理情况报国务院。

三、国务院对在这次特大火灾事故中死亡的人员表示沉痛的哀悼，对受伤人员和死亡人员的家属致以深切的慰问，并将采取措施组织灾区人民重建家园，恢复生产。

四、国务院高度赞扬在这次灭火抢险斗争中作出了重要贡献的人民解放军指战员、森林警察、公安消防人员和职工群众及有关部门，并责成有关各级人民政府对军队和地方的先进集体和个人，给予表彰和奖励。

五、责成林业部和各级人民政府对所属林业企业的防火制度、防火组织进行认真整顿，建立严格的岗位责任制。

国务院认为，多年来，林业系统的全体职工，包括大兴安岭林业管理局的职工，在艰苦的条件下，为我国林业资源的开发作出了重大贡献。希望林业部及其所属单位各级领导同志振奋精神，切实总结教训，制定切实改进工作作风、坚决克服官僚主义的具体措施。

大兴安岭林区特大火灾事故，也是对全国其他部门和各企业事业单位的一个严重警告。安全生产是全国一切经济部门特别是生产企业的头等大事，各企业及其主管机关的行政领导，都要十分重视安全生产，万万不可掉以轻心，要采取一切可能的措施，保障国家和职工群众生命财产的安全，严防事故发生，对于一切重大的责任事故，都必须严肃处理。

各企业及其主管部门要重视发挥职工代表大会、工会、保卫机构和科技人员对安全生产的监督作用，对工人、技术人员和专家关于安全情况、安全措施的批评和建议，必须认真对待，对于揭发控告忽视安全生产现象的职工和技术人员，决不允许打击报复。国务院相信，在党中央领导下，只要各级政府依靠广大人民群众认真贯彻执行各项制度和措施，我国整个生产安全和劳动保护状况就一定会得到改善，重大事故将会大大减少，亿万劳动人民勤俭建国、奋发向上的积极性一定会大大提高，从而为实现社会主义现代化的伟大事业作出更大的贡献。

点评：这篇决定正文部分先阐述了事故概况，接着分析了事故发生的原因（这也是该决定的依据)，采用条款式写法，写明了国务院所作出的5项具体决定。结尾部分明确提出执行此决定的要求，并提出了希望。整篇决定目的明确，针对性强，理由充分。

例文2：

国务院关于加强职业培训促进就业的意见

国发〔2010〕36号

各省、自治区、直辖市人民政府，国务院各部委、各直属机构：

改革开放以来，我国职业培训工作取得了显著成效，职业培训体系初步建立，政策措施逐步完善，培训规模不断扩大，劳动者职业素质和就业能力得到不断提高，对促进就业和经济社会发展发挥了重要作用。与此同时，职业培训工作仍不适应社会经济发展、产业结构调整和劳动者素质提高的需要，职业培训的制度需要进一步健全、工作力度需要进一步加大、针对性和有效性需要进一步增强。为认真落实《国家中长期人才发展规划纲要(2010—2020年)》《国家中长期教育改革和发展规划纲要(2010—2020年)》要求，全面提高劳动者职业技能水平，加快技能人才队伍建设，现就加强职业培训促进就业提出如下意见：

一、充分认识加强职业培训的重要性和紧迫性

(一) 加强职业培训是促进就业和经济发展的重大举措。职业培训是提高劳动者技能水平和就业创业能力的主要途径。大力加强职业培训工作，建立健全面向全体劳动者的职业培训制度，是实施扩大就业的发展战略，解决就业总量矛盾和结构性矛盾，促进就业和稳定就业的根本措施；是贯彻落实人才强国战略，加快技能人才队伍建设，建设人力资源强国的重要任务；是加快经济发展方式转变，促进产业结构调整，提高企业自主创新能力和核心竞争力的必然要求；也是推进城乡统筹发展，加快工业化和城镇化进程的有效手段。

(二) 明确职业培训工作的指导思想和目标任务。职业培训工作的指导思想是：深入贯彻落实科学发展观，以服务就业和经济发展为宗旨，坚持城乡统筹、就业导向、技能为本、终身培训的原则，建立覆盖对象广泛、培训形式多样、管理运作规范、保障措施健全的职业培训工作新机制，健全面向全体劳动者的职业培训制度，加快培养数以亿计的高素质技能劳动者。

当前和今后一个时期，职业培训工作的主要任务是：适应扩大就业规模、提高就业质量和增强企业竞争力的需要，完善制度、创新机制、加大投入，大规模开展就业技能培训、岗位技能提升培训和创业培训，切实提高职业培训的针对性和有效性，努力实现"培训一人、就业一人"和"就业一人、培训一人"的目标，为促进就业

和经济社会发展提供强有力的技能人才支持。“十二五”期间，力争使新进入人力资源市场的劳动者都有机会接受相应的职业培训，使企业技能岗位的职工得到至少一次技能提升培训，使每个有培训愿望的创业者都参加一次创业培训，使高技能人才培训满足产业结构优化升级和企业发展需求。

二、大力开展各种形式的职业培训

（三）健全职业培训制度。适应城乡全体劳动者就业需要和职业生涯发展要求，健全职业培训制度。要统筹利用各类职业培训资源，建立以职业院校、企业和各类职业培训机构为载体的职业培训体系，大力开展就业技能培训、岗位技能提升培训和创业培训，贯通技能劳动者从初级工、中级工、高级工到技师、高级技师的成长通道。

（四）大力开展就业技能培训。要面向城乡各类有就业要求和培训愿望的劳动者开展多种形式就业技能培训。坚持以就业为导向，强化实际操作技能训练和职业素质培养，使他们达到上岗要求或掌握初级以上职业技能，着力提高培训后的就业率。对农村转移就业劳动者和城镇登记失业人员，要重点开展初级技能培训，使其掌握就业的一技之长；对城乡未继续升学的应届初高中毕业生等新成长劳动力，鼓励其参加 1 ~ 2 个学期的劳动预备制培训，提升技能水平和就业能力；对企业新录用的人员，要结合就业岗位的实际要求，通过师傅带徒弟、集中培训等形式开展岗前培训；对退役士兵要积极开展免费职业技能培训；对职业院校学生要强化职业技能和从业素质培养，使他们掌握中级以上职业技能。鼓励高等院校大力开展职业技能和就业能力培训，加强就业创业教育和就业指导服务，促进高校毕业生就业。

（五）切实加强岗位技能提升培训。适应企业产业升级和技术进步的要求，进一步健全企业职工培训制度，充分发挥企业在职业培训工作中的重要作用。鼓励企业通过多种方式广泛开展在岗职工技能提升培训和高技能人才培训。要结合技术进步和产业升级对职工技能水平的要求，通过在岗培训、脱产培训、业务研修、技能竞赛等多种形式，加快提升企业在岗职工的技能水平。鼓励企业通过建立技能大师工作室和技师研修制度、自办培训机构或与职业院校联合办学等方式，结合企业技术创新、技术改造和技术项目引进，大力培养高技能人才。鼓励有条件的企业积极承担社会培训任务，为参加职业培训人员提供实训实习条件。

（六）积极推进创业培训。依托有资质的教育培训机构，针对创业者特点和创业不同阶段的需求，开展多种形式的创业培训。要扩大创业培训范围，鼓励有创业要求和培训愿望、具备一定创业条件的城乡各类劳动者以及处于创业初期的创业者参加创业培训。要通过规范培训标准、提高师资水平、完善培训模式，不断提高创业培训质量;要结合当地产业发展和创业项目,根据不同培训对象特点,重点开展创业意识教育、创业项目指导和企业经营管理培训,通过案例剖析、考察观摩、企业家现身说法等方式,提高受培训者的创业能力。要强化创业培训与小额担保贷款、税费减免等扶持政策及创业咨询、创业孵化等服务手段的衔接,健全政策扶持、创业培训、创业服务相结合的工作体系,提高创业成功率。

点评:这篇意见开头部分概述了发文背景,以"现……提出如下意见"过渡到下文。正文采用条款式写法,将"加强职业培训促进就业"的有关事项逐条分项进行具体的说明。

［**写法指南**］

决定和意见的基本格式和写法大体相似,一般都由标题、主送机关、正文、结尾四部分组成。

1. 标题

一般由发文机关名称、事由、文种名称构成,如"中共××市委员会、××市人民政府关于表彰2002年度维护稳定及社会治安综合治理工作先进单位、先进工作者的决定""全国人民代表大会关于设立香港特别行政区的决定""上海市人事局关于开展2007年敬老节活动的意见"。

标题下方标注成文时间、发文机关,并加圆括号括入,加盖发文机关印章;也可按一般公文落款的形式,在正文末的右下方署上发文单位,加盖印章,并写明发文日期。印章要骑年盖月。

2. 主送机关

一般均要写明主送机关。但当决定的制发对象明确时,可以省略主送机关;意见的涉及面较广时,也可以省略。

3. 正文

决定和意见的正文部分均包括开头、主体和结尾三部分。

开头部分主要概述发文的背景、原因、意义等,可以是决定的依据、意见的目的等。这一部分的写作要做到目的明确、有针对性、理由充分。常用"特作出如下决定"或"特作如下决定""现提出如下意见"过渡下文。

主体部分要写明作出决定或提出意见的具体事项,包括指导思想、工作原则、具体措施、办法和要求等。多采用条款式写法,将有关事项逐条分项进行具体的说明。

4. 结尾

常以提出执行要求或希望、发出号召作结语。意见常用"以上意见供领导决策参考""以上意见如无不当,请批转各地执行""以上意见,请结合实际情况贯彻执行"等语作结。有的也可省去结语。

[病例分析]

××市人大常委会关于在城内禁止燃放烟花爆竹的决定

（20××年12月28日××市第××届人大常委会第××次会议通过）

××市第××届人大常委会第××次会议听取审议了市人民政府关于在城市城区禁止燃放烟花爆竹议案办理情况的报告，对此作出如下决定：

一、禁止燃放烟花爆竹，对于移风易俗、减少环境污染、防止火灾和人身伤害事故、维护社会秩序、建设现代化文明城市，具有重要作用。禁放工作是利国利民之举，势在必行。

二、自20××年1月31日起，城区内所有党政军机关、社会团体和企事业单位不得燃放烟花爆竹；20××年4月1日起，城区范围内一律禁放烟花爆竹。但是，经市政府批准的举行重大庆祝活动所燃放的烟花焰火除外。

三、市人民政府要根据本决定制定具体实施办法，认真组织实施。全市各级党政机关、社会团体和企事业单位，要坚决执行本决定，为人民群众作出表率。公安、工商行政管理、城市管理、环境保护及新闻部门等部门要齐抓共管，真正负起责任。广大市民要响应号召，移风易俗，自觉遵守有关决定，保证城区禁放烟花爆竹工作的顺利进行。

分析：这是一份政策性决定。这类决定正文部分通常分为缘由、事项和执行要求三个部分，内容具体，篇幅较长，采用分条列项的形式。这份决定表面看起来比较规范，但仔细分析起来，存在两处明显的毛病：

1. 结构不合理。发文的缘由是人大常委会听取审议了市人民政府的报告，接下来的三条是因这个缘由而作出的具体指示事项。但第一条讲的是禁止燃放烟花爆竹的益处、作用，称不上是决定的事项，或者说不能是决定的一项。

2. 内容不合逻辑。第二条基本的指示事项前后矛盾，前面说“一律禁放”，后面紧接着又说“……除外”。显然，发文机关的本意不是“禁止”而是“限制”，或者说是“禁止随便燃放”。同时，文中对“烟花爆竹”和“烟花焰火”这两个概念也没有区分清楚。

××县关于处理山体滑坡事故的意见

××市人民政府：

由于我县近期连续遭受暴雨袭击，×月××日上午，位于××山西侧的山体出现大面积滑坡。除毁林近百亩外，还使位于山下的××村×组的11户农房被毁、7头牲畜死亡，由于山体滑坡发生在白天，故无人员伤亡。为处理好这一事故，特提出如下意见：

一、××山体仍有滑坡的可能，加之××村地处山区，远未脱贫，建议干脆将该村的全部250户村民迁往市外安置，请国家按三峡移民迁建政策，给这250户村民予以一次性补助。

二、请上级速派有关专家来现场排除滑坡险情，若排险成功，我县可酌情给有关专家作点小小的表示。

三、请上级顺便给我县拨20万元排险救灾款。

××县人民政府办公室（印章）

××××年×月××日

分析：这份意见存在如下几点毛病：

1. 标题不规范。发文机关应写全称"××县人民政府"。

2. 权限关系不清。"请国家按三峡移民迁建政策补贴"的建议超越上级机关的权限，不符合现行政策。

3. 措辞不得体。"小小的表示""顺便"等纯属口语，不严肃、庄重；"速派"是命令上级的口吻，这里用不妥。

4. 一文多事。要求拨救灾款一项应该另文专门请示。

5. 落款不对。落款的发文机关与标题中的不一致，应为"××县人民政府"。此外，最好补上"以上意见供领导决策参考"之类的结束语。

［**牛刀小试**］

1. 选择题。

(1) 关于人员和事件处理的决定，正确的写法是(　　)。

A. 先写针对的人员和事件，接着写处理意见。

B. 在写处理意见之前，要写明事件的性质、原因和结果。

C. 在写处理意见之后，要写明事件的性质、原因和结果。

D. 结尾的意义和要求，可以写也可以不写。

(2)《中共中央关于学习〈邓小平文选〉第三卷的决定》属于(　　)。

A. 部署性决定　　　　B. 法规性决定

C. 重大事项的决定　　D. 具体工作决定

(3) 关于意见的正文部分，不正确的写法是(　　)。

A. 开头阐明提出意见的必要性，要写得简明扼要。

B. 开头部分在段末常用"现提出如下意见"等转接语。

C. 结尾部分或写需要注意的问题，或提出希望要求。

D. 写完希望要求后，还必须单设一段收束全文。

2. 请根据下面的材料，以学校的名义拟写一份处分决定。

某大学自动化系 2010 级学生刘××，自入学以来不认真学习，经常旷课，多次打架斗殴。2012 年 3 月 5 日，刘××喝醉酒回宿舍开门时，被同宿舍同学黄××不小心撞了一下，刘××即大打出手，将黄××打成重伤。学校决定给予刘××勒令退学处分。

第二章 事务文书

事务文书是党政机关、社会团体、企事业单位或个人为处理日常事务、指导工作、总结经验、交流信息、解决问题、宣传教育而广泛使用的一种文体，又称为业务文书。

事务文书是文秘工作中使用频率极高的一种实用性文体，随着社会的进步与发展，个人或单位之间的联系日益密切，事务文书的应用范围不断扩大。事务文书在公务活动中形成并经常使用，在反映情况、给领导提供决策依据、提高工作成效等方面发挥着重要作用，是加强行政管理的重要工具。

事务文书品种繁多，具有事务性、辅助性、时效性、科学性、简明性、规范性、灵活性。常用的事务文书主要有计划、总结、调查报告、简报、讲话稿、会议记录、倡议书、建议书、申请书等。

第一节　计　划

[基础知识]

1. 概念

计划是团体或个人为在一定时期内完成某项任务和实现某项目标，根据国家法律、政策、上级指示以及单位或个人的实际情况，于事前拟定的关于目标、措施和步骤等内容的文书。计划是个统称，人们所说的“规划”“设想”“安排”“方案”“打算”“要点”等，都属于计划的范畴。

规划是范围较广、内容较为概括、涉及时间较长的长远计划。

方案是对某项比较重要的工作，从目的、要求和措施、办法到总体进度作全面安排的计划。

安排是对短期内某项工作进行具体布置的计划。

设想是初步的、尚未成熟的或比较粗略的长远计划。

打算是对短期内的某项工作的要点式计划。

要点是对某一时期的工作任务作原则性的指导,并提出具体要求及主要措施。

2. 特点

(1) 前瞻性。具有科学的预见性是计划的突出特点。计划不是对已经形成的事实和状况的描述,而是在开展实践活动之前针对行动的任务、目标、方法、措施等制订出的具有预见性的筹划。在撰写计划时,必须尽可能准确地预测出事物发展的趋势,并对可能出现的问题进行分析,提出切实可行的方案。

(2) 指导性。计划是对未来要做的事情的打算和安排。为了保证计划顺利实施,工作的开展和时间的安排等必须严格按计划执行,以避免行动或工作的盲目性和随意性,从而更快地实现既定的目标。

(3) 可行性。在制定指标、任务时,要从实际出发,量力而行。这里所说的可行性,应该包含积极的因素,要体现一定的先进性。定指标是一个关键的问题,定得过高,通过努力还是完成不了,就会挫伤积极性;定得过低,不需要费力就可以完成,就不能激发大家的积极性。因此,计划一定要从实际出发,使之切实可行。

(4) 明确性。计划中的任务能否顺利完成,常常取决于措施步骤是否恰当有力。因此,计划的目的、任务、指标、要求等一定要写得具体明确,执行计划的措施步骤更要明确切实。执行计划的措施应该包括人力的组织动员、分工职责等。

3. 种类

(1) 按内容分有工作计划、学习计划、生产计划、科研计划、教学计划等。

(2) 按范围分有集体计划、个人计划等。

(3) 按时间分有年度计划、季度计划、月度计划、远景规划等。

(4) 按详细程度分有详细计划、简要计划、计划要点等。

(5) 按成文形式分有条文式计划、表格式计划、文表结合式计划等。

(6) 按性质分有综合计划、单项计划等。

这些种类很多都是多重性的,如《××职业学院 2007 年度工作计划》,它既是工作计划,又是年度计划,也是集体计划。

[**例文导读**]

例文 1:

××××机械制造有限公司营销部 2004 年度工作计划

为了认真贯彻公司理事会 2003 年 12 月 15 日下发的公司《2004—2013 年企业发展规划纲要》精神,更好地完成或超额完成公司下达的任务,遵照公司“十年规划纲要”中对营销部的要求,结合本部门的工作实际,特制订 2004 年度工作计划如下:

一、年度工作内容

（一）巩固已有的销售市场。

（二）全力以赴做好西部基地建设市场调查及销售网点建设。

（三）努力开拓西部市场。

（四）积极参与全国有影响的工业产品展销会。

二、具体工作安排及措施

（一）2月初，邀请2003年度主要的客户参加公司组织召开的“××××××恳谈会”，征求客户对我公司产品的意见和建议，并把意见和建议及时反馈给公司有关职能部门，以便及时制定有关改正措施，进一步提高产品质量和售后服务水平，巩固已有的销售市场。

（二）2月中旬，遵照公司人事处的决定拟定赴西南基地的销售人员名单。考虑到西南基地的重要性，人员安排上，除经理外，原则上以原西南组人员为主。

（三）2月下旬，赴西南销售人员完成本部的工作交接，并到“×××××”办公处报到，由筹委会安排具体的工作。

（四）人员确定后派出实践经验丰富的销售员到新员工培训班当新员工岗前培训教育的教员，以确保新员工在上岗后能马上进入角色。

（五）3月中旬，确定新销售人员的带帮师傅和工作安排；拟定赴广州参加“春季广交会”人员名单，并做好赴会的前期准备工作。

（六）3月下旬，参加“广交会”。

（七）4月初，挑选有一定业务能力的业务员进驻西安，开设公司驻西安办事处，争取在4月中旬展开工作。

（八）5月下旬，各销售点及办事处负责人回公司汇报工作情况。

（6—12月略）

××机械制造股份有限公司营销部（印章）

二〇〇三年十二月二十八日

点评：这则计划属于条款式计划。开头部分写明了计划制订的依据，主体部分先概述年度主要工作，再以时间的顺序，详细计划了具体工作安排和工作步骤。工作在何时开展、由谁负责、怎么做都交代得清清楚楚，让人一目了然。整篇计划语言简洁、明确，不空发议论，也不含糊其辞。

例文 2:

× ×路果品批发市场五月份营销计划

储仓位	品种	进货量/吨	销售总额/万元	人均利润/万元	人力安排/人
1号	苹果	150	90	3.0	3
2号	香蕉	180	72	2.5	3
3号	橙子	70	22	1.5	2
4号	葡萄	50	40	1.8	2
5号	枇杷	30	30	3.0	2
6号	西瓜	100	40	2.3	4

点评:这则计划属于纯表格式计划,简洁明了,让人一目了然。表格式计划往往缺少对步骤、措施等的具体说明,所以一般只用于销售计划之类的工作计划。

[**写法指南**]

计划的格式常见的有条款式、表格式,也有兼备这两种格式的。

条款式计划一般由标题(计划的名称)、正文(计划的内容)、落款(署名和日期)三部分组成。

1. 标题

一般由制订计划的单位名称、计划适用的期限、计划的内容、计划的种类名称四个要素组成,如"× ×信息学院工商管理系 2007—2008 学年第一学期工作计划"。有时可根据具体情况省略标题中的某些要素,或省略单位名称,或省略期限,或省略单位名称和期限,如"2007 年大学生就业工作计划""× ×商场接待方案""春节前后开展文艺活动的安排"。如果计划还需要讨论和通过,应在标题后或下一行在括号内注明"草案""初稿""讨论稿"等。

2. 正文

正文是计划的核心部分,一般包括前言、主体、结尾三个方面的内容。

(1) 前言一般是概述制订计划的指导思想、依据或背景情况,即说明"为什么"做的问题。前言的详略长短,要根据工作的重要程度、内容的多少来确定,总体上以精练简洁为原则,力戒套话、空话。要对现状作出分析,写明本计划是在什么基础上制订的;有的计划还要分析利弊长短,既要看到有利因素,也要看到不利因素,做到胸中有数,这样才能制订出切实可行的计划。

(2) 主体是计划的重点部分,主要阐述"做什么""怎么做"和"何时做"等问题。一般包括任务与目标、措施与步骤、时间进度等内容。任务与目标即给实施任务定下指标,从数量、质量、时间上提出具体要求,要具体明确、切合实际。因此要详细交代清楚在什么时间内完成哪些任务、实现什么目标。措施是完成任务或实现目标而采取的办法,步骤是从时间上对工作进程加以安排。措施与步骤的每项内容都要具体、切实,还要一一写明完成的期限和人员分工,这样才能保证能有条不紊地执行。

(3) 结尾部分可展望计划实施的前景,表达决心或发出号召。也有的计划没有结尾,主体部分写完就自然结束。

3. 落款

写明计划制订者的名称和日期,如在标题中已写出制订计划的单位名称,可不用署名;如是个人计划则应先写单位名称再写个人姓名。日期写在署名的下一行。

[**病例分析**]

××县经委今后八个月工作计划

为了完成县委、县政府下达3.1亿工业总产值(力争3.5亿)的任务以及各项经济指标,我们计划在今后8个月主要抓好以下这几方面的工作:

(一) 进一步深化企业改革。我们在全面推行厂长(经理)任期目标责任制的基础上,从实际出发,有针对性地分别实行租赁、承包、百元工资税利制和工资总额与企业经济效益包干等经营方式,把权、责、利全面落实到企业及其经营者身上,使企业真正成为相对独立的经济实体,成为自主经营、自负盈亏的社会主义商品生产者和经营者,较好地调动企业厂长与职工的积极性,增强企业活力,促进生产发展,并使这一改革能够健康发展,深入持久地坚持下去,采取有效措施加以保证。

(二) 加快新项目和技术改造项目的建设速度,确保这些项目预期投产,发挥效益。主要抓好苎麻纺织、印染工程等项目,并实行目标责任制管理,确保这些项目预期投产,早日发挥效益。

(三) 进一步加强企业管理,提高企业经济效益。我们坚持以改革为动力,促使企业的发展,加强管理,提高企业经济效益,把增产节约、增收节支的工作作为提高企业经济效益的重要工作来抓,要求企业产品总成本、企管费及车间经费都要下降。具体措施:

(1) 调整企业产品结构,大力增产适销对路产品,实现多产快销。

(2) 加强企业管理,挖掘企业潜力,调整定额,向管理要效益。

(四) 加强企业职工思想教育、技术培训,努力提高企业职工队伍思想、技术素质。为企业上等级和企业现代化管理打基础。

(1) 全面进行思想、纪律、法律教育,坚持四项基本原则,反对资产阶级自由化的教育，全面提高工人思想觉悟。

（2）搞好技术培训和职工文化、技术学习，努力提高职工队伍技术素质。

分析：这篇计划存在的主要问题如下：

1. 内容不够明确具体。如第一条里说到“实行租赁、承包、百元工资税利制和工资总额与企业经济效益包干等经营方式”并“采取有效措施加以保证”，而具体采取什么措施加以保证、由谁负责都没说清楚。又如第三条中第二点里提到的“加强企业管理，挖掘企业潜力，调整定额”，既缺少具体可行的方法措施，又缺少明确的指标。最后部分提到对职工进行教育、培训，也没有任何具体的安排。这样指标、措施、步骤含糊不清的计划，就没有了制订的意义，更谈不上指导工作了。

2. 制订时间不准确。标题里只说“今后8个月”，不具体，应该写明具体的日期。

［**牛刀小试**］

1. 选择题。

（1）“凡事预则立，不预则废”讲的是（　　）的作用。

A. 计划　　B. 总结　　C. 规章制度　　D. 通知

（2）从拟写格式来讲，生产、经营计划多采用（　　）。

A. 文书式　　B. 表格式

C. 要点式　　D. 表格与文书结合的形式

（3）下面选项中不是计划必须具备的要素的是（　　）。

A. 目标　　B. 措施　　C. 步骤　　D. 范围

（4）根据内容的不同，计划可用不同名称。偏重政策指导性，一般是领导机关对下级布置工作，贯彻、传达有关政策和领导意图，属于纲要式的计划一般使用的名称是（　　）

A. 打算、设想　　B. 安排、方案

C. 意见、要点　　D. 规划、计划

2. 判断题。

（1）制订计划是一种科学的工作和学习方法。（　　）

（2）一般来说，规划是带有全局性、长远性和方向性的计划。（　　）

（3）计划除了要有明确的目标，还必须指出为完成目标所采取的措施步骤，且措施要切实可行。（　　）

（4）计划主要是靠制订者独立思考、发挥想象、反复推敲制订出来的。（　　）

（5）计划的主体内容概括起来是做什么、怎么做、要做到什么程度。（　　）

（6）计划一经制订就成为该时期或该方面工作的指导和依据，所以不能做任

何调整和改动。(　　)

(7)“任务要求”是计划正文的主要内容之一,主要是解决“怎么做”的问题。(　　)

3. 写作练习。

拟定一份本学期个人学习计划。

第二节 总 结

[**基础知识**]

1. 概念

总结就是把某个时期内的工作、学习或某项活动开展的情况进行分析研究,从中归纳出经验或教训,以便更好地指导今后的实践所写的一种事务文书。

2. 特点

(1) 回顾性。总结是对已经过去的一段时期的工作、学习或活动开展情况进行回顾的应用文书。它肯定成绩,将成功的经验加以提炼,归纳出带有普遍性的规律;对不足之处进行理性的分析,以便今后吸取教训,从而采取新的措施加以改进。

(2) 客观性。写总结应该坚持实事求是的原则,对取得的成绩、成功的经验不夸大其词、人为拔高;对存在的问题不隐瞒或轻描淡写地一笔带过。只有客观真实地进行总结,才能达到总结的真正目的,发挥出总结应有的作用。

(3) 指导性。作为一种回顾、思考的手段,总结是对以往实践工作的一种理性认识,回顾过去是为了展望未来,使今后的实践工作开展得更好。因此,总结的目的就在于总结和推广经验、发现和避免错误,从而指导将来的工作。

(4) 平实性。总结以概括性叙述为主要表达方式,并辅之以适当议论。它不必把事情的经过写得完整而详细,更不必进行细节描写,只要用平实的语言去概述“做了哪些”“做得怎样”就可以了。它也不必为了雄辩而引经据典、反复论证,而只需靠实实在在的事例和数据统计去证明观点。它不需要华丽的辞藻,要求语言平实、准确。

(5) 自身性。总结回顾的都是本人或本单位的实践活动,一般采用第一人称写作。

3. 种类

总结的种类很多,按内容分,可以分为工作总结、生产总结、学习总结、活动总结、会议总结等;按性质分,可以分为综合性总结和专题性总结;按范围分,可以分为全国性总结、地区性总结、单位(部门)总结、个人总结等;按时间分,可以分为月度总结、季度总结、年度总结、阶段性总结、跨年度总结等。

总结的种类虽然有上述分法，但事实上，一篇总结往往同时反映性质、内容、范围、时间等几个方面的内容，如《××大学2011—2012学年第二学期学生管理工作总结》即是如此。

4. 总结与计划的区别

总结与计划的联系和区别：计划是事前制订的，而总结是事后才进行的。总结是计划执行的结果，做总结要以计划为依据，又要对计划完成情况作鉴定。计划是总结的发展，制订计划既是以上一阶段的总结的依据，又是对做好总结的促进。从写作内容看，计划要回答的是“为什么做”“做什么”“怎么做”，总结要回答的是“做了什么”“做得怎么样”“为什么会这样”。从表述上看，计划重说明，总结则是叙述、说明、议论兼用。

［**例文导读**］

例文：

2010年社区妇代会工作总结

二〇一一年一月二十日

2010年，×××社区妇代会在街道妇联的指导下，以邓小平理论、“三个代表”重要思想为指导思想，结合社区的实际，开展了一系列工作：

一、领导重视

按街道的要求，社区由书记负总责，主管妇女工作，另有专人负责具体经办，建立健全各种制度，并在每周一由书记亲自组织社区工作人员学习有关理论知识，不断提高业务素质。

二、加强宣传

社区以各种形式宣传有关的法规及知识：

（一）2月1日—6日组织辖区妇女骨干参加社区义务巡逻周活动。

（二）2月2日，社区妇代会组织妇女志愿者在××广场举行了一次迎春游园活动。

（三）3月5日，社区妇代会与××医院联合举办了一次免费为辖区妇女体检的活动。

（四）3月7日，社区妇代会与辖区×××联合举办了一次庆“三八”妇女节大型舞会。

（五）妇代会在×××前开展大型宣传活动，内容有政策宣传、发放宣传资料、渝州社区医院免费为居民体检。

（六）6月26日，社区妇代会在辖区内进行了关于“禁赌”和预防艾滋病的宣传，发放宣传资料200余份。

（七）7月8日，社区为参加6月份读书月活动的妇女们颁发纪念品。

（八）“参加街道组织发扬奥运精神”演讲赛，本社区有两名妇女参加，并分别获得街二等奖和区三等奖。

（九）8月5日和28日，为了更好地搞好“少儿离校不离教”活动，妇代会组织社区的中小学生参加健康知识讲座和环境卫生保洁活动。

（十）9月26日，为了庆祝建国59周年，社区妇代会在××广场举办了大型的庆祝活动，内容有歌舞表演、小品、京剧、民乐表演、联唱等。

（十一）10月13日和17日分别组织辖区妇女到××山庄和×××开展活动。

三、依法维权

做好稳定工作，社区今年调解纠纷5起，其中妇女同志需要社区援助的有2起，对此社区均及时给予处理。

四、提供服务

（一）社区在4月份组织11名下岗职工进行了电脑培训，其中女性9名。全年社区为18名妇女提供了岗位。

（二）社区在6月份慰问了贫困母亲2人，贫困独女户5户，对其分别给予了物资援助。

今年社区的妇女工作取得了一定的成绩，但也存在一些问题，今后社区妇代会一定要不断探求新的工作方法，不断扩大妇女志愿者队伍，创新思维，将妇女工作推上一个新台阶。

点评：这篇总结写得有条不紊，脉络分明。正文由前言和主体两部分构成，主体部分主要写了四个方面的内容，每个方面都先用小标题揭示主旨，然后再具体展开。这篇总结在写作时叙议结合，做到了观点和材料的有机统一。

［**写法指南**］

总结一般由标题、正文、落款三部分组成。

1. 标题

总结的标题大致有以下三种：

（1）公文式标题。一般由单位名称、适用时间、内容和文种名称组成，如“××市教育局2012年工作总结”；也可省略单位名称，如“2012年上半年销售工作总结”；有的甚至省略单位名称和适用时间，直接写成“工作总结”或“学习总结”等。

（2）文章式标题。以概括、总结核心内容为标题，标题中不出现文种名称“总结”的字样，如“科技立场，人才兴业”“推动人才交流，培植人才资源”。

（3）双标题。这类总结的标题同时适用公文式标题和文章式标题，如“加强医风教育，树立医德风尚——××市某医院2012年精神文明建设的工作总结”，又如“做好审计调查为宏观决策服务——××市审计局2012年工作总结”。

2. 正文

一般包括前言、主体、结尾三个方面。

前言部分简明扼要地概述某个阶段的工作或任务的基本情况，交代背景，点明主旨，为主体部分内容的具体展开作好铺垫。

主体部分主要写成绩和经验、问题和教训。这部分内容较多，又需要对事实进行理论上的分析归纳，所以应根据实际内容和表达的需要采用相应的结构形式。常见的结构形式主要有以下几种：

（1）两部式。第一部分写做了哪些工作、取得了什么成绩，并归纳出主要经验；第二部分写存在的问题和今后应采取的措施。各层可按内容分为若干个问题，加序号或小标题分条表述。

（2）三段式。第一段写工作的基本情况和取得的成绩，第二段写经验和体会，第三段写存在的问题和今后的打算。各段也可以采用条款式结构，用小标题分别揭示各项内容的主旨。

（3）阶段式。按时间顺序安排结构，把工作的过程分为几个阶段，再分别对每个阶段的情况进行分析总结。其优点是全文脉络清晰，便于看出工作的进展和每个阶段的特点。

结尾部分通常写今后努力的方向或打算。如果这些内容已在主体中写过，则不用再另写结尾。

3. 落款

落款即撰写总结的单位名称和日期。在正文下面的右下方分两行写，第一行写单位名称或个人姓名，第二行写日期。有的总结将单位名称或个人姓名写在标题中或标题的下一行，这时落款时则不需再写。

［**病例分析**］

××乡上半年工作总结

半年来本乡在精神文明和物质文明方面做了许多工作，取得了很大成绩。半年来，主要做了以下工作：动员组织乡、村干部和广大群众学习中央一号文件；安排、落实全年生产计划；推行、落实承包责任制；帮助专业户发展；修建乡小学校舍；建乡食品厂方便面生产车间厂房；推销乡果脯厂、食品厂、编织厂的产品；为乡机械厂解决原材料不足的问题；美化环境，街道两旁栽花种草；封山植树；办了一期果树栽培技术培训班;健全了乡政府机关,调整了工作人员,开始试行乡干部招聘制。

半年来,在工作繁杂、头绪多而干部少的情况下,能做这么多工作,主要是因为:

一、上下团结。乡领导和一般干部都能同甘共苦、劲往一处使。工作中有不同看法,当面讲,共同协商。互相间有意见能开展批评与自我批评,不犯自由主义错误。例如,经营科同志对乡长不同他们商议便擅自更改果脯厂的奖励办法从而影响产量一事有意见,经当面说出,乡长接受,作了自我批评,并共同研究了新的奖励办法,使产量又增加了。

二、不怕困难。本乡企业刚刚起步,困难很多,技术力量薄弱,原材料不足,产品销路没有打开。为此,经管科的同志和全乡干部共同想办法,他们不怕跑路,放弃自己的休息时间,忍饥挨饿受冻,四处联系,终于准备好了今年所需要的原料,推销了一些产品。

三、领导带头。乡的几位主要领导带头苦干,实干。他们白天到下边去调查了解情况、解决问题,晚上再开会研究问题,寻找解决的办法。领导干部夜以继日地工作,带动了全乡工作。

××乡人民政府(印章)

××年×月×日

分析:这篇总结存在的主要毛病:

1. 材料不足,情况不明。这个乡在上半年做了很多工作,一共完成了12项精神文明和物质文明方面的建设。但这些工作为什么会这样、怎么做、做得怎么样等基本情况在总结中并没有说清楚。如“推行、落实承包责任制”,这是农村里的大事,但其落实情况如何、成效如何等,总结中没有用材料说明。又如“推销”,采取什么途径推销、销售情况怎样、是盈或是亏等,总结中也没有提及。其他几项工作情况均是如此。这表明,作者在写这篇总结前并没有下工夫收集和充分占有材料,更别说选出典型材料。

2. 经验体会缺少特点。文中所说的三条经验,机关可用、社会团体可用、农村可用、过去可用、现在可用、将来也适用。这就说明作者不仅没有占有必要的材料,更没有对乡的情况作起码的分析,没有从乡的工作实际出发,概括出规律性的东西。这篇总结既不能说明单位的实际,对提高认识也没有作用。所以,要写好总结,占有材料、分析材料、找出规律性的东西是关键。

××学院2007级学生会2008—2009学年上学期工作总结

现将上学期2007级学生会各项工作总结如下：

一、贴近学生学习、生活方面

（一）新学期伊始，我们2007级学生会就投入到了紧张的迎新工作中。由于本学期新生报到的主要工作由我们年级承担，所以我们对人员进行合理分工，使同学们可以高效快捷地工作。良好的工作作风树立了学生会的形象，受到家长与学生的好评。在大一军训结束后，我们又在院学生会的领导下，帮助大一组建年级学生会，这也为我们学生会今后的各项工作注入了新鲜血液。

（二）美好的生活环境对每一个同学的身心健康起着积极的作用，良好的生活习惯可以锻炼人的身体，陶冶人的情操。生活部基于以上情况，有针对性地展开宿舍卫生检查，对同学们的宿舍卫生保持起到了一定的监督作用。

（三）为了保证同学们按时作息，自律部与生活部在协调配合下，对宿舍晚归情况进行了抽查，并在临近期末时几乎天天检查，在主席团和各位部员的共同努力下，圆满完成了工作任务。

（四）外联部作为为我们学生会开展各项活动提供外部支持的一个部门，根据其自身特点和实际需要，组织、筹划了多次外联工作，在迎新和K歌大赛的活动中都发挥了自己部门的职能。虽然工作任务比较艰巨，面临着许多困难和挑战，但外联部的各位同学从不气馁，尽自己的全力做好各项工作。

二、学风建设方面

本学期学风建设是在学习部的主导下开展的。在新学期开始，学习部就进行了统一各班级课表的工作，为后来的一整学期的学习管理奠定了基础，并在接下来的工作中完成了双学位的选拔报送工作，综合测评及奖学金、助学金的评选工作。这些工作看似简单，但操作起来十分繁琐，然而，在主席团和各班负责人的协助下，学习部圆满完成了这项任务。在接下来的英语四级考试备战中，学习部、宣传部和组织部通力配合，成功举办了备战四级讲座，帮助同学们指明学习方向和备战技巧。在本学期末，我们年级开展了“学风建设月”活动，在×老师带领下，学生会成员共同努力，坚持早晚考勤，督促同学们努力学习。组织部在本学期主要负责“大学生在线网站”的推广与动员工作，并在“学风建设月”中收集与张贴获得国家级奖学金、国家级励志奖学金的同学的心得感言，敦促同学们向他们学习。在本学期末，在团总支的带领下，组织部与就业实践部一道举办“寒假生活你我共享——初试就业牛刀，浅尝见习苦甜”寒假社会实践活动。

作为不久的将来就要迈入社会的大学生，了解就业形势、提高自身就业技能显得格外重要。为此,我们学生会的就业实践部和勤工助学部都做了大量工作。就业实践部在我们的公告栏里经常张贴与我们息息相关的就业信息,帮助同学们了解目前的就业形势、做好职业规划,并在本学期末邀请×老师为我们做讲座,还协助团总支策划了寒假实践活动。勤工助学部主要负责同学们勤工助学岗位的申请、统计、安排的工作以及相关工资的发放,尽己所能帮助同学们获得更多的勤工助学岗位,另外,还完成了新增助学贷款的相关事宜。

三、校园文化建设方面

校园文化建设方面的工作本学期主要由宣传部和通讯部负责。宣传部圆满完成了本学期各项活动的宣传工作,如新学期迎新宣传、“我为校庆添光彩”宣传、经管学院教师节的宣传以及我们学院健身节和足球赛的宣传工作等。虽然宣传部人手不多,但大家做事尽职尽责,出色地完成了各项宣传任务,并指导大一宣传部开展了各项工作。通讯部主要负责活动照片的拍摄和通讯报道的写作,在本学期完成了《迎新报道》《党员成长交流会》等通讯报道,促进了我们学院的形象宣传工作。

四、文艺体育活动方面

我们这学期的文体活动可谓丰富多彩。其中,体育方面,在新学期初,2007 级体育部就协助院体育部组织了迎校庆智力运动会的预选赛。在紧接着的校体育健身节中,体育部挑选出了优秀选手参加篮球赛、排球赛、足球赛等赛事,并取得了优异成绩。年级足球赛是本学期体育部组织的最后一项活动,在院体育部的帮助下,这项活动取得了成功,增进了各班的凝聚力和向心力,促进了各专业的交流与沟通。在文艺方面,今年恰逢我校建校 55 周年校庆,在文艺部的组织协助下,我们学院 55 名同学完成了开场舞的表演。此外,我们还举办了 K 歌大赛,在学校引起了很大的反响,也得到了同学们的热情参与,丰富了同学们的课余生活。

我们 2007 级学生会本学期在院领导和团委老师的指导和支持下,在院学生会的领导和帮助下,充分发挥学生会“自我教育、自我管理、自我服务”的工作职能,在广大同学的鼎力协助下,经过全体学生会成员的共同努力,不断拓宽工作领域,创新工作模式,改进工作方法,整体上完成了学期初定的工作计划,并取得了显著的成绩。

过去的一学期已经离我们远去,在以后的工作实践中,我们将会不断地努力与探索,扬长避短,使学生会的各项工作在稳定中创新,在创新中稳步前进,从而逐步走向完善。我们也坚信,只要我们以积极的心态主动地工作、无悔地付出,一定会谱写出更加壮丽的篇章。

分析:这篇总结主要存在以下问题:

1. 在内容、结构方面有些混乱,条理不够清晰。如结尾“我们 2007 级学生会”

这一节讲的是该学院2007级学生会工作的背景和对上学期工作成果、评价的概述，这一部分放在结尾不妥，应放在开头作为前言，以给读者留下一个总体印象。

2. 这篇总结主要谈学生会工作，涉及学生生活、学风建设、校园文化建设方面的具体做法和取得的成绩，有些内容可归并到一起。如第四条"文艺体育活动方面"一节谈到的文艺体育活动也属于校园文化建设，可与第三条"校园文化建设方面"放在一起。而在"学风建设"部分中两次提到了学生会为学生的就业所做的努力，这些内容和学风建设关系不大，可另立一部分单独总结。

3. 缺少落款。应在结尾的下一行偏右处署上总结的部门及总结的时间。

[**牛刀小试**]

1. 选择题。

(1) 总结的写作一般使用(　　)。

A. 第一人称　　B. 第二人称　　C. 第三人称　　D. 三种人称互用

(2) 读读下列标题，其中不属于总结的一项是(　　)。

A. 读报剪报，我积累知识的一种方法

B. 借风扬帆，我县乡镇企业发展外向型经济的经验

C. 学书法的秘诀

D. 中专生的昨天、今天和明天

(3) 请选出下列标题对应的总结标题形式。

① 挖掘内部潜力，实现扭亏增盈(　　)

② 源头防范，标本兼治，我省纠风工作取得阶段性成效(　　)

③ 省教育厅关于教师资格认定工作的总结(　　)

A. 公文式　　B. 文章式　　C. 双标题　　D. 其他

2. 写作练习。

请你将这段时间的学习情况写一篇总结。要求格式完整、正确，语言流畅，字数不少于1000字。文中需用真名时用×××代替。

第三节　调查报告

[**基础知识**]

1. 概念

调查报告是对某一事件或问题进行调查研究后写成的书面报告。调查报告也称为"调查分析""调查汇报"等。调查研究不仅能反映情况、总结经验、揭示问题、使人们提高认识，还能为领导机关制定政策、措施提供依据。"没有调查就没有发

言权”,调查是基础和前提。报告是调查的目的,是调查成果的反映。没有调查的报告是空洞的报告,而不写成报告的调查是徒劳的。撰写调查报告包含“系统周密的调查”“客观深入的研究”“准确完善的表达”三个重要环节。

2. 特点

(1) 真实性。客观事实是调查报告赖以生存的基础,真实性是调查报告的生命线。调查报告的材料必须全部真实,只有这样,才能从中推出正确的结论、找到问题的症结所在,才能找到符合客观事实的具有指导意义的规律。

(2) 针对性。调查报告的写作目的是为方针、政策的制定提供依据,是为解决迫切需要解决的问题而写的,因此它具有很强的针对性,并且针对性越强,其解决问题的实效性就越强。

(3) 典型性。写调查报告,调查的对象必须典型,所运用的材料要具有典型意义,所得出的结论和规律必须具有普遍性意义,不应是个别现象和特殊案例,更不能以偏概全。只有这样,调查报告才有较强的说服力,才具有现实意义和对工作的普遍性的指导意义。

(4) 注重揭示事物的本质规律。调查报告不但要叙述事实,更要对事实材料进行分析、探索、研究,从而揭示事物的本质,阐明规律,最后作出结论,便于进一步指导、推动现实工作。一份调查报告能否揭示、反映事物的发展规律,是衡量调查报告优秀与否的基本标准,这也决定了它在写作上主要是运用夹叙夹议、叙议结合的表达方式。

3. 种类

按内容分,可分成综合性调查报告与专题性调查报告;按性质分,可分为总结经验的调查报告、揭露问题的调查报告、反映情况的调查报告、研究问题的调查报告、澄清事实的调查报告等;按作用分,有决策性调查报告、预测性调查报告、追踪性调查报告和反馈性调查报告等。

4. 调查报告与工作总结的区别

(1) 范围不同。调查报告应用范围广,可涉及现状、历史,反映当前具有一定意义的社会(自然)的现实,揭露问题,评价事物,介绍经验。总结只限于反映本单位、个人已完成的工作、任务及其经验教训,因而它一般都着眼于指导总结者自身今后的实践活动。

(2) 写作时限不同。调查报告一般没有具体的工作进程和时间的严格限制,可根据需要进行调查写作;总结受工作进程和时间的限制,一般都是在工作、任务告一段落或全部完成之后写作。

(3) 使用人称不同。调查报告往往是上级机关或有关方面的调查组在选点进行调查研究的基础上写成的，一般用第三人称；总结一般使用第一人称。

［**例文导读**］

例文：

大学生择偶观的调查报告

××大学 ×××

当代大学生都是80、90后，他们的成长和发展都备受人们的关注。现在的在校大学生或者是已经踏上工作岗位的大学生，都将面临着择偶这一环节。爱情观和婚姻观是个体世界观、人生观、价值观的一种体现，如何让个体更加符合社会发展的需求，能够在一定程度上促进社会和谐，涉及爱情观和婚姻观正确与否的问题。大学生是国家建设的栋梁，而爱情观和婚姻观积极与否直接关系到大学生的心理健康、学业成功与否，进而会影响到大学生的综合素质和整体发展水平，影响未来的国民素质、社会的发展。树立正确的爱情观和婚姻观，对于正确把握好自己的人生航线，获得纯真、高尚的爱情有着重要的意义。在树立正确的爱情观和婚姻观的同时，重要的是要对自己的爱情观和婚姻观进行科学的了解和评价，只有这样，当代大学生才能获得健康、高尚的爱情，拥有幸福、美好的人生。

一、调查的目的及方式

本次我们进行问卷调查的目的就是了解当代大学生择偶观总体状况及择偶的心理特点，探究现在有哪些因素影响着大学生的择偶。这次问卷调查用的是调查分析法。采用整体随机抽样的方法对50名在校大学生或已步入工作岗位的大学生进行择偶观调查。

二、调查数据分析

本次调查人数为50人，其中男生28名，女生22名。在被调查的人中，以在校大学生为主，其中大二年级的占了70%，其余的各占小部分。就“目前的恋爱状况”这一选项，有46%的学生表示谈过恋爱，但目前单身，有28%的学生从未谈过恋爱，只有26%的学生目前在恋爱中。

在对恋爱的理解这一项中，有68%的学生选择了“是为了选择终身伴侣，是婚姻的前奏，是以共同生活为目的的”，20%的学生选择了“彼此被对方的某些优点所吸引”，也有18%的学生选择了“不必考虑太多，跟着感觉走就行”这一项，其余的选项都没人选。

90%的大学生都认为自由恋爱是最好的择偶方式，也有10%的学生选择了“亲戚朋友介绍”这一选项，其他的无人选择，这正好说明了当代大学生思想的自主性和开放性。

60% 的学生表示在择偶时会选择性格和自己互补的人,16% 的学生选择了“相似”,也有 24% 的学生表示无所谓。

28% 的学生认为应该在同市内进行择偶,但也有 48% 的学生对对象的居住地表示无所谓,其余的对省内、国内、国外的选择各不一。

对于感情基础和物质基础两者的影响程度这一问题,42% 的学生选择了感情基础,只有 6% 的学生选择物质基础,还有 46% 的学生认为两者处于同等地位。

对于理想的结婚年龄,主流的想法是 28 岁之前,选这项的占了 42%,也有 34% 的学生觉得应该在 30 岁之前结婚,其余各项均有少数人选。

当父母反对与选择的另一半结婚时,56% 的学生认为幸福是自己的,会尽一切努力去争取;也有 28% 的学生会给定一个期限,如果他/她仍然不能让父母满意的话,就和他/她分手;绝对尊重父母的、认为应该听从父母,认为亲情比爱情更要的,这类占了 12%。

58% 的学生觉得个人性格对本人的择偶观影响最大,这种因素占了大多数,品味这一项占了 16%,传统观念和父母教导各占 14%,接下来的是生活方式和学校教育。

在男女双方的择偶观中,72% 的人将人品放在择偶标准中的第一位,56% 的人选择性格,后面依次是外貌、个人能力、健康状况、行为举止和相同的志趣。在这一问题上,男女双方的选择呈现一致性。

三、讨论

由于这次的调查对象主要都是 90 后,因此思想观念和行为表现都趋于一致。就目前大家的恋爱状况来看,近一半的被调查人员都是谈过恋爱的,但目前处于单身,这说明当代大学生的恋爱和感情带有极大的不稳定性。大学生无法确定自己择偶的准确要求,带有尝试的心理。

就本次调查结果来看,男女之间的择偶差距在关于对对方内在的要求方面差异还不是很大,譬如人品、外貌、性格,这是绝大部分人的首选,说明并非物质条件才是择偶的首选条件,人们在选择配偶时,品质、性格起决定性作用。对于个人能力的要求,大多数女生都选择了要求对方有较强能力,男生也有超过半数的人选这项,说明当今社会对男女的能力要求差距不大,男女所面临的压力同样大,只有出色,才能赢得人选。

在对择偶对象的家庭经济状况选择上男女也存在很大差异,家庭背景表现了其社会地位。女性对比自己家庭条件稍好的男性有偏好。较高的家庭条件伴随着好的生活条件,其子女也能有很好的生长环境和更多的机会。

在年龄差距方面,男性大都选择了年龄差距为 1 至 3 岁的人作为伴侣,而女性大都选择比自己大的，其中有一半的女生选择要比自己大3至5岁的男生。随着年龄而变化的是资源的增长。在传统社会中，男性随着年龄的增长，在社会中的作用越大，远古女性更偏好年长者，现在女生的偏好可能源于此，年长的男子累积的财富更多。

四、小结

每个时代都有不同的特点，当代大学生的择偶观毫无疑问也带有时代的特色。但是，无论是男性还是女性，在长期择偶的策略上，自古至今都没有太大的变化，都可以利用进化学的理论加以解释。从整个人类发展的历史长河来看，这一切的一切都是顺应人类追求更好的发展、使我们的物种更加优良以适应优胜劣汰的自然法则的。

附：当代大学生的择偶观调查问卷

点评：这篇调查报告标题为《大学生择偶观的调查报告》，采用的是单行式直接标题。正文部分先对调查结果进行分析，再得出调查结论，清晰明了。落款没有落在文末，而是落在标题下一行居中处，常见于在报刊上发表的调查报告。

［**写法指南**］

调查报告一般由标题、正文、落款三部分组成。

1. 标题

调查报告的标题有单行式标题、双行式标题两类。

（1）单行式标题。可分为两种形式，一种是直接式标题，由调查事由与文种名称构成，如“关于我区下岗职工再就业问题的调查报告”。另一种是间接式标题，标题中不点明文种，只揭示全文主旨，如“××省在改革开放中迅速发展继续教育”。

（2）双行式标题。正标题直接点明主题或结论，副标题说明调查的对象和文种，如“关注大学生的健康消费——当代大学生消费状况调查报告”。

2. 正文

调查报告的正文一般由前言、主体、结尾三部分组成。

调查报告的前言常见的表达方式有以下两种：

（1）叙述式。即简要地介绍调查的目的、时间、地点、对象、范围、内容以及调查方法等。

（2）议论式。以议论的表达方式点明所要调查的问题有何重要意义，以引起读者的关注。也可以用设问式，以自问自答的方式点出主要内容，以引起读者兴趣。

调查报告的主体，应对调查的情况进行分析，以典型事例和准确数据为依据，或总结工作的成绩、经验，或揭露问题，然后得出调查结论，并提出相应的建议或对策。

主体部分的结构形式主要有以下三种：

(1) 纵式结构。即按事物的发生、发展、结局的过程来组织材料。这种结构形式适用于内容比较单一的调查报告。

(2) 并列式结构。即根据调查的内容加以分类，分几个部分来安排结构，每一个部分都有小标题。这种结构形式条理清晰，可突出中心观点，适用于涉及面较大的调查报告。

(3) 层进式结构。一般分两个层次写：第一层次是调查结果及分析，将调查的结果分成若干类别，然后运用大量的事实材料和数据统计对各类问题进行有理有据的分析，并运用适当的论证方法加以合乎逻辑的推理分析，得出调查结论，分析问题存在的主要原因是什么；第二个层次是写对策和建议，即针对存在的问题提出若干条相应的对策或建议。

调查报告的结尾一般有以下几种方式：

(1) 概括全文内容，深化中心观点，以加深读者的印象。

(2) 指出事物的意义，展望发展的前景。

(3) 发出号召或指出今后努力的方向，以表态式的句子结束全文。

如主体部分采用层进式的结构方式，最后一个层次写对策或建议就可以自然收尾，不必另加结尾。

3. 落款

调查报告的落款方式有两种：

(1) 写在正文结尾的右下方，注明单位名称和作者姓名。

(2) 写在标题下一行居中处。在报刊上发表的调查报告通常使用这一种落款方式。

[**病例分析**]

大学生网络素质现状调查

(2004年4月19日)

近年来，网络剧烈地影响和改变着我们的生活，与“水能载舟，亦能覆舟”一样，利用好网络，我们的生活受益无穷，错用了它，则会让我们掉入无底的深渊。在众多网民中，大学生占很高的比例，这高素质的一群，有多少人在利用网络、如何利用网络成为各界关心的问题。就这个问题，本人在班里进行了调查，现报告如下：

1. 七成学生用网络聊天

据调查结果显示，100%的同学都接触过网络，这是因为这学期开设了网络课程。大部分同学懂得用 QQ 聊天，但 10% 的同学不懂得发电子邮件，20% 的同学不懂得下载网络程序。

2. 因友而忙

在上网的学生中，90% 以上的同学有一个 QQ 号码，60% 的同学有两个或两个以上的 QQ 号码，40% 的同学沉迷于聊天。在网络犯罪的案例中，由 QQ 引发的事件不少，如与网友见面被骗东西，被伤害甚至被杀害，等等。

3. 因坛而坠

论坛，也称 BBS，在里面"灌水"也是不少学生网民喜爱的活动。班里 85% 的同学上过论坛，70% 以上的学生在论坛上发过帖子，10% 以上的学生在论坛上有过不文明行为。

4. 因戏而废

网络游戏是不少学生的宠物。调查表明，90% 的同学玩过网络游戏，其中 85% 是男生，5% 是女生；30% 的学生沉迷于玩 CS 之类的网络游戏。班上的同学虽没有因为网络游戏而旷课的，但社会其他一些地方，很多学生因为玩网络游戏旷课太多导致多门功课不及格，面临退学的危险。

5. 因网影响健康

60% 以上的同学有过通宵上网的情况，40% 是经常在周末通宵上网，20% 偶尔通宵上网。通宵上网有为了看电影的，这种情况占 45%，有 55% 的同学是为玩游戏积分。通宵上网缺乏睡眠，易导致食欲下降，身体免疫力下降，情感冷漠，心理活动异常，感知、记忆、思维、言语等各种反应能力显著下降等问题。

以上调查表明，大学生对网络认识有偏差，主要是因为大学生上网多在课余时间，放下繁重的课程，上网时便希望能放松，而不是再学习。在没有人正确引导的情况下，聊天、游戏等易学、大众化的消遣性娱乐自然成了大学生们的最爱。

在调查中了解到，40% 的学生认为上网是因为学校的课外活动过于单调，一些娱乐只能通过网络实现。此外，多所大学的网站上，远程学习教程一个月难得更新一次，因而谈不上让学生们利用校园网进行学习。

其实，网络可以用得很精彩，不少世界顶尖的高手都来自于在校的大学生。利用网络可以帮助自己查找各种学习资料，提高学习效率和学习的深度、广度；可以找到各种实践、兼职、打工、招聘的信息，为自己的前途找到好的信息渠道；通过网络可以认识更多志同道合、积极发展的社会各界的朋友；利用网络写稿不仅可以养活自己，结交优秀编辑记者，积累社会关系，开阔视野，也培养了综合能力。网络的好处无处不在。

互联网功过皆有，作为知识拥有量高、素质好的大学生群体，更应在网络中学会“取其精华,去其糟粕”,将网络中有用的部分变为自己的财富。大学生运用网络可以很精彩。

分析:这是一个较有针对意义的选题,文章通过翔实的调查数据,说明了网络对学生的负面影响。本文能归纳要点(但表述欠妥)、引据说明,观点鲜明,但还存在以下不足:

1. 标题与内容不贴切。例如,标题中“网络素质”没有界定,欠准确,从正文内容看,标题改为“大学生使用网络利弊的调查”更为恰当。

2. 原因分析过于简单。对于网络对学生的负面影响与哪些因素有关这个问题分析不够全面。

3. 材料使用不当。不属于调查范围的、道听途说的内容不宜引入。

4. 文字表达不准确。如第二段“以上调查表明,大学生对网络认识有偏差,主要是因为……”这句话,前后不能构成因果关系。

[**牛刀小试**]

1. 选择题(可单选或多选)。

(1) 市场调查报告的内容要素包括(　　)。

A. 标题　　B. 基本情况　　C. 分析与结论　　D. 措施与建议

(2) 市场调查的基本方法有(　　)。

A. 普查　　B. 抽样调查　　C. 典型调查　　D. 重点调查

(3) 下列内容中不属于产品调查的是(　　)。

A. 产品本身的质量　　B. 在消费者中的信誉

C. 产品的商标、包装　　D. 产品的总值净增量

(4) 对消费者数量及购买力、购买欲望、潜在需求量和投向、消费者的支出比重及变化趋势等的调查称为(　　)

A. 市场基本状况调查　　B. 消费者及消费行为调查

C. 市场商品需求调查　　D. 销售情况调查

2. 写作练习。

根据下面的材料,按市场调查报告的写作要求写一篇完整的市场调查报告。

为了解我市旅游市场的消费行为和需求状况,我们对××市旅游消费市场进行了调查。

调查发现,在休假时人们最喜欢的活动是外出旅游,占被调查者的23.4%,其他依次为看书看报、看电视、串门聊天和娱乐健身、业余学习、逛街购物、打牌玩麻将与其他,分别占19.8%、16.7%、9.5%、8.6%、4.2%、2.7%和5.5%。这说明,外出旅游已经逐渐成为人们假期休闲的主流。

调查显示，一年出游4次及以上的被调查者占5%，出游3次的占9%，出游2次的占38.7%，出游1次的占34.1%，基本不出游的占13.1%。从以上数据可以看出，一年内出游多次的人数比例略高于基本不出游的人数比例。由此可见，旅游市场存在着巨大的消费能力和潜力。

旅游花费的多少是人们生活水平高低的标志之一。在所有调查对象中，年旅游花费在500元以下的占19.8%；500至1000元的占25.2%；1000至2000元的占24.6%；2000至4000元的占23%；4000至7000元的占5%；7000元以上的占2.3%。被调查者月收入为：1000元以下的占35.6%；1000至1500元的占41.3%；1500至2000元的占14.9%；2000至3000元的占5.9%；3000至4000元的占1.8%；4000元以上者占0.5%。这些数据反映了不同阶层居民的旅游消费水平。

在出游时间上，调查显示，12.2%的人选择周末；17.6%的人选择暑假；2.7%的人选择元旦；13%的人选择春节；选择"五一"和国庆节者分别占18.9%和19.4%；其他占16.2%。粗略看来，人们对出游时间的选择比较理性，这有利于避免节假日旅游过于拥挤的现象。调查比例也符合不同时间段的出游特点：周末和元旦由于时间短，比较适合各种短途旅行；春节和国庆节时间较长，且人们的假期统一，适合团体出游和长途旅行；暑假则多为学生和教师出游。基于此，各旅游景点如能按不同假期细分不同目标市场，并针对具体目标市场制定出相应的促销活动，定能把握极好的商机。

对人们出游逗留时间的调查显示，8%的人是1至3天；9%的人是3至7天；54%的人是7至15天；15天以上的仅占2.7%；而21.2%的人选择了依假期来定。可见，目前的假期制度对大多数人出游时间的长短还是有一定影响的。

有关旅游主要方式的调查发现，42.8%的人与友人结伴同游；22.1%的人与家人同游；16.7%的人参加旅行团；10.4%的人由单位组织；6.8%的人独自出游；1.2%的人选择其他方式。目前，我国的旅游市场呈现团体旅游者逐渐下降、散客旅游者不断上升的趋势，旅行社可以根据此项数据所反映出的消费者的需求，推出各种更受欢迎的旅游线路，或尽量为消费者提供"超级市场式"的自选旅游项目，使他们有充分的挑选组合空间。

调查显示，人们近期将选择的旅游形式，排在前两位的是个性化旅游和一人或几人的自助式旅游，分别占42.8%和39.3%。其后依次为：度假式旅游占23.9%；两人式蜜月游占14.4%；探险式旅游占6.8%；其他方式占12.2%。人们出门旅游的目的，排在前两位的为放松自己，释放工作、学习压力和增长见识，分别占42.3%和33.3%；然后依次为：与家人、朋友度假、度蜜月、游玩占14%；探险、挑战自己占3.6%；艺术采风、摄影创作占2.3%；为了购物、品尝美食占1.8%；开会出差顺便一游占0.5%；其他占2.2%。

第四节 简 报

［基础知识］

1. 概念

简报是党政机关、群众团体、企事业单位等单位编发的用以反映问题、沟通情况、交流信息、报道动态的事务文书，它是机关单位广泛使用的、带有新闻性质的内部刊物，也可称作“情况反映”“内部参考”“快讯”“工作动态”“信息快报”“工作通讯”等。

2. 特点

（1）时效性。讲究时效是简报最重要的特点。报道迅速快捷，使领导和有关部门及时了解动向、掌握情况，以便及时处理、解决问题。错过时间编写的简报，就失去了价值。

（2）简明性。这是简报区别于其他文种的最显著的特点。简报以简洁的文字报道信息动态，内容集中，篇幅短小。简报一般不超过1000字，如有特殊情况需要，也不要超过2000字。

（3）新颖性。简报反映的是新情况、新动向、新问题、新经验，即使是重复过的工作，也要立足于新角度，写出新意。内容新是简报的价值所在。

（4）真实性。简报报道的内容必须真实可靠，不得夸大事实或虚造数据。准确真实是简报的关键。

（5）内参性。简报一般只在机关单位内部传阅，不公开发行，涉外机关和专政机关主办的简报更是如此，一般加注“内部刊物，注意保存”“内部文件”等字样，有些还加注保密级别。

3. 种类

简报按不同的标准可以分为不同的种类。按时间分，有定期的简报、不定期的简报；按性质分，有工作简报、生产简报、学习简报、会议简报；按内容分，有综合性简报和专题性简报。

4. 简报与通报的区别

两者都要及时、真实地反映内部的重要情况，但在目的、用途和表达等方面有较大不同。通报主要针对正反面典型或具有倾向性的情况向内部通报，目的在于教育人们往正面方向发展，一般在叙述情况后要作评价分析；简报报道的情况、信息，主要用于反映问题、交流沟通，用于为领导提供决策或指导依据，只要求客观报道，不要求作主观分析、评论。

5. 简报与调查报告的区别

两者都有报告情况、反映问题的作用，都要求用事实说话，但写作目的和侧重点有区别。调查报告是通过深入全面的调查，获得对事实的系统性把握，在对事实的概括分析的基础上，提出问题和决策，形成观点，得出规律性认识，要求理论和实际结合，材料和观点统一；简报注重对事实进行简要快速的反映，以达到传递信息、交流情况的目的，很少有理论性分析。

［**例文导读**］

例文 1：

中国共产党××市××大学第一次代表大会

简　报

第×期

党委组宣处　　　　　　　　　　2010 年 5 月 28 日

××系召开党员大会讨论党代会两委报告征求意见稿

正文（略）

报：中共××省委组织部　省委教育工委　省农林厅党组　中共××市委

送：各党总支、直属党支部、党委各部门

（共印 50 份）

点评：这是一份简报的规范样式，基本要素齐全，格式规范。

例文 2：

××机构编制工作简报

（第 12 期）

××机构编制委员会办公室　　　　　　　　××××年×月××日

学习贯彻《公务员法》　进一步加强机构编制管理

《公务员法》经第十届人大常委会第十五次会议通过，将于 2006 年 1 月 1 日起施行。《公务员法》的出台，为公务员的管理提供了法律保障，在学习贯彻《公务员法》的同时，我们感到这部法律不仅为规范公务员管理、加强对公务员的监督、保障公务员合法权益、建设高素质的公务员队伍、促进勤政、提高工作效能等方面都作了法律的规定，而且还对加强政府机关机构编制、领导职数的管理等方面提供了法律保障。长期以来，行政机关(含依照公务员管理的事业单位)在机构编制管理上出现“监督难到位，管理不到位”的现象，如超编进人、超职数配备领导干部，对于这些现象，尽管各级党委政府下发了一系列的文件规定进行控制，各级机构编制管理部门也都认真履行职能，全力加强管理，但仍有很多“死角”管不到；同时，由于缺少法律依据，不能管理到位。《公务员法》的颁布，在加强对公务员队伍管理的同时，也为加强行政机关的机构编制和领导职数管理提供了法律保障，使机构编制管理由长期以来重审批、轻管理、软监督的“静态”管理方式向审批和管理并重、监督与制约相结合的“动态”管理方式转变。

《公务员法》在规范公务员管理的同时，也从9个方面对加强机构编制、领导职数的管理等作出了明确的法律规定。这说明：第一，机构编制管理在实施《公务员法》中有着很强的重要性，两者之间有着很强的紧密性；第二，加强机构编制管理，合理配置职能、编制、职数，是认真贯彻实施《公务员法》的基础；第三，把加强对机构编制的管理和有效监督提高到了法律地位，它对机构编制的审批、管理、监督方式的创新提供了法律依据，我们要把传统的重审批、轻管理、软监督转变到重管理、强监督的轨道上来；第四，我们要认真学习贯彻《公务员法》，为实施有关机构编制提供管理方面的服务。

《公务员法》对公务员管理的各个环节、各个方面都作出了规定，对超编进人、超职数任职造成的机关人员膨胀难精简、“官多兵少”难控制、人员结构不合理难调整的“三难”现象，开出了彻底根治的药方，也对加强机构编制管理提出了更加严格的要求。作为人事编制部门，更要明确责任，学习好、贯彻好、落实好这部法律，全面提升我市公务员队伍的管理水平，为振兴××经济提供坚实的人事保障。

(××市编办×××供稿)

上报：×××

抄送：×××

点评：这是一篇动态简报，格式规范，报头、报尾的要素基本齐全。报核反映的是《公务员法》即将颁布的信息动态。简报标题简洁、醒目，主体内容重点鲜明，结尾部分对全文作出总结，提出希望与要求。

[**写法指南**]

简报一般由报头、报核、报尾三部分组成。

1. 报头

报头在第一页上方,约占全页三分之一左右,下边用间隔红线与报体部分隔开。报头主要内容包括简报名称、期数、编印单位、编印日期、密级、编号。

(1) 简报名称。即“刊头”,位置居中,用套红大号字体,如“××简报”或“科技动态”“××市教育局信息”等。如有特殊内容而又不必另出一期简报时,就在名称或期数下面注明“增刊”字样。

(2) 期数。写在简报名称的正下方,注明“第×期”,用括号括入,可以按年度编号,也可统一编号。

(3) 编发单位。位于间隔红线左上方,应写上编发简报单位或部门的全称。

(4) 印发日期。位于间隔红线右上方,写的是印发简报的年月日。

(5) 密级。写在报头左上角位置,用黑体字注明密级或“内部文件,请勿翻印”“内部资料,注意保存”等字样。

(6) 编号。写在报头右上角的位置,写明文件的实际份数序号,如“0001”。

2. 报核

报核的主要内容包括按语、标题、正文等。报核部分位于报头与报尾之间,即报头横线之下、报尾横线之上的所有内容。

(1) 按语。重要的简报常加上“编者按”,主要说明编发的目的,提示稿件内容,表明编者的态度,等等。

(2) 标题。简报的标题形式灵活,但要准确、简洁、醒目、有吸引力。

(3) 正文。一般包括前言、主体、结尾三部分。

前言即简报的开头,这一部分概括简报的主要内容,或交代事件、地点、任务、原因与结果,给人留下总体印象,通常采用叙述式、提问式、结论式的写法。

主体是简报的核心内容,承接前言,引用有说服力的典型材料展开具体内容。

结尾一般概括主题或对全文作小结,或指出不足及存在的问题,或提出希望及以后的打算。也可根据实际情况略去结尾。

3. 报尾

报尾位于简报最后一页底部,用间隔线与报核隔开,在横线左下方写明发送范围,依次写明发报上级单位、发送相关单位、下发隶属部门的名称。如:

报:中共××省委“保先”教育领导小组办公室;

送:中共××省委高校工作委员会、××省教育厅;

发:校党委各部门、各院(系)党总支、直属党支部。

注明报、送、发单位,可以避免漏报、漏送、漏发,也有利于存档备查。再用间隔线隔开,并在横线右下方注明印发份数。

[**病例分析**]

××市一些旅游点附近的农民向外国旅游者强行兜售商品造成不良影响

×月××日上午,美国×××旅游团外宾去××参观游览。客人一下车,一群手拿各种工艺品的农民就一窝蜂而上,大叫大喊着、争抢着要外宾买他们的东西。其中一些人手持唐代铜镜、铜钟及汉唐古钱等文物出售。外宾急于参观,打手势表示没有心思买东西。然而,这些农民仍围着不散。导游走过去,使眼色,说好话,一个个左劝右劝,这些人就是不想走,有些走开了一会儿又回来了,继续大声兜售商品,并且大声辱骂导游,有些话还十分难听,无法写出。当这个外宾旅游团要离开××时,一群小孩还围住一位70多岁的穿红衣服的外宾老太太,非要她买不可。这外宾老太太无路可走,只好一步步向路边退下去,结果被挤得跌进了大路边的一条不到2米宽的小水沟,造成右脚关节骨裂,呻吟不止。导游当即叫来救护车,送外宾老太太进了医院。

最近,在××旅游点附近围堵外宾,强迫向客人兜售旅游商品的现象时有发生。

分析:这则简报存在以下问题:

1. 结构安排不合理。简报一般是在导言部分用一句话或一段话概括全文的主题或主要事实,主体则将导言具体展开。因此,可将第二段移上来,成为第一段。

2. 第一段对事实的叙述式展开,过程详细、具体,语言不够精练。简报应用概括叙述的写法。

3. 标题欠概括,可改为"××市旅游点附近的农民向外宾强行兜售商品产生不良影响"。

[**牛刀小试**]

1. 修改下面这则简报。

思想大讨论简报

在开展师德师风整训活动中,××中心学校注重组织教师开展思想大讨论。学习讨论中,教职工积极参与,热情很高,人人有学习笔记,有心得体会。通过学习讨论,大家达成了共识:

1. 师德师风的学习和建设对教育事业的发展意义重大,有利于进一步推进教育现代化，有利于实施素质教育，有利于树立教育的良好形象，特别是对当前推进新课程改革更具有现实意义。我们要实现“办人民满意教育”的目标，需要有良好的师德师风作保障。

2. 爱岗敬业、教书育人是师德的具体体现。要热爱教育事业，热爱自己的本职工作。既然选择了教育事业，就要无怨无悔，不计名利，尽自己最大的努力完成每一项教学工作。

3. 爱心是师德素养的重要表现，崇高的师爱表现在对学生一视同仁，不厚此薄彼。教师对学生的爱不仅是一种高尚的道德情感，而且是一种强大的教育力量。很多老年教师在总结自己教育生涯时指出，没有爱就没有教育，把爱心和奉献熔铸在工作中是我们事业取得成功的关键。

4. 与时俱进、开拓创新、积极进取是师德师风的时代内涵。教育的发展向教师提出了更高的需求，因此，我们要不断提高自身素养，不断完善自我。新时期的教师不是燃烧的蜡烛，要与时俱进，孜孜不倦地学习，积极进取，探索教育的新方式，开辟新教法，与学生共同发展。

5. 师德师风还体现在教师勇于以身作则、树立典范方面。教师的言行对学生的思想、行为和品质具有潜移默化的影响，教师的一言一行、一举一动，都是学生喜欢模仿的对象。“己所不欲，勿施于人”、“己欲立而立人，己欲达而达人”，严于律己，以身作则，才能使学生心服口服，才能赢得人民群众的信任和支持。许多教师自觉地反省了工作中的“忌语”，表示要把忌语改为寄语，不搞有偿服务，增强服务意识，淡化权威观念，真正树立起教师高尚、文明的自身形象。

送：×××中心学校

发：××中心学校各年级组

报：××市教育局办公室

2. 写作练习。

为你校新近开展的某项活动编写一份简报。

第五节　讲话稿

［**基础知识**］

1. 概念

讲话稿，也称发言稿，是讲话人为出席会议、典礼等场合进行发言而准备的文稿。从文体性质看，它是一种将意见、主张、看法直接诉诸出来，通过摆事实、讲道理来动员和说服听众的口述性议论文。

因讲话人身份和使用场合的不同,讲话稿有不同称谓。从讲话人身份看,可称为报告、讲话、发言等;从讲话场合看,可称为开幕词、闭幕词、主题词、主题报告、会议总结等;从与会者角度看,可称为演讲稿或演说词、讲话稿等;从传播手段看,可称为广播讲话、电视讲话等。

2. 特点

(1) 针对性。讲话稿用在特定场合,面向特定的听众,其内容也是特定的和有针对性的。

(2) 鼓动性。讲话稿目的在于宣传、教育、鼓动和争取群众,讲话人通过摆事实、讲道理阐明意见、主张,使听众接受、信服,从而达到鼓舞斗志、激发听众热情的目的。

(3) 口头性。讲话稿是讲话人用于有声表达的文字底稿,具有口语化的特点,适合口头表达,且诉诸听觉,听者容易理解、接受,讲话稿要做到使"讲者上口、听者入耳"。

3. 种类

(1) 报告。即由某社会组织领导人向大会报告工作情况的文稿,属于会议文书,如《政府工作报告》《教学工作报告》等,一般采用总结式写法。

(2) 讲话。即由某社会组织有关领导人代表本机关单位在会议上所作讲话的文稿。这类讲话稿内容比较集中。

(3) 致词。即由有关方面领导人在隆重会议或典礼上所作的简短讲话,如开幕词、闭幕词、欢迎词、祝酒词、致谢词等。这类讲话稿简短精练、措辞庄重。

[**例文导读**]

例文:

在全国中小学安全教育日上的校长讲话稿

老师们、同学们:

今天是2012年3月26日,是第15个"全国中小学安全教育日"。按照上级有关部门的要求和安排,结合我校的实际情况,下面,我将就三个方面给大家做一些提醒和要求。

一、安全重于泰山,重在加强教育和自我保护

安全问题是一个老生常谈的问题,但面对已往血的教训无法挽回的局面时,我们不敢松懈。同学们,生命是世上最宝贵的,又是脆弱的。当我们还小的时候,我们在父母的呵护下成长,当我们长大了,离开了父母,靠谁来呵护我们的生命? 得

靠自己。因此，我们要时时刻刻注意安全，一举一动想到安全，不能让我们的行为有任何闪失，不能让我们的身体受到任何伤害，要时刻牢固树立安全第一的意识。因此我要求大家做到以下几点：

1. 班主任及任课教师要进一步提高对安全工作重要性的认识，本着对生命负责的态度，经常对学生进行安全教育，加强对学生的安全管理。密切关注班里每一个学生的身体状况和表现，发现异常立即带其看医生或采取预防措施。要把安全教育想全做细，把安全工作放在一切工作的首要位置。真正做到“放在心上，讲在口上，落实在行动上”！

2. 班主任要严格落实学生请假制度，任课教师要坚持课前清点人数制度，时时掌握学生的在校情况。发现没上课的学生要立即询问情况，班主任要健全同家长联系制度，对因不明原因未到校的学生，班主任要立即同家长取得联系，问明原因。一般情况下，学生不得出校门，如果确有特殊情况需要出去的，要凭班主任或者保育老师签字同意的请假条和出门证方能出校。

3. 要注意饮食安全。同学们购买袋装食品时，要看包装是否完好，看清楚生产日期、保质期、生产厂家及地址，关键还要看食品是不是变质腐烂有异味，如有问题不得食用；不在流动摊点购买零食，防止误食不卫生食品而造成食物中毒；同时注意不要暴饮暴食。

4. 要注意教室和寝室的安全。要求大家不要用手触摸插座、电线和灯管，发现电器损坏后不要擅自修理，应向老师和学校报告，请专人修理（我们总务处门口就挂有报修牌，可派班长写到上面）；上下楼梯要靠右慢行，不许坐在楼梯扶手上往下滑，不准在楼梯、走道上追赶打闹，课间一律到操场进行活动，不许在教学楼道玩耍停留；严禁将火柴、打火机等火种带进寝室，寝室内严禁点蜡烛；严禁在寝室床铺上翻上爬下地打闹；刮风下雨要及时关好门窗。

5. 要注意活动安全。严禁攀缘各楼层护栏，不得在各楼层的楼梯或走廊追逐、奔跑、打闹，以防跌倒、摔伤；课间操、放学下楼梯、升旗集会解散时不要拥挤、推搡，严防发生踩踏事故。上体育课前要做好准备活动，运动时注意不要剧烈碰撞，以免撞伤或摔伤，操作体育器材时要规范小心，要避免自伤和误伤；课余活动严禁追赶打闹或进入危险区域；劳动时不要用劳动工具玩耍打闹，注意劳动安全；在同学间遇到矛盾时，一定要冷静理智，不要动手动脚，以免给自己和同学带来不良后果。

6. 要注意交通安全。要求大家在往返学校路上要靠右行，要主动避让机动车辆，不在公路上来回穿梭玩耍，过马路时要先观察两边车辆的情况。走读学生放学后要按学校的要求结伴直接回家，不在路上停留或到他处玩耍（上学期放学后，有个别学生放学后不直接回家，家长到学校、街上四处找人）；同时要告知自己家长在下大雨、刮大风、浓雾等恶劣天气时到校门口负责接送。全寄宿学生乘车时胳膊和头不要伸出窗外，上下车辆，要注意等车停稳，看前后无车通过后再下车。横过马路要做到“一站、两看、三通过”。

7. 全体学生要树立正确的人生观、价值观，培养乐观向上的品格，不吸烟、不喝酒、不打架骂人，不进入网吧及游戏厅。

当然，安全方面还包括很多内容，如水、电、火的安全，交友安全，防拐骗，等等。总之，希望同学们时时处处注意安全，以免使自己受到不必要的伤害。

二、遵纪守纪，完善自我

俗话说，“没有规矩，不成方圆”，这个“规矩”就是纪律，我们知道，良好的纪律是学好科学文化知识的保障。在一个有良好校风、班风的环境中，同学们必然能受到良好学风的熏陶。一个纪律松散的集体，不可能有良好的学风，学习也就得不到保证。因此，好的环境，好的秩序，必须靠健全严明的规章制度和纪律来维持。

作为一名学生，要严格遵守《小学生守则》和《小学生日常行为规范》，严格遵守学校各项规章制度，切实做到尊师爱友，自强自律；诚实守纪，文明礼貌；遵守公德，爱护公物。

目前，学校中存在的以下几种违纪现象，我们必须坚决制止。

一是有的同学与其他同学发生矛盾，不向老师反映，不向学校报告，而是纠集亲戚朋友来打与其发生矛盾的同学。今后一经发现，将作严肃处理。

二是有个别学生不听从宿舍管理人员的管理，不按学校时间要求就寝、就餐。此现象今后一经发现，将在全校亮相批评。

三是在校就餐的个别学生无视学校纪律，打饭不自觉排队，推拥挤其他同学；剩饭剩菜到处倒，既不道德，也破坏了环境卫生，还极易引起疾病的传播。这些现象今后一经发现，将提出严肃批评。

除此之外，还有少数学生不遵守学校纪律，上课迟到、无故旷课、上课睡觉、损坏公物、不参加集体劳动等现象也经常出现，这些都是不允许出现的。

以上种种违纪现象，都是我们应当注意的，希望我们严格要求自己，养成自觉遵守纪律的习惯，同时也发动全校同学相互监督，对违反学校纪律的行为及时检举揭发，共同营造良好的学习环境，共创和谐校园。

三、讲究卫生，养成良好的卫生习惯

一是要养成良好的个人卫生习惯，勤洗澡，勤换衣，勤剪指甲，早晚刷牙；穿戴整洁，朴素大方，不乱倒剩菜剩饭；生活有规律，注意劳逸结合，按时作息，讲究用眼、用脑卫生。

二是自觉保持公共卫生，不随地吐痰，不随手丢垃圾。要求大家每天做好校园卫生打扫和保持，教室坚持每天打扫，桌椅摆放整齐，地面、墙壁、门窗干净无灰尘；寝室物品摆放整齐，地面保持干净；清洁区要坚持“按时打扫，勤捡拾”，做到无果皮纸屑，无卫生死角，课后每班的卫生值日生要负责保洁。

三是清扫的垃圾要统一倒在指定地点，严禁乱堆乱倒垃圾。

老师们、同学们，我们每个人都是整个家庭的百分之百，是社会中的唯一，我们每个人的平安健康不仅是个体健康成长的需要，更是关系到个人家庭的幸福团圆、关系到学校的稳定和发展的大事。事关重大，责任重大，因此我们全体师生要从点滴小事做起，从一举一动做起，时刻牢记安全，严格遵守纪律，养成良好的卫生习惯，为共同营造一个优美和谐的学习环境，为共同创建一个平安和谐的××学校而不懈努力！

点评：这篇讲话稿开头部分简要介绍了“讲话”的背景，主体部分从三个方面提出要求，每一个方面都用小标题揭示主旨。整篇讲话结构脉络清晰，既注重点也注重面，对学校安全工作的方方面面都作出了明确要求。

[**写法指南**]

讲话稿一般由标题、签署、称呼、正文等部分组成。

1. 标题

讲话稿的标题有多种写法。

(1) 由讲话人、场合、文种名称组成，如“学校领导在成立职教集团仪式上的讲话”。

(2) 由场合、文种名称组成，如“在润扬大桥通车庆祝大会上的讲话”。

(3) 可揭示主旨，如“为建设绿色校园而发奋努力”。

(4) 由正、副双标题组成，正题揭示主旨，副题写讲话场合，如“为建设人民拥护、上级放心、基层欢迎的人民政府而努力奋斗——在×市第八届人民代表大会第二次会议上的就职讲话”。

2. 签署

在标题下方注明讲话人的姓名及日期，也可将日期写在文末。

3. 称呼

根据不同场合、不同会议、不同对象采用相应的称呼。一般代表性会议用“各位代表”，党代会常用“同志们”，组织机构会议用“各位委员”，典礼仪式用“各位领导，各位来宾”，接待贵宾的会上常用“尊敬的××阁下，女士们、先生们”，有的还加上修饰语“亲爱的”。称呼要注意包容性和次第性（按主次排列）。

4. 正文

一般由开头、主体、结尾组成。

(1) 开头或阐明讲话主题,或交代讲话背景,或提出问题,引起注意。

(2) 主体部分或分析问题、解决问题,或总结经验教训,安排新的工作内容。这部分要围绕一个主题有条理地展开,做到言之有物、言之有序。

(3) 结尾部分一般是对全文进行总结概括,同时提出要求、希望等。

[**病例分析**]

×××学会会员代表大会闭幕词

各位代表、各位同志:

现在我宣布×××学会第××次全国会员代表大会胜利闭幕!

展望未来,面对以信息技术、生命科学为特征和先导的21世纪,我们深深感到×××学会面对迎接新世纪挑战,发展中国的生命科学、医学学术的沉重历史责任;面对中国特色社会主义建设的跨世纪宏伟目标、中国卫生改革和发展的光荣而艰巨的任务,我们深深感到××××学会对祖国卫生事业的沉重历史责任。继往开来,开拓进取是我们学会今后工作的行动口号。我们将无怨无悔地为之艰苦奋斗,无私奉献。

为此,我们应坚持学会的宗旨和办会方向,团结、组织广大医学科技工作者,遵守国家法律和法规,执行国家发展医学科技事业的方针和政策。崇尚医学道德,弘扬社会正气。坚持民主办会原则,充分发扬学术民主,提高医学科技工作者的业务水平,促进医学科学技术的繁荣和发展,促进医学科学技术的普及和推广,促进医学科学技术队伍的成长和提高,促进医学科学技术为人民健康服务,为社会主义现代化建设服务。

为此,我们要全面执行、全面落实学会的任务,紧紧围绕科教兴国战略和国家卫生工作方针,坚持提高与普及相结合的原则,开展学会工作,努力开展医学科学技术交流。今后要在重点学术课题、跨学科边缘科学、跨学术团体横向联系等方面进一步开拓进取;办好医学期刊和其他医学信息资料,推动医学信息交流;开展继续医学教育,不断提高医务人员业务水平;开展卫生科普宣传、健康教育活动,提高人民自我保健能力;更广泛地参与、组织和发展国际学术交流,促进中国医学科学技术的繁荣,为世界作贡献;努力承担政府部门委托的任务,当好政府的参谋助手。在今后一段时间,还要做好医师协会的筹建工作,维护会员、医务人员的正当权益;我们还要努力工作,保证学会社会、经济效益的提高,使学会工作的开展有比较充裕的物质、经济保证。

为此，要加强学会机关的作风建设和制度建设。要弘扬献身事业、服务会员的精神；要提倡刻苦学习的精神，提高业务水平；要树立严谨的科学态度和艰苦奋斗的作风；要建立严格的规章制度和组织纪律；要树立大局观念，加强团结，提倡善于协调、与人为善的理念，增强凝聚力、向心力，让"××、××、××、××"的学会精神，首先在学会领导和机关发扬和贯彻，使学会机关更好地胜任今后繁重的任务，更好地为广大会员服务。

回首往事，从在上海××酒店举行的×××学会成立大会，到本次在北京召开的第22次全国会员代表大会，从创办初期的只有21位医师和一本中英文合刊的××××杂志，发展到现在拥有76个专科分会、312个专业学组、43万会员和67种专业的期刊，我们感到自豪和光荣。

各位代表，这次大会以后，我们要进一步高举邓小平理论伟大旗帜，贯彻党的十五大精神，以中国特色社会主义建设事业的大局为重，以中国卫生工作的改革和发展的大局为重，以××××学会完成跨世纪艰巨任务的大局为重，团结一致，艰苦奋斗，扎实工作，开拓进取，开创××××学会跨世纪的更加繁荣发展的新局面。

分析：这篇闭幕词在结构和写法上存在一些毛病。

1. 宣布大会胜利闭幕的内容应该放在结尾最后处，不应该放在开头。

2. 没有对这次大会的收获、意义和影响作出总的评价。

3. "回首往事"这一段是在回顾××××学会的创建历史，而第三段以"为此"开头的内容则概述了这次大会的主要成果、收获和向与会者提出的具体要求，把这两部分的顺序调换比较妥当。

[牛刀小试]

为你校领导参加学校学生创业园揭牌仪式写一篇开幕词。

第六节　会议记录

[基础知识]

1. 概念

会议记录是在会议过程中，由专门的记录人员把会议情况和会议内容如实笔录而形成的书面材料。会议情况包括会议组织情况、会议内容、与会者的发言、会议成果等。

2. 特点

(1) 原始性。会议记录是对会议议程和发言内容的原始性记载，由记录员随会议进程作同步记录，不得歪曲、作假，不掺杂个人主观评价。

(2) 凭据性。会议记录是了解、检查会议情况,传达会议精神,汇报会议情况,执行会议决议等的真实依据。会议记录交主持人认可签名后,便可立卷存档,成为文献资料,以供日后查考、研究。

(3) 规范性。会议记录不对外公布,也不作内部交流,要求使用统一的记录专用笺、记录格式和规范的记录字体等,甚至对记录用笔都有严格规定。

3. 种类

从反映会议情况和内容的详略程度划分,主要分为:

(1) 详细记录。这种记录要求详细记录会议的全过程,包括会上发言、不同意见、争论和会议决议,有的还记录发言人的语态动作。重要会议要采用详细记录。

(2) 摘要记录。这种记录只对会上发言要点、结论、决议作记录,与议题无关的话题可以不记。

4. 会议记录与会议纪要的区别

会议记录是会议情况的原始记载,是了解、检查会议情况,传达会议精神,执行会议决议等的原始依据,仅供内部使用,不对外公布;会议纪要是对会议情况的综合与概括,要以会议记录为基础和依据,摘要发布会议的主要内容和主体精神,在一定范围内公布传达,要求有关单位知晓,并照此贯彻实施。

[**例文导读**]

例文:

××国税分局办公会议记录

会议时间:2005年12月4日下午2点

会议地点:分局三楼会议室

参加人员:张××(党委书记)、吴×(局长)、王××(纪委书记)、杨×(办公室主任)、李×(征税科科长)、洪×(征税科副科长)、刘×(监察室主任)

列席人:徐××(税务员)、高×(税务员)

会议主持人:吴×(局长)

记录人:张×

主要议题:关于××村服装加工户抗税案件的处理

吴×:我们这次会议,主要研究今天发生的××村服装加工户抗税事件的处理问题。先请徐××、高×介绍一下当时的情况和事件的经过。

徐××:今天上午9点,我和高×骑自行车到刘家村,对该村部分服装加工户征收增值税。我们刚进刘××家的院子,对正在加工服装的刘××说明来意,刘××就恶狠狠地说:"没钱!"我们正准备做刘××的工作,刘××却一脚踢翻了身边的一张椅子，就势躺倒在地上，大喊："出人命啦，收税的打人啦！"不大一会儿，从外面涌进20多个人。这些人不容我们开口，一边对我们推推搡搡，一边大声责问我们为什么打人。领头的张××还喊叫着要把我们捆到乡里去，一边喊叫一边使劲抢高×手中拿的那个装有税票的皮包。我们在刘××的院子里被围攻了整整两个小时。后来一个乡干部赶来，我们才脱了身。

高×：我认为这事是有预谋的。刘××刚躺倒在地，他的妻子就跑到街上大喊大叫，不到5分钟就围了一院子的人。这次带头围攻的刘××和张××，上个月收税时就赖着不缴，后来是请镇政府的人帮助才收上来的。所以，今天这事很有可能是他们预谋好的。

王××：事发后，我和两位同志吃完午饭赶到刘家村去调查此事。刚一进村，也被围住了。喊叫着说我们所里的徐××和高×打了刘××，根本不让我们开口。看那阵势，他们还想闹事。为了防止事态恶化，我们就回来了。我同意高×的看法，这件事是有预谋的，属于抗税行为。

李×：刘××等人上个月虽然没闹事，但抵触情绪很大，本月还是闹起来了。像这样明目张胆抗税的事不治一治，我们的税收工作就很难开展。

杨×：听说附近几个村都已知道这件事，影响很坏。别的纳税人都看着我们，如果我们软了，刘××和张××还会变本加厉，还可能在该村和其他村发生类似的事件。

张××：我的意见是一方面做其他群众的思想工作，向他们讲清政策，稳定群众情绪；另一方面要尽快将这一情况报告县局，请县局同司法机关对那几个暴力抗税的人采取强制措施。

吴×：别的同志还有没有不同的看法？没有，就按照张书记的意见办吧。杨×要抓紧时间写一份报告，主要讲××村今天发生的情况和我们的意见。明天我到县局汇报。

散会（下午5时20分）。

主持人：吴×（签名）
记录人：张×（签名）

点评：这份会议记录标题由单位名称、会议名称、文种名称这"记录"三要素构成，表达完整而准确。会议组织情况、会议进行情况均符合记录要求，格式规范，会议发言内容记录详尽。

［**写法指南**］

会议记录一般由标题、会议基本情况、会议内容、会议结尾四部分组成。

1. 标题

一般由开会单位、会议名称、文种名称构成，如"××大学校长办公会议记录”;有的由会议内容、文种名称构成,如“关于加强学生思想工作座谈会记录”。

2. 会议基本情况

主要包括会议时间、地点、出席人、缺席人、列席人、主持人、记录人、记录员、议题等内容。每项分行依次排列,具体要求如下。

(1) 会议时间。即会议召开的具体时间(年、月、日、时,几点至几点)。

(2) 会议地点。即会议召开的具体地点(某间会议室)。

(3) 出席人。即按照规定必须参加的人员。一般由出席人亲自签到,也可由记录人记录。

(4) 缺席人。写明缺席人的姓名和缺席原因。

(5) 列席人。即不属于会议正式人员,但与会议有关的各方面的人员。写明姓名、职务或所属单位名称,可由列席人亲自签到,也可由记录人填写。

(6) 主持人。一般写明姓名,在姓名前冠写职衔。

(7) 记录人。即记录此次会议的人,写明姓名。

(8) 议题。即会议围绕讨论的主题内容,议题多的可分条列项写出。

3. 会议内容

会议内容是会议记录的主体,包括主持人开场白、大会主题报告、讨论发言、会议决议等内容。要按会议议程和发言顺序记录发言人姓名和发言内容,可详细记录,也可摘要记录。

4. 结尾

一般另起一行,空两格写“散会”。在会议记录的右下方,由会议主持人和记录人签名,以示负责。

[**病例分析**]

××公司党支部会议记录

时间:2005 年 3 月 8 日

地点:会议室

出席:赵×× 白×× 于×× 刘×× 郑×× 刘××

记录人:刘××

主持人:赵××

首先由赵××发言。接着进行了两项内容。第一项是对入党积极分子的培养情况进行了总结,对各人的缺点和进步进行分析,提出了改进之处,支部成员一致同意将蔡××、尚××列为党建对象。

第二项是召开了党内民主生活会,全体党员进行了自我检查,并开展了相互批评。张××认为支部成员的工作还不够细致，工作方法还应改进。支部书记赵××对此进行了解释，并表示将尽力改善。

散会。

分析：这份会议记录有如下几点问题：

1. 对会议基本情况和内容的记录不完备、不忠实。如会议时间、地点不具体，主持人姓名没冠职衔；没有记开场白内容；对入党积极分子具体人员、总结内容（包括各人的缺点、进步表现、改进意见）等均没有记录。

2. 记录格式不规范。记录人不能置于主持人之上；发言人姓名和顺序均无记录；结尾也没有主持人和记录人的签名。

［**牛刀小试**］

1. 简述会议记录与会议纪要的异同。

2. 请试着简评下面这篇会议记录。

××区干部培训中心第×次办公室会议记录

时间：2005年3月4日14：30—17：00

地点：培训大楼第×会议室

出席人：刘××（主任）、杨××（教务长）、张××（办公主任）、吴××（办公室秘书）及各培训部主要负责人

缺席人：王××、张××（外出开会）

主持人：刘××（主任）

记录人：吴××（办公室秘书）

一、报告

（一）杨××报告中心基本建设进展情况……

（二）主持人传达区人民政府《关于压缩行政经费的通知》（以下简称《通知》）……

二、讨论

我中心如何按照区人民政府《通知》的精神抓好行政经费的合理开支，切实做到既勤俭节约，又不影响正常的培训教学、科研等活动的开展。

三、决议

（一）利用两个半天的时间（具体时间由各培训部自己安排，但必须安排在本周内）组织有关人员集中学习《通知》精神，提高认识，统一思想。

（二）各培训部负责人在认真学习的基础上，利用下周政治学习的时间向群众传达、宣讲。

（三）各培训部责成有关人员根据《通知》的压缩指标，重新审查和修改本年度行政经费开支预算，并于两周内报主任办公室。

（四）各培训部必须严格控制派出参加外地会议及外出学习人员的人数，财务科更要严格把关。

（五）利用学习和贯彻《通知》精神的机会，对全中心员工普遍开展一次勤俭节约、艰苦朴素的传统教育。（散会）

主持人（签名）××

记录人（签名）××

第七节 倡议书 建议书 申请书

［基础知识］

（一）倡议书

1. 概念

倡议书是由个人或团体发出提议，号召大家做某件有意义的事时使用的应用文体。倡议是发起、首先建议的意思，人们通过倡议书来发动广大群众、动员社会力量，使其同心同德，共同行动。倡议书可以在有关会议上宣读，可以张贴在醒目的地方，也可以登在报刊上。

2. 特点

（1）群众性。倡议书不是对某个人、某一集体或某一单位而言的，它往往面向广大群众，或对一个部门的所有人发出，或对一个地区的所有人发出，甚至向全国发出。所以，其对象有着广泛的群众性是倡议书的根本特征。

（2）对象的不确定性。倡议书是要求广大群众响应的，然而，其对象范围往往是不定的。即便在文中明确了倡议的具体对象，但实际上有关人员可以表示响应，也可以不表示响应，它本身不具有很强的约束力；而与此同时，与此无关的别的群众团体却可以有所响应。

（3）公开性。倡议书就是一种广而告之的书信，它就是要让广大的人民群众知道、了解某事，从而激起更多人的响应，以期在最大的范围内引起共鸣。

（二）建议书

1. 概念

建议书是就某件事的具体做法或某个问题的解决方法，用书面的形式向他人、领导或团体提出自己的看法和主张的一种文书。建议一般是下级向上级、个人向组织提出的，也有的是向朋友、同事提出的。

2. 特点

（1）建议书是对有关部门或上级领导提建议时使用的一种书信。它没有公开倡导、具体实施的特点，而只是作为一种想法被提出来，具有较强的文本性特点，作为一种假想而存在。

（2）建议书是必须被有关部门或上级领导批准认可后才能被实施的。所以，建议书具有较强的可塑性，它不是最终的定文形式，它可以被修改，被增删，甚至被弃之不用，这要由具体的情况来定。

（三）申请书

1. 概念

申请书是个人或团体因某种需要而向上级有关部门、组织、领导、社会团体表达愿望、提出请求时使用的一种应用范围十分广泛的专用书信。

2. 特点

（1）请求性。“申请”，顾名思义，就是申述自己的理由，有所请求的意思。无论是个人在政治生活上入团入党的申请，或是个人、单位在其他方面的申请，均是一种请求满足要求的公用文书。所以请求性是申请书的一个根本的特点。

（2）采用书信体格式。申请书是一种专用书信，因此它也必须按照书信的格式来行文。内容因要求不同而不同，形式都基本保持不变。

（3）个人向组织、下级向上级的行文方式。这是申请书的性质所决定的，所以，申请书在语言的使用上、语言的选择上均须符合这种下对上的行文标准。

［**例文导读**］

例文1：

践行北京精神倡议书

全局系统广大党员、共青团员同志们：

以“爱国、创新、包容、厚德”为内容的北京精神，是北京市贯彻党的十七届六中全会精神的重要决策和举措，是首都人民长期发展建设实践过程中所形成的精神财富。“爱国”是核心，“创新”是精髓，“包容”是特征，“厚德”是品质。培育和弘扬北京精神，是北京人民的共同责任，更是我们首都体育系统和首都体育人的重要责任。

培育和弘扬北京精神，是一项长期的战略任务，事关首都科学发展的全局。我们要全面贯彻落实党的十七届六中全会精神，以培育北京精神为有力抓手，扎实推进社会主义核心价值体系建设，不断提高文化自觉，增强文化自信，凝聚开创首都改革开放和现代化建设新局面的强大力量，推动文化大发展大繁荣，为建设社会主义文化强国作出更大贡献。

要通过培育和弘扬北京精神，进一步坚定走中国特色社会主义道路的理想信念，不断强化爱国情感和首善意识，大力营造敢于担当、敢于碰硬、敢于创新、敢于拼搏的精神，树立良好的社会道德风尚，为推动首都的科学发展、和谐发展提供强大的精神动力。

广大党员和共青团员同志们，让我们积极行动起来，共同参与到践行北京精神中去，把北京精神全面融入到首都体育事业的具体实践中，从我们自身做起，把北京精神外化为为首都争光的实际行动，内化为自觉的精神追求，特别是面对即将到来的伦敦奥运会和沈阳全运会，要积极备战、努力拼搏，在推动首都体育事业科学发展中充分发挥主力军作用，让践行北京精神在首都体育系统蔚然成风，为把北京建设成国际体育中心城市，建设成繁荣、文明、和谐、宜居的首善之区贡献力量。

中共北京市体育局直属机关委员会

共青团北京市体育局委员会

二〇一一年十二月九日

点评：整篇倡议书结构完整。倡议书开头交代发倡议书的背景、目的、意义，倡议事项具体明确，倡议结语饱含激情，具有很强的号召力和鼓动性。

例文 2：

开业申请书

××市工商行政管理局：

为发挥个体经济、私营经济对社会主义经济有益的、必要的补充作用，我申请开办一家个体家用电器修理门市部。

我自前年中专毕业后，就一直坚持自学无线电和家用电器维修技术，并参加了市工人文化宫举办的专业家电维修技术培训班的学习。现已掌握了修理国产的和进口的电视机、收音机、录音机、电冰箱、洗衣机的技术，曾用业余时间为亲友修好了不少的家用电器，效果非常令人满意。为了给社会、给人民作点贡献，也为改变我家生活困境，特申请开办一家个体户家用电器修理门市部。所需店房、修理工具和开店资金等，均已就绪。恳请考核我的技术，审查开业条件，批准我的要求，发给《个体工商户开业申请登记表》，办好登记发证手续，以便早日开业。

开业后，我保证遵守国家一切政策、法令，维护市场秩序；按章准时缴纳税金，如实反映服务情况；做到热情为用户和群众服务，价格公平、合理，不高于国营单位价格。

此致

敬礼

申请人：××

××年×月×日

点评：这篇申请书先写明了申请理由，分析自己的条件；再写申请开业的目的，并提出申请的具体项目；最后表明了开业后的决心。开业申请书格式规范，语言简明平实。

［**写法指南**］

（一）倡议书

1. 标题

在第一行的中间写上“倡议书”，也可写明关于什么方面的倡议，如“关于保护珍稀动物的倡议”。

2. 称呼

第二行顶格写称呼。倡议书的称呼就是号召参加所倡议之事的对象。

3. 正文

这是倡议书的主体部分，写作时注意两点：第一，倡议的原因、目的和意义要交代清楚；第二，倡议的事项要具体明确、分条列出。

4. 结语

正文后另起一段，概括地提出希望，要富有鼓动性和号召力。倡议书的结尾不必写祝颂语。署名和日期与一般书信相同。

倡议书是公开号召人们来做某种有价值、有意义之事的文书。倡议者是带头发起者，也是积极参与者。因此，倡议者与倡议的对象的关系是平等的，行文中不能出现命令式的语气。

（二）建议书

建议书的基本格式与倡议书差不多，但在写法上有差异。倡议书是面向公众的，倡议人带头发起，号召大家做某件事，因此在语气上带有极强的鼓动性和号召性；而建议书的对象一般是上级，建议人不一定直接去做某事，因而带有商讨的语气。倡议书在正文结尾不写祝颂语，而建议书应写上祝颂语。

（三）申请书

申请书由标题、称呼、正文、结语、落款组成。

第一行是标题，一般应写明申请内容，如“开业申请书”“入团申请书”。

第二行是称呼，应写明办理申请事项的主管部门。

接下来是正文。正文应先说明申请的理由和申请事项，要写得直截了当，不能含糊隐晦;另外,还应把自己具备的条件、优势说清楚。写入党、入团申请,不仅要表明自己的决心,还要写出如果不能被批准应抱有的正确态度。正文后面的致敬语(结语)以及署名、日期与一般书信基本相同。

[**病例分析**]

环保建议书

尊敬的市领导:

最近,我发现我们市的环境有所下降,在有些饭店门前有好多好多的垃圾,餐巾纸、塑料袋、一次性筷子等随处可见,草坪、小树等也遭到了破坏。有的时候垃圾筒边上及附近路上都是垃圾,再加上有的人平时就不注意卫生,废纸、破袋、破塑料瓶,随手一扔了事,地上全是人们随口吐上去的口香糖,风大时,白色的塑料袋在天上飞。因此整个城市看上去很不整洁,还有人不按垃圾分类,垃圾筒旁边垃圾成堆,臭气熏天,实在令人望而却步。

这一景象对我市的整体形象有着很大的影响,所以我提出如下建议:

1. 实行并宣传按规定把垃圾分类化,这样,能减轻环卫工人的工作负担,也利于管理和垃圾分类,减少污染。

2. 外出吃饭时尽量少使用或不使用一次性餐盒、筷子、塑料袋,尽量少使用一次性物品,多使用耐用的环保的用品。

3. 节约资源,建议买菜时尽量减少使用塑料袋,多用篮子、环保布袋等环保物品,用笔也尽量用可替换笔芯的笔。减少白色垃圾的危害。

4. 要从我做起,保护我们城市的环境,创造我们美好的生活环境,植树种植绿化改善环境。

环保是现代生活中人类面临的最大问题。要解决这一问题必须从现在做起,为了地球的明天,我们必须要从自己开始努力,好好地保护环境!

以上就是我为这个美丽的城市所提出来的建议,希望市领导能参考参考我的建议。

×××

××年×月×日

分析:这篇建议书有以下几点问题:

1. 标题意思含糊不清。这篇建议书是针对市容环境不佳的情况向市领导提出的对于整治环境的建议书,是热心市民拟写的,并不是环保部门提出的对于环保工作计划或方法的建议。

2. 语句不通顺。如第一段"环境有所下降"明显是病句,另外,文中还有多处地方存在语句不通顺的现象。

3. 缺少祝颂语。市民写给市领导的建议书,应该写上祝颂语,以示尊敬。

[**牛刀小试**]

1. ××校××同学身患重病,现急需手术。第一次手术失败了,他家欠医院3万多元的医药费。现在必须进行第二次手术,又需医疗费8万元。他的父母绝望了,××同学也在绝望中挣扎……

请你以你所在班级的名义写一份倡议书,发动全校师生,为挽救××同学的生命伸出友谊之手。

2. 下面这则建议书存在哪些毛病?请按建议书的要求加以修改。

倡 议 书

教导处主任:

我们是09会审(4)班的学生。半个多学期来,大家感到作业负担太重。每天下课都得做作业,课外活动也被挤掉。这主要是有的老师喜欢拖堂,讲课条理性较差。为此,我们建议:

1. 教导处要对这些老师提出要求,督促他们不要拖堂,最好课堂上留5至10分钟让大家做作业。

2. 要指导教师改进教学方法,尤其应做到精讲多练,活跃课堂气氛。

3. 保证我们的课外活动时间。这样可以调节我们的学习生活。

以上建议。不当之处,请批评。

此致

敬礼

二〇一一年四月十日

09会审(4)班全体学生

第三章

传播文书

传播文书是指为了一定时期的工作或活动,通过大众媒介报道事实和发布信息,对公众进行宣传、教育、鼓动、引导的文书。它既是报纸、广播、电视等大众传播媒介最常用的一种文体,也是一种重要的宣传工具。

它能迅速及时地报道社会生活中发生的重大事情,具有真实性、公开性、时效性。

根据传播的主要内容,传播文书主要可以分为新闻类与信息类两大类。新闻类传播文书是对新近发生的事实进行报道的文书,包括消息和通讯等。信息类传播文书是发布新信息的文书,包括启事、声明、广告等。

传播文书主要具有联系、沟通、宣传、教育、鼓动、引导等作用。

本章涉及的传播文书有消息、通讯、启事、新闻评论、广播、广告、解说词。

第一节 消 息

[基础知识]

1. 概念

消息是以最直接、最简练的方式迅速及时地报道新近发生的事实的文种,是新闻体裁中的一大类别。这个定义包含四个因素:一是报道方式直接、篇幅简短;二是报道时间快;三是报道内容新;四是报道的是事实而不是虚构的故事。

2. 特点

(1) 新。新闻姓“新”,新鲜是消息的个性,最新鲜的事一般由消息先发布。因此,新是消息的首要标志。“新”包含三层含义:一是内容新,它把首次出现的新鲜事物报道给人们;二是认识新,新闻事实所反映的思想、说明的问题,要有新鲜感、新启迪;三是角度新,选择新的角度或表现手法,要给人耳目一新之感。

(2) 快。消息比任何其他新闻报道体裁都要快,要做到快采、快写、快编、快发,迅速及时地把消息传播出去。新闻界曾经流传过这样的格言:今天的消息是金子,昨天的消息是银子,前天的消息是垃圾。可见,报道的速度与消息共存亡。

(3)短。消息要快,就需要语言简练、篇幅短小、水分少,舍去一切可删掉的字、词、句、段,用简洁的语言讲明事实,寥寥数语,显出精神,以便读者准确把握事件精髓。一般来说,消息以300至500字为宜。

(4)实。真实性是消息的生命,也是所有新闻体裁的生命。写消息必须坚持真实性原则,实事求是,不得添枝加叶,也不允许"合理想象"。引用的材料、数字要准确无误,对新闻事实的说明、解释应符合事实本身的逻辑。

3. 种类

按传播手段来分,可分为文字新闻、图片新闻、广播新闻和电视新闻等。

按篇幅长短来分,可分为长新闻、短新闻和简讯。

按报道对象来分,可分为人物消息、事件消息、会议消息和经验消息等。

按报道内容来分,可分为政治新闻、工业新闻、科技新闻、体育新闻、社会新闻等。

现在国内通行的是按写作特点来分类,即把消息分为动态消息、综合消息、经验性消息、述评性消息、特写性消息等。近年来,还出现了一些新的新闻样式,如解释性新闻、预测性新闻和微型新闻(快讯)等。

[**例文导读**]

例文:

身患癌症仍率领官兵奋战维和一线

创造"中国速度"、打造"中国品牌"、展示中国军人形象

江汉刚:维和战场钢铁汉

本报石家庄12月1日电记者孙继炼、特约记者罗路云报道:今天,被誉为"蓝盔勇士"的北京军区某工兵团团长江汉刚,精神抖擞地站在操场上,为即将出征利比里亚执行维和任务的该团工兵分队壮行。

2008年4月,江汉刚奉命带领274名工兵赴利比里亚,在身患癌症的情况下率领官兵出色完成维和任务,创造了"中国速度"、打造了"中国品牌",受到联合国特派团官员和利比里亚总统高度评价。

中共中央总书记、国家主席、中央军委主席胡锦涛了解到江汉刚同志身患癌症仍坚守一线完成维和任务的先进事迹后,当即批示军委和北京军区领导,转达对江汉刚同志的亲切问候,并要求安排精心治疗。

江汉刚和官兵们在利比里亚执行维和任务期间，主要担负“联利团”第四战区输送国际救援物资所必经的3条重要干道的维护抢修任务。每到雨季，泥泞的道路上大坑连着小坑，交通陷入瘫痪。江汉刚带领官兵冒雨施工，创造出一套雨季土路的修复办法，确保道路畅通。这套办法被“联利团”称为“江氏筑路法”，至今仍在利比里亚道路施工中发挥作用。利比里亚公共事务部副部长约翰感慨地说：“大雨挡住了其他国家的部队，却挡不住中国工兵的步伐。”

据统计，在利比里亚维和的8个月里，江汉刚带领中国工兵共升级抢修道路448公里，架设桥梁5座，每项工程质量都堪称一流。联合国授予他们一级和平勋章。

江汉刚身上具有中国军人吃苦耐劳的品质和强烈的荣誉感。过度的劳累常使他胃疼难忍，他就悄悄勒上一条布带止痛，加大药量。一次，“联利团”交给中国工兵分队一项道路紧急抢修任务，当时大雨滂沱，江汉刚带领部队赶赴现场。随队军医看到江汉刚用手顶着肚子，脸色苍白，劝他到车里休息，但他坚持在大雨中和官兵一起施工3个多小时，直至昏倒在地。江汉刚醒来后，军医流着泪劝他到医院检查治疗，他说：“我江汉刚宁可让任务压垮，也不向病魔低头，就是丢了这条命，也要完成维和任务。”为减轻疼痛，他勒断了2根腰带，体重下降了20多斤，却始终战斗在维和第一线。

回国后，江汉刚被确诊为胃癌晚期，并立即进行了手术。在各级领导的关心和医护人员的精心治疗下，江汉刚术后不久就奇迹般地回到了训练场，带领部队圆满完成“铸盾-2009”演习和国际维和工程兵专业力量预备队、国家交通应急抢险队“两队”建设等多项任务，荣立一等功。

点评：本文作者打破常规，选取消息作为典型报道的载体，将北京军区某工兵团团长江汉刚这一全国、全军重大典型最突出的特点浓缩在不足千字的文章中，既有对其工作成绩的概括，也有生动感人的事例，并且结合典型人物的最新活动，全面立体地展现了江汉刚身患癌症却忘我工作、顽强战胜病魔后重返工作岗位的精神风貌，令读者印象更加深刻。

[**写法指南**]

消息包括标题、电头、导语、主体、背景和结尾六个部分。

1. 标题

消息的标题是消息内容的精粹，是对内容最鲜明最精炼的概括。好的标题能传达消息内容之神，从而吸引读者的兴趣与关注，使消息随之增色。

消息的标题有三种类型：多行标题、双行标题、单行标题。

(1) 多行标题。一般由引题、正题、副题组成，信息量丰富，宣传声势浩大，常用来报道比较重大的新闻事实。如：

成都试点专业技术职称社会化评审（引题）

评职称不看身份看本事（正题）

不需单位推荐没有名额限制评审结果向社会公示（副题）

（2）双行标题。双行标题有两种，一种是在正题之前加引题，另一种是在正题之后加副题。引题的主要作用是概括介绍消息的背景，烘托气氛，以引出正题；副题放在正题之下，主要是对正题进行补充说明。如：

“派比安”昨晚登陆阳西电白交界处（引题）

广东10市30万人安全大转移（正题）

部分省属高校酝酿小幅扩招（正题）

招生计划预计4月份公布，大多高校表示选测等级不降（副题）

（3）单行标题。只有一个主标题，要求做到简明、醒目、高度概括消息内容。

如：××学校召开招生工作会议

需要注意的是，一定要弄清三类标题的作用，千万不可颠倒互换。

2. 电头

电头，也称消息头，位于消息正文的前面，如“本报讯”“新华社南京某月某日电”“据××报道”等字样。

3. 导语

导语是消息的开头部分，通常是消息的第一句话或第一段话。它要求用极其简练的语言写出消息中最重要、最新鲜的事实，揭示消息的主题，引起受众的兴趣与注意。从表达方式上看，导语的常见写法有叙述式、描写式、设问式、议论式、引语式、诗词式等。

导语要求叙事精当具体，有实质性内容；语言生动活泼，能引起受众的兴趣；言简意赅。

4. 主体

主体是消息的核心和主干，它紧承导语，扣住中心，用足够的、典型的、有说服力的具体材料展开、印证导语中已点明的新闻事实，并阐明主题。可以说，主体部分是对导语内容的补充、揭示和说明。

主体的结构形式主要有三种：

（1）倒金字塔结构。即按照新闻事件内容的重要程度或受众关心程度递减的顺序来安排顺序。

（2）时间顺序结构。即按照事件发生的时间先后来组织材料、排列层次。

（3）逻辑顺序结构。即按照事物的内在联系或问题的逻辑关系来组织材料、安排段落和层次。

主体部分要求内容充实，材料具体；层次清楚，逻辑严密；主体与导语的文字不能重复。

5. 背景

背景也叫背景材料，它主要用来介绍新闻事实发生的历史、人物、社会、知识等背景。在消息中恰当地运用背景材料，可以突出新闻事实，衬托和强化主题，增强知识性和趣味性。背景材料通常分为说明性材料、对比性材料和注释性材料三种。

6. 结尾

新闻的结尾具有归结全文、加深印象、深化主题、阐明意义和指明前景的作用。写作时，要讲究结尾的艺术性，要写得生动有趣，其内容不要和导语、主体重复；要实在，切忌写空话、套话。若无新鲜内容可补充，就自然收束。

[**病例分析**]

校园招聘会现场实录

3月8日上午，我校隆重举行了2012年毕业生校园招聘会。这次活动中，我荣幸地成为其中一名工作人员，工作任务主要是陪同企业代表们签到后，引导他们进入各自的企业招聘宣传点。

据了解，此次招聘会上，机电类的招工需求仍以数控方面的操作工为主。为了更全面地了解企业的招聘需求，我还特地向××公司作了一个简单的采访。该公司负责人瞿先生向我介绍，他们公司的机电类用工需求主要以“机械维修、电仪技术”为主。机械维修的用工需求量不像流水线那样大，主要工作是对设备的维修及日常的维护工作。至于电仪技术的招聘需求量和用工要求，基本跟机械维修差不多，唯一不同的是要懂得一些数据的编程，如PLC编程、单片机的应用等。

“应届机电类毕业生是否要持电工操作证才能上岗作业?”我问道。瞿先生说：“没有电工操作证是绝对不能上岗操作的，这是对员工自身安全的基本保障。不过，我们公司在厂里也开展电工考证培训班，并在员工初上岗时让老师傅带领他们熟悉厂间配备设施并指点他们的日常工作方式。”

分析：从结构上看，一是缺少消息头，二是缺少与校园招聘会相关的背景，三是缺少归结全文的结尾；从文字内容上看，一是标题设计缺乏新意，二是人称出现错误——为了保证消息的客观真实性，记者不应在文中使用第一人称。

[**牛刀小试**]

1. 消息由哪几个部分组成?

2. 什么是“倒金字塔结构”?

3. 消息必须真实，是否等于凡是真实的事都可以写成消息?

4. 围绕班级的一次主题班会写一篇消息。

第二节 通 讯

[**基础知识**]

1. 概念

通讯是运用叙述、描写、抒情、议论等表达方式，及时具体、生动形象地反映新闻事件、典型人物、工作经验、地方风貌等内容的一种新闻报道，是报纸、电台、通讯社最常用的一种文体。

2. 特点

（1）新闻性。通讯的新闻性是指它能及时地发现现实生活中发生或发现的典型事件或典型人物，并迅速地如实报道，即新闻内容必须真实、典型、讲究时效。

（2）评论性。通讯以叙述事实为主，但在描述事实的过程中，可以根据需要就事实发表议论，或揭示思想意义，或表明观感评价。通讯以叙事为主，常紧扣人物、事物的特点夹带评论。

（3）生动性。通讯不仅要用事实说话，还要用形象说话，要有生动的环境、真实的场景、特写的画面。在叙述中，有情节，有波澜，讲究故事性和趣味性；在表达上，可以灵活运用描写、说明、议论、抒情等多种表达方式，增添立体感和现场感。

3. 种类

按报道内容分，有人物通讯、事件通讯、工作通讯和风貌通讯等。

按报道形式分，有集纳、专访、侧记、散记、采访札记、新闻故事等。

[**例文导读**]

例文：

雪山上，好大一棵“英雄树”

——记奋战在雪域高原国防施工一线的兰州军区某工兵团

本报记者 张海平 高志文 孙兴维

这是2010年两种别样的眼泪：

在都市，有一棵银幕上的树叫“山楂树”，许多人坐在影院里看着它擦着眼泪，这是一种怎样的泪？

在高原，有一棵雪山上的树叫“英雄树”，它是兰州军区某工兵团。记者走近它，看到这棵很少有人知道的“英雄树”落泪了，这又是一种怎样的泪？它讲述着怎样的故事呢?

“军人,站着时为国家尽忠,倒下后才能陪陪父母尽孝”

那一刻,这支队伍哭了。

当总部专家组宣布由他们施工的国防工程全部通过验收时,工兵团几乎人人流下热泪。

“战友们,施工任务完成时,请你们把所有的机械车辆都鸣响,让我再听一听那熟悉的声音。”此刻,雪山上的机械车辆鸣声震天动地,三营原教导员刘克勇仿佛又回到这支队伍中。

每年春未到、燕未来,刘克勇背起行囊走向高原。他对战士说:“我们去给国家扛大活,尽一个军人的本分。”

山,爬了几天几夜;车,行在云上云下。白天,钻洞开岩,泥浆满身,吃不饱的是氧,吃一肚的是尘,每次有险情,他把战士挡在身后。夜晚,风狂吼,雪纷飞,戴着皮帽,盖上大衣,仍冻得睡不着觉。他走进一个个帐篷查铺,生怕有谁冻伤,牵挂着谁有心事睡不着,而自己一晚只睡三五个小时。

高原缺氧累得吃不下饭,他组织吃饭比赛,对大伙说:“吃,在雪山上不是美味和享受,而是生存,是战斗。”可当战士问他自己为啥每顿只喝一碗稀饭时,他就笑着说:“自小爱粥,新兵时外号叫‘一碗粥’。”直到有一天,他连一碗粥也喝不完,倒下了。

没人知道,4 年上雪山累倒的教导员,这次是带着胃癌的诊断书上山的,每天背着大伙儿大把地吃药。

手术后医生说:“来晚了。”预感时日不多,他对妻子说:“军人,站着时为国家尽忠,倒下后才能陪陪父母尽孝。”撑着病体,他回到了秦岭深处父母住的那间土房。看他大口吐血,妻子泣不成声:“借钱买的新房钥匙拿到了,你还没住过一天。”他摇摇头对妻子说:“给战友捎句话,我想穿着军装走。”

军装送来了,上面还别着他刚荣立的二等功军功章。穿上这身军装,刘克勇永远合上了眼睛,这一天离他 36 岁生日还有 36 天。

从雪山遥望秦岭,相隔千里送战友。官兵们只能捧着他的遗像,为他再熬一碗粥,为他唱起“战友,战友,亲如兄弟……”

那一刻,雪山在呼唤勇士们的名字:一营炊事员王东东,奋战高原突发肺水肿,牺牲时刚刚 20 岁;一连列兵张豪,舍身排险救战友,牺牲时年仅 19 岁……几年里,该团有 4 名官兵在雪山献出生命,过百人受伤或致残。

几多好战友,几多好兄弟,用热血和生命为祖国筑起新的长城。他们就像这棵“英雄树”的落叶,纵然化做了泥土,却滋养着雪山上这棵挺拔伟岸的“英雄树”,为祖国站岗尽忠。

“雪山上，不弯的是脊梁骨，不断的是顶梁柱”

那天，这个老兵哭了。

当工程通过验收时，李副参谋长流着热泪和战士们紧紧相拥。工地上他官最大，年龄最长，战士喜欢叫他“李老汉”。

工程在高海拔延伸，离天三尺三。强烈的高原反应让新兵心里发慌，这时他走在最前面当“试验品”。医生说：“你50多岁的人，不能和小伙子比。”他说：“只要我没倒下，他们就会平安。”只有医生知道，年年上雪山的他身体早已如快散架的车。那次，他刚组织战士撤离，数十吨重的巨石就像锅盖一样压了下来。烟尘未散，大伙儿惊魂未定，他抓起手电筒往塌方处走，连队干部拉住他：“让年轻人上吧……”他回过头说了一句话：“哪有父母让孩子往险处冲，自己站在旁边看的道理！”

这天，八连连长张建宏收到一封特快专递。打开一看，竟是结婚不到半年的妻子寄来的离婚协议书。望着离婚协议书，他一夜没合眼。团领导过来劝他：“先别签，下山也许还能挽救。”张建宏说：“多少官兵家里遇到这难、那难都没有下山……”他流着泪，在离婚协议书上签下了名字。雪山上这样离婚的有24人，分手前大多说过这句话：不是不爱你，可我无法愧对这身军装。

流着眼泪为战士擦眼泪，背着包袱为战士卸包袱，这就是雪山上的带兵人。常年在高原生活，团政委任秉涛40岁出头已掉了8颗牙，参谋长周兴东不到40岁，头发几近掉光；生死考验面前，副政委王建文站出来担当“敢死队”队长……

“雪山上，不弯的是脊梁骨，不断的是顶梁柱。无论多大的队伍、多小的集体，领导这样挺胸担当，遇到怎样的困苦和险阻，都能昂起头往前走。”一位将军动情地说。

“艰险中，有敢登刀山的排头，就有敢下火海的排尾”

说起新兵王小龙，团长黄明付哭了。

那天，“轰”的一声，距黄明付几米远的地方塌方了，王小龙被埋。蜂拥跑来的官兵拼命地用双手扒呀扒，黄团长扒破了手指，扒掉了指甲，才扒出王小龙。

他抱起王小龙大喊：“挺住！”王小龙眼皮动了一动，黄明付转身奔向救护车，不停地喊着：“挺住，挺住！”然而伤太重，路太远，王小龙在团长的怀里再也没有睁开眼。抚摸着王小龙满是尘土的脸庞，黄明付想起昨天还和他在工地上有过一段对话：

“女朋友来信了吗？”

“刚分手。”

“为啥？”

王小龙嘿嘿一笑,不语。

黄明付拍拍他的肩膀说:"你年龄还小,好好干,好男儿何患无妻。"

"是!"王小龙给团长敬了一个军礼。谁知这竟是这个入伍刚刚半年、年仅18岁的士兵给他敬的最后一个军礼。多么阳光的男孩,多么可爱的战士,才刚刚谈恋爱……黄团长的眼泪不停地落在王小龙冰冷的脸上。

走向雪山的士兵大多是像王小龙一样的90后。士官黄渝,患高原肺水肿被送下山,不顾医生劝阻两次悄悄重返雪山,两次被领导强行送下山。士官周伟,施工中食指被砸断,伤未痊愈就返回连队。他说:"手受伤了,但眼和腿好使,可以在山上当个安全员。"

年年上雪山的班长刘吉平对记者说:"艰险中,有敢登刀山的排头,就有敢下火海的排尾。工地上,每人平均两天消耗一双手套,20天磨破一套工作服,30天穿烂一双胶鞋。团里规定,挺不住的战士随时安排下山,但从没见一人提出下山。"

这些战士20岁上下,不管昨天的生活怎样五光十色,他们在雪山上被感动了,改变了,变得如此坚强。在雪山上他们懂得了什么是军人的使命,什么是为国担当。他们是这棵"英雄树"的新枝嫩芽,风华正茂,茁壮成长。

"退伍时,带不走一身军装,但雪山已把我炼成一块钢"

那天,退伍老兵捧着军装落泪。

树绿前出征,叶落后归营。一年又一年,他们四季在雪山上穿着厚厚的迷彩服。部队规定,战士退伍要上交军装。很多老兵走下雪山就面临退伍,入伍时发的春秋和夏季军服,他们没有机会穿一次。

入冬的大西北,寒风刺骨,这里出现了独特的风景:老兵们穿着崭新的夏季军装相拥在一起,在营门前、宿舍旁、岗哨上,兴高采烈地合影留念。这是他们第一次也是最后一次穿着这身漂亮军装。

军号吹响,向军旗敬最后一个军礼,转过身背起简单的行囊,老兵们从五湖四海来回大江南北去。他们行囊里带走的是什么呢?老兵杨伟,带走了一双被焊花灼得满是洞眼的胶鞋,他说:"退伍带不走一身军装,但雪山已把我炼成一块钢。有这双鞋在身边,此生哪有跨不过的坎。"老兵蒋迪伟行囊里的几个矿泉水瓶子,装着他从工地捡的石块,他说:"看着它,一辈子记着在雪山的日子,一辈子懂得怎样做人做事。"

"英雄树"的眼泪,没有"山楂树"的凄凉和忧伤,只有报效祖国的热血与刚强、不辱使命的欣慰与豪迈。拥抱了雪山,拥抱了战友,一批批老兵这样离营返乡。他们化做了这棵"英雄树"的种子,撒向了祖国的四面八方。

点评:本文是解放军报一篇颇具特色的事迹通讯。报道对象兰州军区某工兵团是军委领导批示、总政组织宣传的全军典型。该团官兵常年战斗在高海拔的雪域高原,担负着繁重的国防施工任务,官兵克服常人难以想象的困难,在高原书写了一曲献身国防工程的时代壮歌。记者采用"英雄树"这个比喻,采用细节刻画和白描相结合的手法,塑造了"生命禁区"一群有血有肉的钢铁工兵的军人风骨和情感世界。整篇作品语言凝练,意蕴深厚,感人肺腑,读后浓烈的英雄气息扑面而来。

稿件精心布局,精选事例,精妙施工,通过典型人物核心事迹透视昆仑工兵家国情怀,以不到3000字的篇幅,让读者如临其境,在脑海中浮现出这一英雄群体的形象。

[**写法指南**]

通讯的内部结构可分为标题、开头、正文和结尾。

1. 标题

与消息的标题一样,通讯的标题也强调用生动形象、简洁凝练的文字,根据服务主题和揭示内容的需要,或直接昭示主题,或含蓄点化主题,或启发读者理解主题,或显示基本内容,以紧紧抓住读者的眼球,吸引读者往下阅读。

2. 开头

通讯开头的主要作用是引导读者往下看,只有将开头写得精彩动人、富有魅力、使人爱不释手,才能引起受众的阅读兴趣。因此,通讯的开头要紧扣主题、引出全文,生动活泼、引人入胜,一锤定音、定下基调。开头方法多种多样,如开门见山式、设问式、悬念式、倒叙式、抒情式、议论式、引经据典式等。同时,要注意将开头写得短小精悍、小巧玲珑,避免头重脚轻。

3. 正文

正文是通讯的主体,一般由生动的情节、现场的描绘、人物的言行、外界的评语等交叉组接而成。要合理布局,精心安排好层次,使之严密紧凑、波澜起伏、浑然一体。主体部分层次安排的方式要同通讯的总体结构方式相一致。这部分内容可以时间的先后顺序展开情节,即纵式结构;又可在同一主题的统领下,并列写出几个不同的侧面,即横式结构;还可以是两者的相结合,即纵横式结构。

4. 结尾

结尾的写法非常灵活,常见的有总结全文,深化主题;照应全文,首尾呼应;提出问题,发人深省;含蓄深刻,耐人寻味;展望未来,引人遐想;引用诗歌,进一步点题。此外,还有即景抒情的,发出号召的,提出希望的,等等。

通讯的写作需要注意以下几点:

1. 提炼通讯主题

克鲁普斯卡娅曾介绍说:"列宁在做新闻编辑工作时,很重视选择那些政治上重要的、为大众所注意的、涉及最迫切问题的主题。”这段话在我国新闻界被认为是选择主题的准则。

“政治上重要的”，是指选择和确定新闻主题时，要抓涉及方向性、决策性的问题。

“为大众所注意的”，是指选择和确定新闻主题时，要考虑人民群众所关心的问题和事物，做到急人民所急，想人民所想。

“涉及最迫切问题的”，是指新闻主题不仅应当是正确的，要合乎党的路线、方针、政策和人民的利益，而且还要对实际工作有指导意义。

2. 精选事迹材料

归纳起来，大体有三点要求。

(1) 围绕主题精选材料。选择材料要为表现主题服务。通讯里的材料，对说明主题、突出中心都应当起一定的作用。与主题无关的材料，它再生动形象，也应毫不可惜地舍弃。

(2) 选择反映事物本质的典型材料。典型材料是指所有材料中最具有代表性的、最能揭示事物本质、具有强大说服力的材料。在能说明主题的材料比较多的情况下，选用典型材料就尤为重要。

(3) 选择鲜活、独特的材料。鲜活、独特的材料，是指一般人没有运用过，或虽然耳熟能详却含有深刻含义、使人感到非同一般的材料。选择这样的材料写通讯，才能表现出深刻的思想，才能吸引人。

3. 灵活安排结构，巧用表现手法

在表达方式上，通讯以叙述和描写为主。写具体事例、交代情节的发展过程多用叙述，写人的动作、对话、细节及心理活动多运用描写的方法；在描写人物的言行和叙述典型事例时，必然带有作者的思想倾向性，或赞扬或贬斥，这就需要恰当地运用抒情和议论等表达方式，从而起到增强感染力、深化主题的作用。

在语言表达上，通讯的语言必须具体准确、形象生动、简练通俗。语言表述的内容必须具体，要遵守新闻的真实性原则；通过白描手法加上符合事物本来面目的修辞手法，增加文字的可读性；尽量不用或少用让受众感到生疏的词和生僻的字，对专业性、技术性强的词语，要作些说明或解释；在写作中要直截了当、直陈其事、斟酌字句，避免“绕口句型”和“穿靴戴帽”的现象。

通讯结构常用的有以下几种形式：

1. 纵式

(1) 时间顺序式结构。以事件先后为顺序安排层次。这种结构，条理清晰，便于受众掌握事情的来龙去脉，使人对文章内容一目了然。

（2）逻辑递进式结构。按照事物发展的顺序或作者对所报道事物认识的递进顺序来安排层次。这种结构需要作者正确把握各种材料在表达主题思想时的地位，如主与次、深与浅、因与果等。

（3）悬念式结构。在通讯的开头设置疑团，布下悬念，然后揭示事物的真相，释消疑团。运用这种结构形式，文章要有完整的情节，还要注意使布下的悬念与释消疑团这两部分对应相顾、融为一体。

2. 横式

（1）空间转换式结构。即围绕一个中心，将不同地点所发生的不同事情联系起来，形成一个整体。

（2）并列式结构。即按材料性质归类，并列地写几个不同的方面。这里有两种情况：一是先主后次的并列；二是同等重要的并列。

（3）对比式结构。这种结构从形式上看是并列，但内容却是一正一反或一新一旧。这种结构使事物矛盾对立的两个方面形成鲜明的对比、强烈的反差，易给受众留下深刻的印象。

3. 纵横式

（1）纵横交叉结构。这种结构又叫复式结构，是综合运用纵式结构和横式结构的方式来安排材料。这种结构一般以纵式为主，横式为辅，纵横交错。

（2）“蒙太奇”式结构。这是借用电影镜头的组合关系和连接方法（“蒙太奇”手法），将其运用到通讯写作中的一种特殊的结构形式。

［**病例分析**］

难忘的触动——记培智学校之行

3月27日下午，我在班主任老师的带领下，来到××区培智学校，与培智学校师生们开展了一次别开生面的联谊活动。

活动当天，培智学校近100名师生按其所在年级分成了9组，有序地坐在塑胶操场上，我们全班同学围坐在小朋友们的外围，两校师生“齐聚一堂”。下午2点半左右，联谊活动拉开了序幕，大家为培智学校的学生表演了舞蹈、相声、小合唱……台下的小朋友也积极地参与进来，跟着唱歌跳舞。随后，同学们分组和小朋友们一起做游戏。

我所在的小组被分配到了三年级，我和同行的其他四个同学刚踏入他们的教室，就看见几个小朋友们高兴得手舞足蹈。老师们好不容易把小朋友们安置在排好的座位上，可是孩子们早就按捺不住了，盯着我们手中的画笔和彩纸要。经过老师的同意后，我们给教室里的6个小朋友每人画了一个他们最喜欢的小动物并做成小面具给他们戴上。接下来的时间里,有的小朋友要我们教他画画,有的小朋友要我听他唱歌,还有的小朋友则拉着我们的手嘴里嘟嘟地说着一些或许只有他们自己才能听懂的话。我发现他们那有点脏脏的小脸笑起来其实很明媚,他们那大大的眼睛其实很像天上的星星,透出罕见的纯净无瑕。虽然我有时候并不能听懂他们在说些什么,但我可以感受到他们对我们的到来真的感到很高兴。在这几个智力存在缺陷的小朋友里,我发现有一个小男孩其实很聪明,他可以独立地念完一首诗,而且他很爱讲故事,一直抓着我的手要我听他讲故事,呵呵!他的世界是多么单纯,而又充满快乐啊。在后来的交流中,我越发感觉到他的智力似乎并没有什么太大的问题。我问他:“你为什么会来到这个学校啊?”他说:“我的腿不方便,爸爸妈妈怕我在一般的学校会比较困难,会受伤,就把我送到这里来了。”在他的诉说中,我没有发现他流露出一丝一毫的难过和自卑。我摸了摸他的头,心中很是感慨,这么小的孩子,居然就已经学会了坚强和乐观,那么作为正常人的我们在遇到困难和挫折的时候又有什么资格轻言说放弃呢?就算是失去了所有,但和这些培智学校的孩子们比起来,我们也是上天眷顾的宠儿,因为我们至少还有一个健康的身体和健全的智力。

欢乐的时光总是过得很快,不知不觉,小朋友们就要放学了,我们也该离开了,临走时我们还和小朋友们留影纪念。如果有机会,我们真的很希望以后能够再有机会去看看他们,给他们讲故事,教他们唱歌跳舞,帮他们打扫卫生,看着他们快快乐乐无忧无虑地长大。

此次与培智学校的联谊活动,不仅增强了同学们的合作意识,明确了自己肩上所担负的责任,更让我们意识到,不管将来遇到什么事都不能轻言放弃,因为我们以后还要回报社会,社会上还有更多的像这些小朋友们一样的弱幼群体需要我们去帮助,去奉献爱心。

分析:情节生动,现场感强,人物的言行、外界的评语等交叉组接,布局合理,层次分明,文字发自肺腑,感人至深,不失为一篇佳作。但本文严重的缺陷在于不符合通讯写作的结构及要求。通讯不是文学作品,最重要的一点就是记者执笔时要持中立客观的态度。这篇文章用第一人称写,带有明显的主观臆想。

[**牛刀小试**]

1. 通讯与消息有什么不同?

2. 例文采用了什么结构方式?这样安排结构有什么作用?

3. 选择一名在省(市)技能大赛、文明风采大赛或创新大赛中获奖的同学对其进行深入采访,选择几个不同侧面的材料写一篇人物通讯。

第三节　启　事

[**基础知识**]

1. 概念

“启”即告知、陈述；“事”即事情。启事，是用公开发布的方式，向公众说明某一事项或希望他人协助办理某事的日常事务文书。

2. 特点

(1) 广泛性。生活中，几乎到处可见启事的身影。可以说，它是我们日常生活、工作、学习中最常遇见的应用文之一。其广泛性主要表现在三个方面：

① 发布者众多。一般来说，任何机关、企事业单位、团体或个人只要有需要，都可以采用启事这种文体发文。启事不像一些法定的行政公文，如通知、通告、公告等，受级别、范围等方面的限制较大。

② 发布形式多样。启事的发布可以借助大众新闻媒介，最常见的如报纸、电视、广播、网络；还可以利用信函；另外，张贴也是一种被个人发布者常用的方式。

③ 用途比较灵活。启事涉及的事情非常繁杂，组织的开业、停业、更名、迁址、公章启用、周年庆典、招生、招聘、招标、招商等，个人的征婚、征友、寻物、寻人等，都可以采用启事这种文体发布信息。

(2) 告启性。启事是以诚挚的态度、平实的语言知会他人某事，或恳请他人协助自己。从法律上来说，启事对他人没有强制性和约束力，主要作用和日的只是告知他人，传达信息，至于他人看了启事后会采取何种态度和行动，基本上还是出于自觉自愿。

(3) 简明性。启事都是一文一事，简单明了，只用叙述，不需描写、说明、议论或抒情，否则会文多意乱，影响效果。

3. 种类

按性质分：公务类启事、个人事务类启事等。

按目的分：告知类启事、诉求类启事等。

按作用分：声明类启事、征招类启事、寻找类启事等。

[**例文导读**]

例文：

××中学教师招聘启事

××中学隶属于××市教育局，是一所公办的全日制中学。因办学发展的需要，需向社会公开招聘教师若干名。

一、所需学科：中文、数学、英语、物理、生物。

二、招聘条件：有良好的敬业精神和较强的教育、教学能力，大学本科及以上学历，年龄在45周岁以下，高级、特级教师年龄可适当放宽。

三、待遇：凡被聘用者，可办理正式调动手续，家属工作、子女入学问题学校帮助解决安排，年薪和待遇从优。

四、报名办法：凡有意者，请将个人简历、学历证书、职称证书、身份证等复印件，近期一寸彩色免冠照片两张，在5月30日前寄往××市教育局人事科。

初审合格者，将集中通知面试试讲。

联系地址：××省××市教育局人事科

联系人：×老师、×老师

电话：××××××××

网址：××××××××××××××

点评：此启事标题交代了发布者、主要事由、文种，直接、醒目、规范。因标题已明示发布者，且启事通过新闻媒体公开发布，故正文之后略去了署名和发布时间。正文中，具体事项包含的具体细节，如发布者身份、招聘学科、招聘条件、招聘待遇、报名办法、联系方式等一应俱全，考虑周全。整篇启事语言表述简明扼要，清楚明确，毫无拖沓冗余。此为一则合格的启事。

[**写法指南**]

启事由标题、正文、署名、发布时间四部分组成。

1. 标题

启事标题有多种写法，大致有以下几种结构：

(1) 发布者+事由+文种。采用这种结构的如“南京师范大学招聘辅导员启事”“远大公司更名启事”“《现代快报》改版启事”。这种标题的好处在于要素俱全，一目了然，容易在第一时间抓住人的注意力，同时也显得比较正式、郑重，多用于公务类的启事。

(2) 事由+文种。采用这种结构的如“征婚启事”“征稿启事”“寻人启事”。这种标题比较适用于涉及范围较小的情况，常见于都市晚报上的分类广告专版、生活社区的告示栏等地方。

(3) 只写“启事”二字。这种标题大而醒目，但指代不明确，不太容易吸引他人的注意力。

(4) 直接以所涉事由命名。采用这种结构的如“寻狗”“‘助残日’征求志愿者”。

2. 正文

启事正文的基本结构包括具体事项和联系方式。

(1) 具体事项。启事虽然强调简洁短小,但在具体事项的叙述中一定要兼顾准确、清楚、规范。写作时,应把握不同类型启事的特点。

① 声明类事项:直接明了地说明要告知的事情即可。

② 征招类事项:这一类启事应用较广,还可细分若干小类,但无论出于何种目的,这类启事都会包括一些基本要素,如征招原因、征招对象、征招条件或要求等。有时不宜将具体事项写得过细,如“招领启事”就不宜将被招领之物的特征写出,为防止冒领,可用模糊的语言表述。

③ 寻找类启事:不论寻人还是寻物,为了充分发挥启事的作用,一般要在事项中清楚地交代一些内容,如名称、特征、数量、丢失原因、时间、大致方位、酬谢方式等。

(2) 联系方式。启事的目的不仅是告知,有时也包括希望他人协助办理,希望他人积极参与,以引起互动,所以往往需要留下联系方式,包括联系人姓名、电话(固定电话、移动电话)、通讯地址(邮政信箱、电子信箱)等。

3. 署名(落款)

一般在正文下应有署名,必要时,还可加盖公章。如果启事标题中已写明发布者,则不需再署名,避免重复冗余。

4. 发布时间

一般在署名之下应标注发布时间,在没有署名的情况下,发布时间则直接写在正文之下。另外,如果启事在新闻媒体上发布,因时效性较强,也可不写发布时间。

启事有着特定的写作要求。

1. 中心要突出

一事一启,不要有冗余繁杂的话。直奔主题,要传递给受众什么信息,要达到什么目的,直接交代清楚,做到一语中的、准确无误。

2. 形式要为内容服务

不同的启事,正文的写法不尽相同。“招聘启事”要把招聘人才的具体要求、福利待遇、联系方式等讲清;“征婚启事”和“换房启事”要把自己的条件和对对方的要求讲清。至于正文的字数,有话则长,无话则短,不作硬性规定。

3. 信息要有效

启事必须做到要言不烦、表意精确,以提供有效信息为第一要旨。如一则“寻物启事”这样写:“本人不慎于8月12日在电信局门口遗失手机一部,盼有拾到者归还,必有重谢。”在这个启事中,哪个电信局,什么型号的手机,到哪里归还,都没有讲清,因此,这则启事是无效的。

[**病例分析**]

寻　狗

我昨大遗失成年金毛巡回犬一只,在××区××花园二期,谁看到了请迅速与我联系,必有重酬。我的电话是:××××××××。

分析:该启事格式简单,标题直接以事由冠名,正文叙述事项,因在媒体发布,未标注署名和发布时间,因此格式上是符合规范的,不存在什么问题。但正文存在两大缺陷:

1. 过于简单,交代不明。正文中仅提及狗丢失的时间——昨天,狗的品种——成年金毛巡回犬,丢失的地点——××区××花园二期。如此概念化、空泛的叙述,很难给读者留下深刻印象,更不要说使其在活动区域周边加以留心注意。因此,启事的传播效果欠佳。

2. 语言不够简练扼要,口语化色彩较浓,显得比较随意,态度不够诚挚。

对此,应从两点着手,对启事加以完善:

1. 对于狗的描述应形象直观,富于个性。应详细交代狗丢失的精确时间(即××月××日)、狗独特的体貌特征(如痣、色斑、佩戴饰物等)、性别、昵称、爱好的狗粮等。甚至可以在正文后附上狗近期的个性化照片,以引起读者的情感共鸣,增强启事的传播效果。

2. 将口语改为书面语,加重语言色彩。如将"我"全部替换为"本人","在"可改为"丢失地点位于","谁看到了"用"知情者","我的电话"改为"本人电话"或"联系电话"。

[**牛刀小试**]

下面是张贴在校内的"招领启事",文中有六处错误。请认真阅读并按照文下的要求答题。

招领启事

昨天中午,本人在从教室到校礼堂的路上拾到一串钥匙。这串钥匙有五个是铝制的,两个是铜制的。栓钥匙的链上还挂着一只红色的塑料小熊猫。

望失主速来认领。

张小春

1. 本启事的书写格式有两处错误:____________、____________。

2. 启事的内容中有关物件的____________、____________不应该交代得这样具体明确。

3. 启事的内容中有关认领的______________、______________等还没有交代清楚。

第四节　新闻评论

［基础知识］

1. 概念

新闻评论就是报纸、通讯社、广播电台根据新闻事实，尤其是针对当前发生的重大事件或重要问题直接表明观点态度、发表议论的文章。简单地说，新闻评论就是对新近发生的事实报道加以评论的文体。

2. 特点

（1）议论性。新闻评论是议论文的一种，因此，它具有议论文的三要素，即论点、论据和论证。与新闻相比，新闻评论以议论为主，针对新闻事实发表议论、阐释道理，直接表达评论者的立场、观点。

（2）时效性。新闻评论要及时，甚至要求和新闻同一天同一版发表。反之，如果不及时，时过境迁，等新闻成了旧闻才发表评论，就不是新闻评论了。

（3）主观性。无论评价的对象是什么，它都是一种客观存在，评什么、怎么评，都要服从于评论的目的，要服从评论者的主观意识。

新闻评论可以旗帜鲜明地表彰先进，针砭时弊，帮助群众明辨是非，区分先进和落后、正确和错误；为群众解疑释惑，使人们正确认识当前的形势。在弘扬先进思想和精神的同时，还可以不断揭露和抨击各种腐败现象和不正之风，对不良之风和现象形成强大的舆论压力。通过指导受众的意见走向、行为走向，形成社会性的舆论压力，发挥引导和监督的作用；通过对新闻事件发表看法、表明态度、指出症结、提出希望和看法，引导社会认识；通过对事实的分析，从思想、政策、理论高度提出问题、分析问题、解决问题，从而启发和帮助群众掌握科学分析的方法。

3. 种类

从不同的角度出发，新闻评论可分为不同的类型。

（1）从新闻评论的样式来分，常见的新闻评论有社论、述评、短评、按语等。

（2）从内容上分，可以有政治评论、经济评论、教育评论、科技评论、军事评论等。

（3）从提倡什么、反对什么的角度分，又可以有表彰性、弘扬性和批评性、揭露性评论，即褒贬评论。

(4) 从议论文的写作角度分，有立论式评论、反驳式评论等。

(5) 从地域上分，又有国际评论、国内评论。

[**例文导读**]

例文1：

娱乐，别忘了文化品位

当今，“快乐”已成为一种最畅销的消费文化产品，生产“快乐”的文化产业如日中天，娱“风”乐“雨”日益弥漫于我国的荧屏、银幕、歌厅、网吧、各种晚会以至节日庆典，成为人民生活中须臾不可离的一种流行文化。

有人说得好：我们在强调提升国家文化软实力的时候，不能把诸多为大众提供娱乐的流行文化产品从视野中划出去，而是应当把它们划进来。在今天人民大众的文化权益受到充分尊重的时代背景下，我们已不能再以远离大众的审美需求为前提，以放弃文化的消费市场为代价来完成“艺术圣殿”的营造。从满足人们休闲、消遣和审美的需要看，大众娱乐（俗）和高雅艺术（雅）之间的界限并不是那么泾渭分明而又一成不变的。人们知道，早在19世纪美国的艺苑，莎士比亚剧作既是高雅的戏剧艺术，也是充满世俗性的歌舞杂耍。在中外艺术史上，又有多少往日“曲低和众”的“下里巴人”，随着时空条件的转换和推移，后来成了雅俗共赏的“阳春白雪”！

谁也离不开娱乐，谁也不能反对娱乐。但我又始终认为，娱乐仍然有文野、高低之分，即具有不同的品位。从美学和心理学的角度分析，娱乐的内在结构包含三个层次，它们构成娱乐完整的文化内涵。

首先，娱乐意味着游戏，它源自人们与生俱来的游戏心态，是一种自我宣泄的方式。那种由于感官刺激和情绪宣泄而产生的快感，属于较低层次的娱乐。其次，娱乐具有益智的意义，它可以激活人们的想象力，满足人们的好奇心和求知欲，增长人们的知识、技能和智慧。那种足以开启人的心智、健全人的体魄的娱乐，已属于高层次的娱乐。最后，娱乐具有审美享受和美育的意义，这是它的更高层次的内涵。这样的娱乐追求高尚的情调和思想，可以让人的娱乐本性在审美中获得升华。换句话说，高品位的娱乐不只是让人快活，也不是让人在这种快活中沉醉，而是以游戏和审美为桥梁，通过潜移默化的作用，使人的本性中那些美好的东西释放出来，从而点燃人的希望和理想的火炬，让人们在人生旅途的漫长而艰难的跋涉中，获得勇气和力量，找到心灵慰藉、补偿、休憩的“家园”。

由此可见，感性的直观形象（形式、技术、包装等）只是娱乐的外在形态和表现手段，文化内涵（特别是其核心的价值观）才是娱乐的灵魂。具有不同的思想文化内涵和外在表现形态的娱乐活动(节目),也就有着不同的品位。正是在这个意义上,如果说真、善、美的统一是艺术的最高标准的话,那么,它也应当是娱乐的最高境界。

放眼今日的电视荧屏和歌厅、剧院等娱乐场所,那种文化内涵浅薄、品位不高和缺乏创意的现象,在许多娱乐节目中都或多或少地存在,可谓司空见惯;而真正达到思想性艺术性观赏性有机统一的高品位的娱乐文化精品,却较为少见。尤有甚者,一些庸俗、低俗、媚俗的文化垃圾,总是打着娱乐的幌子,变换各种花招,不时出现在人们的眼际,污染文化环境,败坏社会风气。这种现象告诉我们,大众文化在坚持娱乐性的同时,如何以社会主义核心价值观和先进文化理念为指导,努力提升各种娱乐活动(节目)的文化品位,并力求创造出更多一些为广大群众喜闻乐见的娱乐文化的精品力作,是当前一个亟待重视和解决的问题。这同时提醒我们,要时刻警惕市场化操作对娱乐活动文化品位的侵蚀,在任何情况下,都要坚持把社会效益放在首位,远离"三俗"之风。

人民大众呼唤高品位的娱乐,这是他们不断提高的精神文化需求所决定的,也是社会主义文化艺术的性质和任务所决定的。马克思说得好:"艺术对象创造出懂得艺术和能够欣赏美的大众——任何其他产品也都是这样。"包括大众娱乐产品在内的精神文化生产,从根本上决定、支配着精神文化消费的走向。

媒体和艺术家的神圣使命,是不断增强自己的责任感和精品意识,用优秀的产品(作品)去引导、提高、改造、拓展和丰富广大受众的审美视野、艺术素养、欣赏趣味和人格情操,从而培养、造就出能够理解、接受和欣赏更高品位的精神文化产品(包括娱乐产品)的大众,而不是反其道而行之,充当少数人不健康的消费趣味的应声虫和代言人。

点评:如今,娱乐之风盛行。可娱乐也有文野、高低之分,具有不同品味。作者从娱乐结构的三个层次入手,结合实际,得出结论:要远离三俗,将娱乐的文化品位放在首位。文章语言简练,切中时弊,有的放矢,有着积极的现实意义。流行文化现在占有很大的市场,它在带给我们快乐的同时,其负面影响也日益显现。文章针对性强,既说出了人们普遍的忧思,又提出了解决的方法,令人警醒,给人启发。

例文2:

再多的眼泪也汇不成美丽的江湖

王四新

江城武汉城区50年近百个湖泊被填占消失,至今仅剩38个。最近媒体报道的这则消息,让人心疼。

调查显示，江城湖泊被“蚕食”是个渐进过程，有填湖造地、围湖养鱼等历史原因，也有因城市发展“牺牲”水域的无奈之举，更有甚者则是因利益驱动而非法填湖。

反正湖泊是消失了。武汉市水务局湖泊保护处副处长周承甫的话值得深思：“武汉市近几十年来没有一个湖泊是因为自然原因消失的。”

“江汉朝宗”之地武汉，是个地道的水城，全市水域面积超过70%，不仅有长江、汉江交汇，还有着诸多大大小小的湖泊。湖北有“千湖之省”之号，武汉有“百湖之城”之名。

这些美丽的湖泊，是千万年来自然造化给武汉的恩赐。武汉市的湖泊美丽而有灵性，仅从名字中，就能看出与湖共生的“江湖”武汉，是个多美的地方：

东湖、西湖、南湖、北湖、西北湖……这些以方位命名的湖泊，提醒我们武汉四处有湖；

青菱湖、野芷湖、莲花湖、鲩子湖、官莲湖、鸭儿湖、竹子湖……这些充满水乡气息的名字，说明当年这是个水美鱼肥的所在；

塔子湖、机器荡子、车墩湖、牛栏海、磨子口、幺教湖、龙王沟、王龙湖……这些充满个性的名字，记载着一个城市发展的记忆；

四美塘、月牙湖、金银湖、状元湖、涨渡湖、竹叶海、龙阳湖、笔砚湖、墨水湖……这些名字更是充满诗意。

千百年来，湖泊滋养着武汉三镇的百姓，带给武汉人美丽入画的诗意生活，武汉人也淡妆浓抹着这个湖泊遍布的家园。“五百年前一荒洲，五百年后楼外楼”，“十里帆樯依市立，万家灯火彻宵明”，成为名镇汉口的生活写照。

武汉的湖泊，更是给这座千年文化名城，留下无数美好的记忆。在今天汉阳龟山西侧的月湖之上，有着著名的“琴台”遗址。大夫俞伯牙与樵夫钟子期两人演绎出弹琴遇知音、摔琴谢知音的千古佳话，一曲“高山流水”不知醉倒多少文人雅士……

然而，时光无情。人多起来了，三镇水泥森林崛起，大量的湖泊消失了。

在繁华的表象背后，潜藏着诸多隐患。城市变得拥挤，绿地减少了，水面减少了，气温反常了，城市水系失去了湖塘的调节，变得越来越脆弱，大雨下得集中一点，低洼处立即积水成河，连电车冲进积水中也几乎没顶……这是大自然在警告。

地球上，人的领地越来越大，自然的领地越来越小。终于，我们发现，地球上物种越来越少了，能喝的越来越少了，能呼吸的越来越浑浊了，能吃的越来越少了，转基因食物在争议声中，已经悄悄走进超市。

在人烟稀少的高原，许多面积不大的海子被人看做圣湖，受人顶礼膜拜和呵护。可是在人口密集的都市，功利淹没了良知，短视淹没了理性，那些消失的湖泊成为人类暴殄天物的不光彩记录。

让人叹惋的是,蚕食湖泊并不仅仅是武汉一个地方的“专利”。不少城市在发展中都巧妙地打着湖泊的主意。前不久,云南大理填埋洱海情人湖、建设高档别墅区的新闻,就引来一片指责之声。

保护我们的湖泊,保护我们的山林,保护我们的美好家园——这已经成为刻不容缓的现实课题。因为,每一分钟都有贪婪的眼睛盯着我们的湖泊。

在武汉市武昌的中心,有一个东湖,水面达到33平方千米,是杭州西湖面积的5倍以上,是我国最大的城中湖,一年四季碧波荡漾。在东湖风景区中心的磨山之巅,有一座朱碑亭,上面有着朱德同志的诗句:“东湖暂让西湖好,将来更比西湖强。”

不知再过100年,今天面积是西湖5倍的东湖,能否安然?

珍惜拥有的幸福,尊重无声的水域,是人类的觉醒,也是人类面对自然必须坚守的底线。因为,如果所有的湖泊都消失了,无论怎么哭泣,我们的眼泪也汇不成美丽的江河湖泊。

(《工人日报》2010年07月02日03版)

点评:此文从新闻事实入手,饱含感情,以散文化文字审视一个城市湖泊的快速消失。文章一改过去新闻评论的严肃面孔,叙述和议论交融,感性和理性共存,文字跳跃,文风清新,让人眼睛一亮。同时,文章没有简单地就事论事,在看似感性的文字中,蕴藏着作者的现代理念和人文关怀。

[**写法指南**]

新闻评论的写作方法,大体上也就是议论文的写作方法,即立论、论据、论证,从而证明自己的论点。新闻评论的结构,由标题、引论、本论、结论四个部分组成。

1. 标题

常见的有:以论点作标题,如“食品安全就该‘人命关官’”;以评论对象作标题,如“惊闻博士论文答辩费超万元”;以问题作标题,如“专家哪里去了?”;以比喻作标题,如“既是‘青蛙’,也是‘蝴蝶’”;以正话反说作标题,如“多余的话”;借用诗句作标题,如“不尽长江滚滚来”;等等。

2. 引论

引论是新闻评论的开头部分,其内容主要是交代背景和写作的缘由,提出问题,引起读者思考,以引出本论的分析和论证。开头的写法很多,有评论式开头,有叙述式开头,有背景式开头,等等。

3. 本论

本论是评论的主体和中心。这部分可分为若干层次,可安排一段至数段的文字。最常见的方法有三种:一种是递进法(或称纵式结构),即其评论层层深入,直达核心;另一种方法是并列法(或称横式结构);此外,还有交叉式,即并列式与递进式结合在一起的结合式。

4. 结论

新闻评论的结尾,其内容主要是结合全文,解决问题,归纳中心论点,得出全文的结论。新闻评论的结尾,应当力求避免一般化。一个好的结尾,或鼓舞人心,或催人泪下,或使人联想、发人深思,给读者留下深刻的印象。

[**病例分析**]

整改首先从作风抓起

本报评论员

学校迎接教育部进校评估的整改工作近日全面启动,在纷繁复杂的整改工作中,首先要着力抓好什么?据笔者看来,首先应从作风抓起。

教育部专家进校后对本科教学水平的评估到底评什么?有什么标准?包含哪些方面?对此,著名评估专家李××教授在北京××大学本科教学水平评估总结大会上讲话时指出:“真正体现学校的办学水平、人才培养质量的主要不是硬指标,而是那些软指标。西南联大的硬指标根本达不到今天评估的最低标准,但西南联大由北大、清华、南开三校的名师和在抗战时期凝练的学校人文精神培养了大批优秀的人才。因此,专家组进校后,不仅要认真逐项核查指标,同时要通过考察、观察和感悟来评估学校软指标的建设。”

如果说整改工作首先从作风开始,那么整顿作风首先要从各级领导做起。校长××多次强调,迎评工作是“一把手工程”,各单位主要领导要对迎评工作负总责,狠抓落实。可以说,主要领导的工作作风在一定程度上决定着一个单位的迎评工作水平。因此,在整改工作全面启动中,各级领导应该对照检查,在指挥方向、组织方式、发动方法等各方面不断改进工作作风,从而带动整个单位形成良好的精神状态。

其次,对于普通师生和员工,作风整改应包括两个方面:一是教风、学风的整改,我们要对在预评估中暴露出来的教风、学风问题进行整改,让师生的精神面貌呈现出师者敬业、学生勤奋的良好风貌;二是调整师生参与迎评工作的精神状态,要让他们真正认识到评估不但关系到学校的声誉,也关系到每位师生和员工的利益,每个人都应该积极参与。陈××书记日前在学生学风整改工作动员会上提出,要树立“校荣我荣,校衰我耻”的观念。在迎评工作进入最关键时期的时刻,这句话应该成为全体师生与员工自觉参与评估工作的强烈动力。

(《××大学报》2006.10.15)

分析：这篇评论对大学本科教学水平存在的问题进行了评述，提出整改意见，针对性强。但也存在一些问题。

1. 理由没有说清楚。文中只引用了评估专家的几句话，没有说充分。

2. 作风包括哪些内容，人们未必全面了解，没有简明地点出来，如学校长期办学形成的办学思想、办学理念、校园文化、人文精神、教学管理机制以及校风、学风、教风等；还有迎接专家现场评估时的组织工作、师生精神状态、校园氛围等，都属作风范畴，要明确指出来，引起大家重视。

3. 有些句子重复啰唆，可以删去。如第二段提出“评估到底评什么？有什么标准？包含哪些方面？”连用三个问句显得没有必要。

［**牛刀小试**］

1. 新闻评论有哪些特点？

2. 简述新闻评论的写作结构。

3. 阅读通讯《八卦话题“打败”抗日老兵》，结合自己的体悟，试写一篇新闻评论。

八卦话题“打败”抗日老兵

本报记者 赵文侠　实习生 白鸥

《滇西 1944》首播式上，一边是 92 岁的中国远征军老战士蹒跚步出会场的孤独背影，另一边是媒体追着王学兵孙宁夫妇抖落私生活八卦话题。没有人走过去搀扶一把专程赶到现场的 92 岁中国远征军老战士鲍直才，老人缓缓从座位上站起身，戴上红围巾，穿上外衣，蹒跚地向场外走去。

十多米开外的地方，扮演中国远征军的演员王学兵和他妻子孙宁却被拿着摄像机、照相机的记者们团团围住。因为手中拿了太多的话筒，孙宁情不自禁说了声“太密了”。随后的提问，没人聚焦“中国远征军”这一神圣的话题，话题全部围绕两个人的私生活。

这一幕发生在前天举行的 36 集电视连续剧《滇西 1944》首播式上的媒体自由采访环节。将于今晚央视 8 套播出的《滇西 1944》以世界反法西斯战争中的中国战场为大背景，讲述在广大滇西民众和由中国共产党领导的抗日游击队的支持下，中国远征军驱逐日寇于国门之外的故事。但是，首播式上“中国远征军”被八卦话题打败的场景，让人不免有些尴尬。

当天，在主持人主持环节，中国远征军老战士鲍直才被请到台上。讲起当年远征军的故事，老人的脸因激动变得通红。也许是口音太重，老人台上讲，娱记们却在台下聊天。

与此形成鲜明对照的是，主持人设置的王学兵、孙宁夫妇互送礼物的环节却得到了热捧。主持人一个劲儿地说："抱着妻子送的小老虎，怎么也得表示一下感谢吧！"鼓动王学兵做出亲密的动作。见到王学兵依然木然地待在台上，主持人于是更加不遗余力地忽悠："瞧，台下的媒体都等着呢，怎么也得表示一下呀。"无奈中的王学兵硬着头皮当众把妻子孙宁抱得老高，此时闪光灯闪成一片。

不娱乐，似乎就缺少了关注度，《滇西1944》这样一部题材凝重的电视剧也难逃这一定式。

媒体自由采访环节，这种所谓的娱乐化更被推到了极致。在被冷落的远征军老兵留下孤独背影的同时，王学兵、孙宁则被八卦彻底包围。

"当时拍戏的时候，剧组知道你们的关系吗？""这是你们以什么关系拍的一部戏？""夫妻俩拍感情戏什么感觉？"……王学兵、孙宁只言片语地应付着这些问题。

"虎年到了，有没有打算生个虎宝宝？"王学兵简而言之："一切顺其自然吧。"娱记们不解渴："听说孙宁因为家里是姐妹，所以想要男孩，那你呢？"王学兵敷衍着："我无所谓，男孩女孩都可以。"娱记们继续穷追猛打："究竟打算什么时候要个宝宝啊？"王学兵眉头紧皱，不耐烦了："都说了，一切顺其自然。"孙宁的回答更是带着不满："你们总不能让我们说'我们要什么什么时候生'这种话吧。要是没生，你们又该说我们骗人了。"八卦话题持续了近20分钟。

第五节　广　播

[**基础知识**]

1. 概念

广播是通过无线电波或导线传送声音、图像的新闻传播工具。通过无线电波传送节目的称无线广播，通过导线传送节目的称有线广播。广播诞生于20世纪20年代。

广播稿就是为广播需要而准备的文稿。

2. 特点

广播具有传播速度快、传播范围广、听觉优先、简短等特点。

3. 种类

一般说来，广播的种类有录音讲话（包括录音座谈会），录音报道（包括文字解说、音响和配乐、人物谈话），录音新闻，口头报道，录音通讯，录音特写，录音访问，配乐广播，广播对话，广播评论，广播大会，重大集会的实况广播，重要文艺、体育表演活动的实况转播，等等。

[**例文导读**]

例文：

联合国官员和专家对新都中学人口教育工作十分赞赏

邱晋南 陈四益 陈至崇

本站消息：

新都中学人口教育教师吴天海今天在他的办公室里，拿着一本厚厚的笔记本告诉本站记者：联合国官员和专家对新都中学5年多来的人口教育工作十分赞赏。人口教育是贯彻“计划生产”基本国策的战略措施。早在20世纪70年代初，周总理就倡导在中学生中进行人口教育。1980年3月，根据我国政府与联合国人口活动基金会签订的中学人口教育项目协定，新都中学被列为全国十所试点中学之一。5年多来，这所中学已经有1200多名高中学生系统接受了人口科学基础知识和人口政策教育。去年年底，学生写的5份专论被提交联合国教科文组织亚太区教育处。

1984年3月17日，联合国教科文组织人口教育顾问沙尔马博士来新都中学视察，他作了这样的评价：“我对你们卓有成效的人口教育表示十分赞赏。”

去年10月16日，联合国人口活动基金审评小组全面审评新都中学人口教育工作后，一致表示满意。审评小组成员海迪·斯温德尔斯女士听了几位学生用英语汇报学习人口教育知识的体会后，高兴地说：“我要把你们写的心得带回纽约，让我的女儿拿到学校去念，使他们更好地了解你们。”

今年3月，联合国人口活动基金审评小组在给联合国的审评报告中写道：“政府官员、教员和学生的高度主动性是非凡的……那些教师和学生将人口教育的信息传递到他们的村庄，例如，劝说他们的亲属遵循一对夫妇一个孩子的政策。”

今年9月23日，联合国计划开发署驻华代表孔雷风委托他的夫人访问新都中学后，称赞这个学校的人口教育搞得好，写下了热情洋溢的题词：“向新都中学学习”。

点评：这篇广播稿运用通俗易懂的语言，以发生的事件为起点，按照时间的顺序向人们介绍了新都中学在人口教育方面的工作进展以及取得的相关成就。在稿件的最后，以“向新都中学学习”结束，带有强烈的鼓动性。

[**写法指南**]

广播稿的写作具有以下几点要求：

1. 通俗口语化

广播稿是用耳朵听的，要求语言简明易懂口语化，口语化要求写“话”而不是写“文”。

(1) 多用短句,少用或不用长句。

(2) 少用方言、土语,尽量不用群众不熟悉的简化词或简称。

(3) 少用书面词汇、文言词汇和单音词。把单音词改成双音词;书面语改成口头语;文言词改用白话;音同字不同的词要改换。

(4) 不宜用小括号、破折号、省略号,因为其中的内容不便读出来;那些表示否定含义的引号也尽量不用,改用"所谓的"。

2. 结构简洁明了

广播稿由于受到时间的限制,更要注意干脆利落。

(1) 突出句子的主干,不滥用不必要的附加成分。

(2) 用准确的词贴切地表达要说的意思,不说空话、套话。

(3) 不用倒装句,不用倒叙和插叙。广播稿的叙事,一般按事物发展过程的顺序,因为这样顺乎人们听的思路和习惯。

3. 生动活泼

(1) 采用多种写作方法,避免单调乏味。

(2) 句式富于变化,运用设问、排比、对偶等句式,使文章有文采;适当选择主动句、被动句、肯定句、否定句等句式使文章有感染力。

(3) 具体的事例比抽象的议论更能吸引听众的注意力。

4. 主题单一集中

开头要吸引观众,主体要设置悬念,结尾要不落俗套。

5. 音调和谐

广播稿要避免连续出现仄声字,平仄声要互相交错、配合得当,这样读起来就会抑扬顿挫,悦耳动听。

[**病例分析**]

××学校××××年×月×日广播稿

张:大家好,感谢各位在同一时间收听校园广播。我是今天的播音员张××。

李:我是李××。

合:今天广播的主题是"时尚简讯"。

张:最近天气变化,请同学们注意身体。

李:目前全球和我国甲型 H1N1 流感疫情形势如何?

张:当前,甲型 H1N1 流感疫情正在全球蔓延。随着北半球秋冬季节的来临,北美、欧洲、亚洲等地区的甲型 H1N1 流感疫情持续迅速蔓延,全球已累计报告 5000 多死亡病例。世界卫生组织认为全球实际发病和死亡人数远远超过报告数。

李：截至10月31日，我国内地累计报告甲型H1N1流感确诊病例4.6万余例，其中，重症病例90余例，并出现死亡病例。当前，不少地方流感样病例骤增，许多学校出现聚集性病例，一些地区已经进入流感高发期。监测表明，目前病毒尚未发生变异，但近80%的流感病例为甲型H1N1流感患者。今后一段时期，疫情还将继续发展，防控形势将更加严峻。

张：除了接种疫苗之外，还有其他防控甲型H1N1流感的措施吗？

李：接种疫苗是有效防控甲型H1N1流感的有效手段，但不是唯一手段。当前，仍应继续落实综合防控措施，重点做好几方面工作：一是要加强疫情监测，及时跟踪和掌握疫情变化趋势及病毒变异情况，为制定和调整防控策略与措施提供科学依据；二是要根据分层、分级、分类诊治的原则，切实加强医疗机构接诊能力和重症救治工作，最大限度地减少重症和死亡病例的发生；三是要突出抓好学校等人群聚集场所的防控工作，减少暴发疫情的危害；四是要大力普及流感防治知识，如避免到人群拥挤的公共场所、勤洗手、注意室内通风、在公共场所佩戴口罩、加强身体锻炼、平衡膳食、增强体质、注意个人卫生等，切实提高群众的自我保护意识和能力。

张：我们国家的甲型流感疫苗是安全有效的。我们希望大家能消除这样的顾虑，按照当地的安排积极去接种疫苗。也希望各位同学都能够采取一些预防的手段，使自己免受流感的侵害，祝大家健康、快乐！

李：大家都会洗澡么？据说99%的人洗澡方法都是错误的。下面让我们来介绍一下正确的洗澡顺序吧。（略）

张：下面让我们轻松一下吧，来听听几句容易听错的歌词。

李：看《少年杨家将》那阵，很喜欢听《诀别诗》，就去百度下载了，每次都把一句歌词听成“千军万马都生疮”。我就很郁闷，这么大气的一首歌怎么有这么奇怪的歌词？就去查歌词，最后才知道应该是“千军万马独身闯”。

李：《欧若拉》我听的是“爱是一大锅”（爱是一道光）。

张：小时候总是听电台里唱“我是一个饼，爱吃老百姓”。

李：下面播报一下今天的天气预报：16至21度，东北风4到5级，雨量中到大，大家出门带好雨具。

合：今天的广播结束了，祝大家晚安。

分析：这篇广播稿涉及大家都普遍关注的事件，语言通俗、活泼、简洁。广播稿先讲了甲型H1N1流感疫情形势，又讲到如何以正确的顺序洗澡，再说到容易听错的歌词，最后介绍了今天的天气情况，总体看来显得杂乱无章，内容有堆砌之嫌，主题不集中。

[**牛刀小试**]

1. 请根据学校或班级中的好人好事写一篇广播稿。

2. 请根据所学知识,试着点评下面这篇广播稿。

我们祖国的语言

小朋友,我现在说话,用的是什么语言?对了,是汉语,是汉民族的语言。汉语的历史很长,在三千多年以前,咱们中国就有了汉字。汉语产生在汉字以前。汉语让广大人民使用了这么多年,真是经过了千锤百炼,成了更丰富、更优美的语言。

汉语从来就是世界上最重要的语言的一种。新中国成立以后,我们国家在国际上的地位一天天提高了,汉语在世界上的地位也更高了,在国际上,有很多人都在学习汉语。国际上开大会的时候,汉语是被规定为大会运用的五种语言当中的一种。

我们的汉语是十分丰富,十分优美的。就拿声音来说吧。苏联诗人吉洪诺夫说:"只有用音乐才能传达汉语的声音。"意思是说,汉语的声音好像音乐那样好听,这话很对,拿 ba 这个音来说吧,可以念成"八、拔、把、爸"四个音,声音高低不同。这叫四声。有了四声,读起来就好听。如"今天的红领巾,明天的红旗手",多好的一句话。要是没有四声,念成"今—天—的—红—领—巾,明—天—的—红—旗—手"(全念平声),小朋友,你们说,这样好听吗?(略停)对了,不光是不好听,还觉得挺别扭。

你们再听听这两句:"英雄好汉,钻研苦干。山河美丽,资源满地。"多好听啊!你们爱读民歌吧?诗歌常常是押韵的,念起来又顺口又好记,比如《杨靖宇将军的故事》那篇文章里,提到当时游击队员爱唱的一支歌,歌里有这样的词:"……没有吃,没有穿,自有敌人送上前……"读起来朗朗上口。另外,文中还有这样一段话:"淡黄色的毛油光光地发亮;一对黑眼睛滴溜溜圆;两只不很长的犄角,微微向里弯着,虎头虎脑的,实在招人爱……"这段话总共不过120多个字,可是对这条大黄牛描写得多具体多生动啊!说到大家称赞大黄牛,就说"大家跷起大拇指称赞:'是百里不挑一的好牛'"。在一百个当中只能挑出一个,那已经是了不起了,这头牛呢,连一百个里边也挑不出一个来,这么一说,就显得这牛确实好。再说得具体点儿,怎么好法呢?"个儿大,膘肥……四条腿像木头柱子一样。"小朋友,你们听,腿像柱子一样,那站在地上是稳稳的啦:这牛一定是又高又大,又粗壮。在这段描写里又说,这牛长得"虎头虎脑的,实在招人爱",可不是吗,牛长得像老虎那么壮,干活一定很棒,这怎么能不招人喜欢呐?

汉语里的词多极了,丰富得很。差别很小的意思,也可以用不同的词表示出来。你们好好推敲一下,挺有意思。比如用眼睛看,汉语里就能用不同的词来表示不同的看法，比如《二虎子》那篇文章写二虎子在日本鬼子面前用计策救出了区干部老王，里面写二虎子在日本鬼子面前，“瞪着一对黑溜溜的小眼睛”，“瞪”表现了二虎子对日本鬼子的恨，鬼子呢，他一边说话，一边用眼光“往男的一边溜，想看出谁是干部来”，“溜”是斜着眼睛看，写出了鬼子贼头贼眼的样子，后来一个小孩认走了他的爹妈，鬼子又“把他们打量了一番”，“打量”就是上上下下地看，就像要看出什么问题似的。“瞪眼睛”“用眼光溜”“打量”都是看，可是看法不同，所以用的字眼儿也不一样。用在这三个地方，就很恰当地表示了不同的意思。

小朋友们，我们祖国的语言，是多么优美、丰富啊，小朋友，你在作文的时候，能最生动、最细致、最恰当地运用祖国语言表达任何的意思吗?

小朋友，要想掌握和运用我们祖国优美、丰富的语言，就要学好语文，学懂，学透，一点也不能含糊。

第六节　广　告

［基础知识］

1. 概念

广告，本义为“大声叫卖”。如今，广义的广告主要是指通过一定的传播媒介向公众告知某种信息的行为。本节中，将广告视作一种文种，这里的广告实际上指的是广告稿或广告文案。

2. 特点

广告作为一种独特的宣传传播方式，其特点与它的定义是紧密相关的，主要包括周密的计划性、明确的目的性、对媒介的依赖性、相对的艺术性。

3. 种类

(1) 以诉求点为划分标准，广告主要有商品广告和公关广告之分。

① 商品广告。用于介绍商品的功能和特点等，直接劝说人们购买商品。其效果主要体现在经济效益上，一般在短期内见效，并可作出评估。

② 公关广告。也称形象广告，是一种设法增进公众对企业的了解与认识、提高企业的知名度和美誉度的广告。它往往具有一定的公益性，使用范围并不局限于经济领域，但在经济生活中极为常见。与商品广告相比，公关广告并不直接劝说人们购买产品，而通过唤起人们对企业或产品的注意、兴趣和好感，通过各种社会活动提高企业的知名度，从而加强品牌的亲和力，最终追求丰厚、持久的回报。

(2) 按照传播媒介来划分，广告可分为报纸广告、杂志广告、广播广告、电视广告、网络广告、路牌广告、灯箱广告等，其中以报纸广告、杂志广告、广播广告、电视广告和网络广告的使用最为广泛。

[**例文导读**]

例文：

舒味思的人来到此地

特别引见从英国伦敦舒味思厂派来的特使，制造师爱德华·惠特海先生。舒味思厂自1874年起即为伦敦的一家大企业。惠特海先生这次来到美国各州，是要确查在这里生产的每一滴舒味思奎宁柠檬水是否都具有与原产地厂家同样的口味。舒味思是一种与杜松子酒及其滋补品掺和饮用的柠檬水。长久以来，舒味思的独特口味，只有舒味思才有，可谓世界唯一。

他引进了舒味思所独创的虔修醇剂，而舒味思碳化的秘方就锁在他的小手提箱里。

这位制造师说："彻头彻尾、地地道道、丝毫不差的舒味思制法。"

把这种奎宁柠檬水制成现在的半苦半甜的完美口味，舒味思历经了百余年之经验。然而，把舒味思和杜松子酒及冰块掺和在高脚杯中，你只需要30秒钟便可进入到这个完美的境界。随后，亲爱的读者，你一定会倍加赞赏你读过这则广告的这一天。

随文：如果你喜欢这一则广告但没有品尝过舒味思的话，请寄明信片来，我们会作适当的安排。

函寄：纽约市·东6街30号·舒味思收

点评：这则广告是广告大师大卫·奥格威的得意之作。广告文案着力渲染惠特海作为"舒味思"产品代表的不俗身份、绅士气度，以及最重要的独一无二的"舒味思"的个性。读者首先认同惠特海其人，然后认同惠特海的"舒味思"其物。这则广告的成功使得惠特海真的成了大众喜爱的名人，而"舒味思"也一直是名牌饮品，受到消费者的喜爱。

[**写法指南**]

广告主要由标题、正文、广告口号、结尾四部分构成。

1. 标题

广告标题是广告的眉目，内容主要以传达商品个性或服务特色为主，表达形式比较灵活。

著名广告人大卫·奥格威在他的著作《一个广告人的自白》中曾对标题的写作提出过十大建议：

(1) 投目标受众所好，并切实地使之受益。例如，意大利航空公司广告标题直接向顾客告知了去意大利旅游的好处：

了不得,如今你的美金在意大利比在欧洲百分之八十的观光国家,能够买更多的东西。

(2) 尽量把新内容、新事物、新观念等引入标题。如:

结实的杜邦塑料能在冲击破碎情况下使破碎玻璃片仍黏合在一起。

“吉普”打火机每天使用,20年后唯一该更换的部件无非是它的铰链。

(3) 标题中尽可能写上商标的名称。如:

光临风韵之境——万宝路世界。

人类失去联想,世界将会怎样?

今天你喝了没有? 娃哈哈果奶。

(4) 使用能够引起人们好奇心的词语。如一则劝告人们不要酒后驾车的广告标题这样写道:

我爱上一个名叫 Cathy 的女孩,我却杀了她。

(5) 长度适中,简洁凝练。美国纽约零售业研究院与百货商店合作,对广告标题进行调研,结果发现,字数在10个或10个以上的标题,只要有新内容、新信息,常常比短标题推销的商品多。6至12字的标题广告效果最佳。

(6) 避免使用笼统或泛泛的词语,力求生动、具体、形象。可以看看这样一则洗发液广告,显然,它很能打动消费者:

它带给我一流的头发,它使人的头发质地柔软、熠熠生辉,恰似绿草地一般清新芬芳。

(7) 忌用晦涩难懂的词。据统计,美国平均每人每天接触广告15条,人们根本不可能花时间去推敲表达含糊的广告标题。

(8) 避免使用否定词。如“我的盐中没有砷”,这一广告标题的原意是想告诉受众这种产品不含危害人体的砷,但往往会给受众留下此地无银三百两的印象,从而使受众持怀疑态度,不敢问津。

(9) 将“卖点”体现在标题中。如:

晶晶亮,透心凉(雪碧饮料)。

威力洗衣机,献给母亲的爱。

(10) 时时提醒自己注意几个问题:第一,文字处理表达得简洁清楚吗? 有没有以词害意? 第二,有没有套用别人的老话? 是否缺少创造性? 第三,有没有使用个性化的语言? 有趣味吗? 第四,坚持广告标题的准确性。

2. 正文

标题的作用在于吸引消费者,正文的重点就在于说服消费者,使消费者由注意、兴趣阶段向前发展,产生购买的欲望,导致购买的结果。

正文的内容一般包括对标题内容的解释、阐发或证实，对产品原理、性能、功用与优点的说明，以及对售后服务的承诺，等等。

广告方案的写作充满了创造性，包含非常独特的创意，其形式也十分灵活。就篇幅而言，广告可以短至一句话或只有一个标题，也能够长达数千字；表达上，可以采用逻辑的或直陈的或说明的方法，也可以采用形象的或抒情的或描绘性的方式；格调上，可以质朴如商品说明书，也可以文采斑斓如一篇优美的文学作品；形式上，更是缤纷多姿，无论是对话、小品、故事、信函、对联还是诗歌、散文等，只要能充分表现广告的主题并引起消费者的注意和兴趣，都可以采用。

如雕刻时光咖啡馆平面广告文案：

雕刻时光心情故事

9:30 杯子是满的心是空的

10:00 咖啡是新的故事是旧的

10:30 咖啡越喝越少味道却越来越浓

11:00 还不会磨咖啡豆先学会研磨心情

13:37 坐在靠窗的位置手指不自觉地在玻璃上画着他的名字

13:52 他就在对面抿了一口蓝山一脸冷静的表情

14:30 我低着头静静地搅着杯中的咖啡

15:30 这样的午后我一个人……

这是一则被称为后现代广告文案的文案，看似不经意的时光流逝，其中却能看到作者在谋篇布局和遣词造句方面的精心安排：以特定人物的情感诉求为主，严格按时间顺序进行叙述，道具咖啡、咖啡杯都发挥了不可低估的作用。杯子的满、心灵的空被赋予了特别的含义；咖啡趋少、味道愈浓，与特定人物复杂的心理内涵相联系，也借以显现咖啡口味的纯正。在文字上也颇见功夫：句子表意多用对举方式，内涵浅近而又深远；“雕刻时光”“研磨心情”等，都采用了超越常规的组词方式和话语方式。

下面这则广告的正文则只有 18 个字，没有标题，没有广告语，也没有附文，但传播效果依然不错：

完全不用担心头屑，自然感觉很亲近。海飞丝。

3. 广告口号

广告口号又称广告语、广告标语或广告警句。许多广告会采用一两句具有鼓动性或富于感染力的口号来传达广告物形象，达到使人过目（耳）不忘的效果。很多商品的广告不同时期常有更新，广告语却相对稳定，成为经典，甚至成为人们生活中的常用语，如雀巢咖啡的“味道好极了”、宝山钢铁公司的“要好钢，找宝钢”、戴比尔斯钻石的“钻石恒久远，一颗永留传”、飘柔洗发液的“飘柔，就是这么自信”、康师傅方便面的“好吃看得见”等。

4. 结尾

结尾也称随文、附文，是附属性的文字，可供选择采用，主要起购物指南的作用，一般用于说明企业的名称、地址、邮政编码、电话以及经销单位、特约维修点等。消费者比较熟悉或畅销的商品，结尾可以省略。

广告写作与一般写作的异同：

1. 相同之处

它们都属于写作的范畴，共同遵循着一些基本规律，如都遵循主题发挥灵魂作用的规律，都遵循结构讲究优化组合的规律，都遵循文本包含上佳创意的规律，都遵循语言追求良好效果的规律。

2. 相异之处

（1）广告文案的写作更注重文字以外的因素。在广告作品中，除了文字的因素外，常常还包含画面的因素、音响的因素等。广告文案在创作时就必须综合考虑这些因素，为画面、声音等留下适当的空间。文案对画面、音响等起画龙点睛的作用，与其相辅相成，相得益彰。

（2）广告文案的写作更注重精湛独到的创意。毋庸置疑，任何写作都是作者的一种创造性活动，但广告的这种独创性显得更为重要，失去了创意，它就失去了存在的意义。创意乃广告之魂。

（3）广告文案的写作更注重文本的精短。快速的生活节奏，使人们无暇在繁长的广告前停留。所以，广告文案写作中，不仅要炼意，而且要炼句甚至炼字。如某保险公司的广告“当晚霞消逝的时候……”，已经简练到了不能再简练的地步，然而，我们能从委婉的广告语中领略到它的意思。

（4）广告文案的写作更注重劝服的作用。广告带有明确的功利性，这种功利性最终的目的就是影响目标受众，影响他们的消费思想和消费行为，所以，整个广告文案都围绕着两个字：劝服。广告文案是以有效劝服目标受众论英雄的，广告文案质量的高低归根结底是通过劝服效果来检验的。

［**病例分析**］

远方，有一个人已经很失落，

可你寄不去一个关心的人……

您的挚友是否不太顺？您的驻外员工是否很辛苦？

您的亲人是否需要您的问候？

4月10日起，××××在原有礼仪电报庆贺、请柬、吊唁三种业务之基础上，增开慰问礼仪电报新业务；如果您想表达一份关怀和鼓励，或是一份爱心与挚情，请使用慰问礼仪电报，详情可就近查询××部门。

关心的滋味——得到的人最为明了……的表达——××××想得最是周到！

分析：这是××××所做的一则广告的文案，这只是其系列广告中的一则，另外几则的标题具有相同句式："远方，有一个人已经很疲惫，可你寄不去一双可依靠的肩……""远方，有一个人已经很伤痛，可你寄不去一双可抚慰的手……""载一颗心，给需要的人……"除了最末一则外，这几则广告都是令人费解的，文辞不通，意义模糊。对这种不清不楚的广告，有多少人会静下心去体会其用慰问礼仪电报慰藉需要你关心的人的广告初衷？

广告正文中也没有交代具体办理的方法和途径，还要求消费者再咨询就近的××部门。如此一来，很多消费者往往因为惰性而懒得去查问，从而使广告主流失较多的潜在消费者。这样的广告做得未免得不偿失，回报甚少。

[**牛刀小试**]

下面是东芝洗衣机的广告文案。请你根据所学，对其进行全面的评析

他本来只想买洗衣机　　不小心买了一家洗衣店

媲美专业洗衣店的洗衣品质，TOSHIBA 洗脱烘三合一洗衣机。

在 TOSHIBA 洗脱烘三合一洗衣机出现之前，大家以为世界上的洗衣机都差不多，没想到有的洗衣机不只洗衣服，还能让生活更自由。

例如：只要把脏衣服丢进洗衣机后，就能安心看连续剧或逛街，因为省去晾衣的麻烦。如果第二天就要穿的衣服脏了，半夜洗也不担心噪音影响领导安宁。即使梅雨季节，即使家里没有晾衣空间，还是能每天穿到干爽洁净的衣服。早上多睡半个小时美容觉，因为洗完的衣服不会皱巴巴，不烫也很美观。当然了！人都好逸恶劳，自己不想做的事最好别人都帮你代劳，因为这样，原本只想买部洗衣机，却买了一部洗衣品质媲美"洗衣店"——只要把脏衣服丢进去，就能独立自主洗脱烘三合一的 TOSHIBA 洗衣机。

第七节　解说词

[**基础知识**]

1. 概念

解说词，即解释说明的言词，是对事物或人物进行口头或书面讲解、说明的一种文体。它通过对事物的准确描述，通过词语的渲染，来感染观众或听众，使其了

解事物的来龙去脉和意义,从而达到宣传的效果。

2. 特点

解说词有补充视觉和听觉的作用。如电影解说词、文物古迹解说词和专题展览解说词等,可以帮助观众在观看实物和形象的过程中,不仅发挥视觉的作用,同时也发挥听觉的作用。解说词是对实物和形象的解说,以实物和形象为写作依据,它能起到启承和转合的作用。从某种角度看,解说词是说明和诗词的结合。一篇好的解说词,就是一首动人的诗词。

3. 种类

(1) 综合介绍。即对要介绍的人物、事物作一个简要全面的概括,给人以比较完整的印象。具体写法有两种:一是把介绍的对象分成几个方面进行整体归纳,具体的材料按要求组合到各部分中间即可。例如,故宫是一座历史悠久、具有民族文化特色的建筑群,对它的介绍可以分成这几个部分:故宫博物院的陈列、故宫的历史发展、故宫是中华民族的自豪。这种介绍适用于内容丰富、头绪繁多的情况,利于表现思想深、意义长的主题。二是按事物的性质与发展规律介绍。例如,介绍一个人,可从他的成长、不同时期的贡献以及对他一生的评价这些方面,有重点、有选择地综合叙述介绍。这种介绍线索清楚,写法单纯,逻辑性强。

(2) 分点解说。这是对事物的某一部分作简要说明的解说方式,给人以具体的直观感受。纪录影片的解说,对各种展览的物品、画图等的注说,都属于这种类型。虽是三言两语,却能够起到点化、牵引人们思考的作用。例如,介绍北京风光的说明,就是先简要地对北京进行概述,然后选择天安门、颐和园、香山、十三陵、八达岭等名胜古迹点一一解说,每个点只用几句话,各点之间行文没有明显的连接,但对旅游者来说,这个分点解说是必要的。再如,纪录影片《敬爱的周恩来总理永垂不朽》的解说词,简直是一首激动人心的抒情诗:“灵车队,万众心相随。哭别总理心欲碎,八亿神州泪纷飞……”

总之,解说词的写法没有一定之规,它因物而异,或叙述交代,或诠释解疑,或议论评论,或描绘形象,或抒发情怀。使人们借助生动形象的解说,准确了解解说对象,达到画龙点睛之妙,即为好的解说词。

[**例文导读**]

例文:

《百花深处1》解说词

撰写人:程青松

每一秒,我们都期待奇迹出现;每一分,我们都愿意付出欢笑和泪痕。面对洁白的银幕，永远在等待电影开演的铃声。

他是共和国的总理，也是一个酷爱中国电影的观众。

1961 年夏天，背景香山，周恩来与出席全国文艺创作会议的代表见面，大家建议创立由观众投票的中国电影奖，得到周总理的支持和肯定。

1961 年 10 月号的《大众电影》刊登了百花奖评选条例，新中国第一个由观众和人民选择的电影奖，正式诞生。

“请给我一张选票，让我和千百万人一起，实现小小的但无比崇高的权利！”诗人邵燕祥给《大众电影》的留言充满了激情。

百花奖的评选吸引了全国各个领域的观众，参加投票的还有这样一些人：曹禺、老舍、茅盾、巴金……

1962 年 5 月 22 日，首届大众电影百花奖结果产生，最佳导演谢晋，最佳男演员崔嵬，最佳女演员祝希娟，最佳故事片授予了《红色娘子军》。

1963 年，在评选出第 2 届百花奖之后，由于历史原因，中断 17 年。

光影无声，岁月有情。

1980 年，《大众电影》百花奖恢复评选，一下收到 280 万张有效选票，每张选票都讲述了人民对电影压抑很久的感情。北京六部口邮局影迷连夜排队购买《大众电影》；沈阳玻璃厂 4000 多员工开会决议填写选票，全厂工人先投一轮，把最后的结果通过唯一的一张百花选票表达。

传说中，每一朵花开放，都是一个灵魂在舞动，走进百花深处，一起追寻电影带给我们最初的感动！

点评：这篇解说词以时间的顺序向人们介绍了中国电影百花奖评选的发展历程。从百花奖的诞生，到不得已的中断，再到恢复评选，运用极其动人的语言，选取极具代表性的人物、电影和事件，让人发自内心地走进百花深处，感受电影带来的感动。

［**写法指南**］

解说词是解说客观事物的，而客观事物是极其复杂的，只有仔细观察、深入研究才能把它如实反映出来并介绍给读者。因此，要写好解说词，必须认真观察、研究被解说的事物，准确把握它们之间的关系。解说词写作的形式多样，方法灵活，可用平实的语言，也可用文学的语言；可用散文形式，也可用韵文形式。

1. 口语化、通俗化

解说词是供解说者来讲的，因此具有口语表达的特点。解说词的接收对象广泛，因此要注意让不同文化层次的人都能听懂，要使用通俗、规范的语言，不用或少用方言俚语、冷僻的词、专业术语和文言术语，避免使用容易产生歧义的词语。

2. 紧扣事物,配合形象

解说词是解释说明性文字,因此文字与事物或形象应保持一致。为了增加知识性和趣味性,可以补充一些有关的传说和科学道理等,可引用一些前人或名家的评述,但绝不能随意发挥和想象。

3. 简明扼要,富有文采

解说词主要是补充视觉材料的不足,目的是把观众不容易懂、可能产生疑问、需要特别注意的地方解释清楚,大家熟知的东西就不必再讲。解说词要把解说对象讲清楚,要讲究科学性,但不应该是干巴巴的说教,而要运用形象的语言对它们进行描绘,使观众对它们有深刻、鲜明的印象。如名胜古迹、艺术展品以及电视、电影、音乐的解说词,要有很强的文艺性,要把它写成一首情文并茂、生动感人的散文诗。

[**病例分析**]

参观解说词

尊敬的各位领导、各位来宾:

大家好!

您现在来到的是××小区,欢迎您来××小区检查指导工作。

××小区是于1980年建成的第二批住宅小区,经过30多年的洗礼,小区整体面貌陈旧。今年,在××公司"构建和谐示范矿区"、市政府提出"努力加快宜居城市建设"的惠民政策下,上级领导积极给予投资,对××小区道路、铺装改造,清水、雨排、污排及采暖管线改造,电力系统改造,住宅楼单体改造及公建项目改造。工程于20××年4月12日正式开工,历经5个月的施工,小区发生了天翻地覆的变化,使小区居民如入新居。

当您步入××小区,映入眼帘的是"饮水思源向明天"七个吸塑大字,揭示了小区的文化主题。左边是小区文化墙,潺潺流水和醒目大字,生动展示了饮水思源的文化内涵。各位领导,在我们前方这五块展板,集中展示了小区改造前后的状况,您更能清晰地看到小区发生的喜人变化。刚才,您在行进途中,感受到的是道路平整、宽阔、实用。但在改造前,道路狭窄,混凝土路裂缝横竖交错,铺装路面严重腐蚀,雨季路面积水不能及时排出,冬季路面积雪、结冰不易清理,严重影响小区居民出行。改造过程中建设单位积极采纳物业单位和小区居民的意见,按照小区实际情况进行设计、施工,将原有路面加宽,增设雨排,同时增设了停车场,有效缓解了停车难问题。

在我左手边是物业形象综合展示板,共分为8个板块,全方位、多角度地展示了企业文化积淀的成果。

请各位领导随我往前走，右前方砂岩浮雕上的红色大字“时时精心，处处精细，事事精彩，人人精神”展示的是企业的核心理念。

我们来到的是休闲小广场，这是今年小区系统改造时修建的，为小区居民提供了休闲、娱乐、健身的场所，让老百姓充分享受到了民心工程带来的实惠。

各位领导、各位来宾，同心共建家家乐，众人携手铸和谐。现在的小区环境美了、品位高了，我们××物业管理处，要切实担负起管理职责，与小区居民携手，维护好小区的环境与设施，为住户创造更加温馨、文明、舒适的生活环境，为建设和谐示范矿区做出积极贡献。

衷心感谢各位领导对××二小区综合整治项目的关心和支持，恳请对我们的工作多提宝贵意见。谢谢大家！

分析：这篇解说词用语口语化，部分语句不通顺，如“对××小区道路、铺装改造……”。在行进过程中，讲解员先讲解了小区内部具有装饰效果的艺术字，但在中间又穿插讲解了过去小区面貌和改造后环境的对比，之后又介绍了一些雕塑与小区内的休闲广场，整体看来表达顺序稍嫌紊乱。

［**牛刀小试**］

1. 近日，将有一批省外专家到你校参观、考察，请你为你校校史陈列馆写一篇解说词。

2. 请利用所学知识，试着评析下面这篇解说词。

现在我们参观的是被誉为“故都明珠，华夏宝库”的陕西历史博物馆。今天由我来担任大家的讲解员。

陕西历史博物馆于1991年6月20日正式建成对外开放，占地面积7万平方米，建筑面积5.6万平方米，展览面积1.1万平方米，拥有各类文物藏品37.5万件，其中以18件国宝、800多件一级文物最受观众的青睐。上起远古人类初始阶段使用的简单石器，下至1840年前社会生活中的各类器物，时间跨度长达100多万年。

作为综合性的历史博物馆，陕西历史博物馆的陈列主要分为基本陈列、专题陈列、临时陈列三部分。基本陈列为陕西古代史陈列，它以时代为序，将陕西古代史分为史前、周、秦、汉、魏晋南北朝、隋唐、宋元明清7个部分，用约3000多件文物形象、系统地展现了陕西自旧石器时代早期的蓝田猿人至鸦片战争100多万年的发展过程。专题陈列是学术性、专业性较强并围绕着某一主题而举办的不定期展览。临时陈列是基本陈列和专题陈列的补充，具有周期短、内容丰富、常看常新的特点。而陕西历史博物馆的整体建筑采用“中轴对称，中央殿堂，四隅崇楼”的建筑特色，是一座典型的仿唐式建筑。

现在,请大家随我进入序言大厅,迎面的巨幅照片是奔腾不息的黄河和广袤起伏的黄土高原。黄河、黄土高原是中华民族及其古代文明的摇篮,而在这摇篮中诞生的陕西的历史文化也在人类文明进程中作了不可磨灭的贡献。前面这一尊高大威武的石雕走狮,它是中国唯一的女皇武则天母亲顺陵前的护陵兽,高达3.5米,重约15吨,它雕刻精美、造型雄伟,堪称"东方第一狮"。中国古代狮子雕刻艺术是由阿富汗传入的,因此,这座巨狮不但是陕西历史文化的反映,也是东西方文化交融的产物。

我们现在到达的是陕西古代史陈列的第一部分:史前时期文化展厅,时间跨度为距今约115万年至公元前21世纪。陕西是亚洲重要的人类起源地,1964年在陕西蓝田县发现的蓝田猿人是迄今为止亚洲北部最早的直立人。大荔人头骨化石,是我国迄今发现最完整的早期智人化石。老官台文化是陕西境内已知最早的新石器时代文化遗址。在这里展出了半坡陶钵上的刻画符号,各地原始氏族都有了结绳记事、锲木为文的做法,用于记录信息,很多专家认为这些刻画符号有的与甲骨文、金文很接近,应当是汉字的雏形。

接下来,我们参观的是周文化展厅,时间从公元前21世纪到公元前770年,包括周族、周方国、西周王朝3个历史发展阶段。商周时期青铜文化尤其发达,鼎是青铜器中最常见的器型,分为方鼎和圆鼎。在这大家可以看见一个圆鼎,名为多友鼎,鼓腹、双耳、三足,保存相当完好。下面这个青铜器是牛尊,可以说是反映青铜艺术水平的典型器物,做器者以牛身为器,牛蹄做足、牛舌为流、盘牛尾做柄,牛背部开口注酒,采用子母扣连接,盘上铸一老虎,非常巧妙地利用了牛身的各个部分。整个造型新颖实用,纹饰简洁生动,令人称绝。

下一个展厅是秦文化展厅,从公元前770年到公元前206年,分为秦人、秦国、秦王朝3个历史阶段。秦人的发祥地在陕西,由氏族部落发展成小邦国。秦后来逐渐强大了,东出潼关,扫平六合,于公元前221年统一天下。秦国统一全国后,在全国范围内制定了统一全国的措施,如统一文字、统一货币、统一度量衡等,对后世产生了极其深远的影响,故陕西至今仍简称秦。在这我们可以看到秦代统一度量衡后用的一件量器:两诏铜椭量,称两诏是因为量器上刻有秦始皇所颁发的统一度量衡诏书和秦二世所颁布袭用旧制的诏书。好了,接下来我们来到的是汉展厅。汉朝,从公元前202年至220年,分为西汉、新莽、东汉,我们也常说"新莽夹在两汉间"。汉朝是中国历史上一个十分重要的朝代,构成中华民族主体的汉族也是在这个时期正式形成的。汉王朝是当时世界上最强盛的国家之一,对中国历史上以后各朝代的发展有着深远的影响,所以今天世界上许多国家把"汉"作为中国人或中华文化的代称。这盏“雁鱼铜灯”造型独特,设计巧妙。既能任意调节灯光亮度和照射方向,又能通过吸收烟尘,最大限度降低烟尘对环境的污染,充分体现了汉代工艺品既追求美观又注重实用的特点。大家看,这是枚“皇后玉玺”,底面刻有“皇后之玺”4 个字。据《汉官旧仪》记载:“皇后之玺,文与帝同;皇后之玺,金螭虎纽”;又因为出土地点位于汉高祖和吕后合葬墓约1000 米处,所以推断是吕后生前所用之玺。帝后直接使用的遗物发现很少,这枚玉玺对研究秦汉帝后签印有十分重要的价值。

现在我们来到的是魏晋南北朝文化展厅,此时期是从公元 220 年至公元 581 年,是一个战乱频繁而又民族融合的时代。当时北方少数民族匈奴、鲜卑、羯、氐、羌进入中原,也称为“五胡乱华”时期,是中华民族大融合时期。这里展出一件多面体煤金印,由煤金刻成,共 26 面,其中 14 个正方形面刻字。这枚印的主人是“中国第一老丈人”独孤信。为什么说他是中国第一老丈人呢,主要因为他的三个女儿分别嫁给了北周明帝、隋文帝和唐高祖李渊的父亲。

走过魏晋南北朝,我们来到中国封建社会的鼎盛时期,也是陕西的黄金时代——隋唐。现在的海外华人自称为“唐人”,其居住地称为“唐人街”,反映了唐朝对后世子孙产生的影响。这件文物是兽首玛瑙杯,是一件国家级文物,它质地精良,是用红色缠丝玛瑙制成。其色泽红白相间,纹理细如游丝。而工艺师恰到好处地利用这天然纹理,雕出牛头,牛角后弯成弧度,牛角镶嵌金帽,既起到点睛作用,又可自由开启,使杯内酒液流出饮用,具有浓厚的波斯风格。此外,我们还可以欣赏到唐三彩、鸳鸯莲瓣纹金碗、金质开元通宝、舞马衔杯皮囊式银壶,还有壁画《迎宾图》《打马球图》等。

最后我们来到宋元明清文化展厅,宋至清是我国瓷器的繁荣时期。这件青釉提梁倒流壶可称得上精品中的精品了。壶底部有一个五瓣梅花形小孔,灌水时将壶倒置,壶嘴不漏水,这是因为壶内有漏柱将水相隔,所以底部虽有空而不漏。这是利用了连通容器内液面等高的物理原理,反映了工匠的睿智巧思。

好了,现在我们陕西历史博物馆的游程就到此结束了,谢谢大家的配合! 欢迎下次光临!

第四章

礼仪文书

自从有了人类社会,“礼”就产生了,它主要包括三方面内容:礼物、礼仪、礼意。生活中人们需要交流信息、沟通感情,无礼不行,作为其书面形式的应用文体,信函礼仪文书也应“礼”而生。

信函礼仪文书是信函文书和礼仪文书的总称,是机关、单位、团体、个人之间在工作、生活中用以交流信息、沟通感情、处理事务的一种应用文。广义的礼仪文书是包含信函文书在内的,不仅如此,还包括人类生活交际中用到的其他文体,如申请、启事、声明、条据、演讲稿等。

自古以来,以儒家思想为主导思想的中国社会就特别强调礼仪。由于交通不发达,信函在中国漫长的古代社会用途广泛,使用频繁;而今,信函文书仍然在被广泛使用。而在新时代,工作、个人生活领域也出现了一些新的礼仪文种。然而,无论是从表达的礼节性上看,还是从格式上看,新出现的信函礼仪文书都不离传统的信函文书之根本。信函礼仪文书使用范围很广,不论单位还是个人都会用到,是我们在生活中使用最广泛的一种应用文。同时,此类文书因为感情色彩鲜明,具有很强的针对性,有其各自不同的一套专门用语,因此我们应该对其有所了解,学会应用。

信函礼仪文书种类繁富,大概可分为一般书信、专用书信、礼仪信函三类。

一般书信属于私人邮件,一般是个人与个人或家庭之间来往的书信。随着社会发展、科技进步和新型交通工具的出现,人们的交流又有了新的形式,如电子邮件、短信等,虽然它们不再是手写式信件,但仍然具有书信的一般形式和作用。

专用书信是在特定场合使用的具有专门用途的书信。专用书信种类繁多,如介绍信、证明信、感谢信、表扬信、贺信、慰问信、咨询信、求职信、推荐信、公开信、保证书等。不同类别的书信,具有不同的用途,应用于不同的场合,写给不同的对象,因此在写法上就有不同的格式和要求。

礼仪信函又可以分为邀请聘请类、迎送致词类、贺吊慰问类等种类。贺吊慰问类信函主要有贺信(电)、唁信(电)、慰问信;邀请聘请信函主要有邀请函、聘书、请柬等;迎送致词类文书主要有欢迎词、欢送词、答谢词、祝酒词、祝贺词等。本章从生活常用角度出发,不作一一罗列,仅对部分文种作介绍。

第一节　一般书信

[**基础知识**]

1. 概念

一般书信又叫私人书信,是指人们在生活中用于与亲朋好友及其他人之间传递信息、交流思想的文书。在众多的应用文中,书信是人们个人生活中使用最普遍的,具有内容广泛、感情色彩浓厚的特点。

2. 种类

按照不同的标准,可将一般书信分为不同类型。按内容可分为问候类、思想交流类、劝勉类等;按照通信人之间的关系可分为家书、情书、致师长书等;按照使用媒介种类,可分为手写纸质书信、手机短信息、电子邮件等。

3. 写作要求

书信能够反映出一个人的文化素养,因此,无论写作哪种书信,都应该做到感情诚恳、遣词造句正确,使用正确的格式,书写认真,避免出现敷衍塞责、语气生硬、格式不规范、称呼不合适、词不达意、字迹潦草等问题。

[**例文导读**]

例文:

张海迪致父母亲

亲爱的爸爸、妈妈,最亲爱的小燕子:

你们好!

妈妈给我的信收到了,知道你们很挂念我。本来我应该早点给你们写信,可是因为我做了小脑延髓池穿刺,只能躺着,再者,头还有些痛。

爸爸好吗?我十分想念您,希望爸爸注意饮食,多锻炼身体,如果工作太累就休息一下。

妈妈最近怎样?您的肝炎又犯了吧?您不要为我操那么多心。我在医院里一切都好。那天下午小脑延髓池穿刺基本顺利。当然,这种检查是非常痛苦的,但我忍受下来了。妈妈,我比别人从小到大要多遭多少罪呀!不过我即使不能在运动上战胜它,我在精神上要战胜它。

小耿已把我的病历寄来了，虽然预后不良，但我还是没有失去信心。请你们放心，我一定努力配合医生的治疗，争取最后一次手术成功，当然我也做了最坏的打算，这没有什么了不起的，对吧？因为我是永远乐观的人。

最近莘县怎么样？你们常碰到我们的院长么？我曾给他写过一信，我来这里这些天，很想念我那间简陋的针灸室哪，工作着是多么美好啊！虽然累，但心里总觉得愉快呀！不管怎么样，我现在是盼着治好病回去上班。

妈妈给我寄点布票来好吗？我想买件劳动布的上衣，那很结实，等我的病治好，穿着回去。

另外，我要的《精神病学》是有很多照片的那一本。还有，请卢老师把《药物手册》捎来。

祝爸爸妈妈工作顺利！

替我亲亲小燕子！

你们的女儿玲玲
1976年12月4日于济南
（《人一生读的60封家书》，中国和平出版社）

点评：

1. 这是作家张海迪给父母的一封回信。书信开头先对来信略作回复，并对没有及时回信说明原因。

2. 这封书信正文内容充实，感情真挚，谈及几件事情，基本是一事一段：关心父母身体、工作，汇报自己住院治疗情况和自己的感受，交流自己的思想，询问工作单位情况并表达自己回去工作的意愿，表达想要布票和书籍材料的愿望。

3. 正文后以祝颂语作结，表达对父母的祝福和对小燕子的问候。

4. 这封家信格式恰当，语言自然流畅，言之有物，既问候父母、谈及自己的现状，也对自己的精神状态和父母进行交流，亲子之爱、热爱生活之情与乐观阳光的性格跃然纸上。

［**写法指南**］

一般书信由信封和信文构成。

（一）信文的结构和写法

与专用书信不同，一般书信不需要写标题，也不需要在落款处盖章。下面为信文的一般格式：

敬爱的×××：
　　您好！
　　××。
　　××。
　　此致
敬礼

×××
×年×月×日

1. 称谓

称谓即对收信人的称呼，在信纸第一行顶格书写，后加冒号。要根据双方关系的远近亲疏来恰当选用称谓，可以是收信人的姓名、职务或其他称号，或者直接写对对方的称谓；另外，称谓前往往加著表示尊敬、喜爱等感情色彩的词语，如"敬爱的""亲爱的"等。如果信件是写给两个以上的人的，则几个称谓上下并联书写，不能前后相连。

2. 问候语

在称谓下另起一行，空两格书写，作独立一段。一般也要根据具体时间、对象、情境来定，如可写"您好！""近来可好？""最近忙吗？"或者"见字如面""久未相见，甚是想念"等。

3. 正文

在问候语下另起一行空两格书写，内容主要是询问对方情况，介绍自己的情况，说明写信缘由。如果是复信，则需要先写何时收到来信并回答对方询问事项。正文一般根据内容多少适当分段，一事一段，分段表述。

4. 结束语

正文后一般要另起一段空两格，写结束语，以示书面告别。常用的结束语可以是"此致敬礼"，也可以是一些表示敬意或祝愿的话。祝颂语可根据双方关系的不同及信件内容进行恰当的选择，如对正文作收束可写"恕不详叙，望早日面谈"，一般祝颂语写"祝身体健康""祝工作顺利"，如需回复写"临书翘企，静候佳音"，等等。

在格式上，"此致"和祝颂语中的"祝"字在正文下另起一行空两格书写，不加标点，"敬礼"和祝颂语中的祝词如"身体健康"再另起一行顶格书写，可加感叹号。祝颂语也可在正文后另起一行空两格直接书写，如"祝学业有成！"，不需分两行。

5. 落款

在结束语后，另起一行在右下方，信文的结尾要写上写信者的称谓、姓名；再另起一行，在署名下方书写写信的具体时间。署名也视关系亲疏而定，关系亲近的可署小名和表示辈分的词，写给比较陌生的人要署上全名。署名后可加敬语，如“白”“启”“上”等。对长辈可用“敬禀”“叩上”“拜禀”“谨上”“敬启”，对平辈可用“顿首”“拜启”，复信可用“谨复”“手复”，等等。

中国传统文化中保留了大量古雅、凝练的称谓语、祝颂语和信末启禀语，灵活使用这些祝颂语能让书信显得典雅、文化气息浓厚，详见下表。

古代书信常用称谓语、祝颂语及信末启禀语

信首称谓语	祝颂语	信末启禀语
下：膝下（子女对父母），阁下（敬对高级官员），麾下（敬对军队将帅），足下（敬对上辈或同辈）。	写给长辈可用“敬颂（崇颂、敬请、恭扣）颐安（金安、崇祺）”。	字。尊亲属对子侄，如父字、母字。
座：懿座（敬对长辈妇女），钧座（敬对仕宦）。	写给平辈可用“顺颂（顺致）学安（近祺、时绥等）”。	示。对晚辈和下属。
右：座右（敬对师长），砚右（同学间）。	写给晚辈用“即颂日安（文安）”。	谕。对晚辈或上属。如披读钧谕，盥诵瀚谕。
席：讲席、道席、教席（敬对老师或前辈），撰席、著席（敬对从事笔墨生涯的）。	写给老师的祝颂语可用“敬颂教安（铎安）”。	上，进献的意思。
鉴：鉴（对晚辈或很亲密的同辈），赐鉴、台鉴、惠鉴（对上级、长辈），钧鉴（ 对上级，长辈。比较庄重），勋鉴（ 收信人地位较高），道鉴（凡尊对方学问高深），礼鉴（ 收信人居丧）。	商界往来多用“顺颂商祺”“顺致财安”。	叩。对长辈。
览：览（同鉴，较轻），青览（姻长或世交前辈给晚辈或给交情深厚的朋友），此外还有披览，手览。	知识分子多用“顺颂文安（编安、文祺）”。	叩禀、拜禀、跪禀、肃禀。
悉：知悉、览悉、收悉、奉悉、阅悉等。	根据季节使用不同的祝颂语，春季用春安、春祺，夏季用夏安、暑安，秋季用秋安、秋祺，冬季用冬安、炉安等。	谨禀、百叩、谨上、恭上、匍叩。
其他：执事（敬对对方，意为不敢直陈），有道（敬对有德才的人），函丈（敬对老师或前辈），手足（兄弟）等。		

（二）信封的结构和写法

和现代的书写格式一致，如今标准信封的书写也是横写，行序是从上到下，字序是从左到右。信封书写分为三块：顶、中、底。在顶端的左上角将收信人邮编的数字分别填写在框格中，右上角贴邮票；信封的中端一般有行线，上方写收信人的详细地址，中间书写收信人姓名，下方是发信人地址和姓名；在底端将发信人邮编的数字分别填写在框格中。标准信封样式见下图。

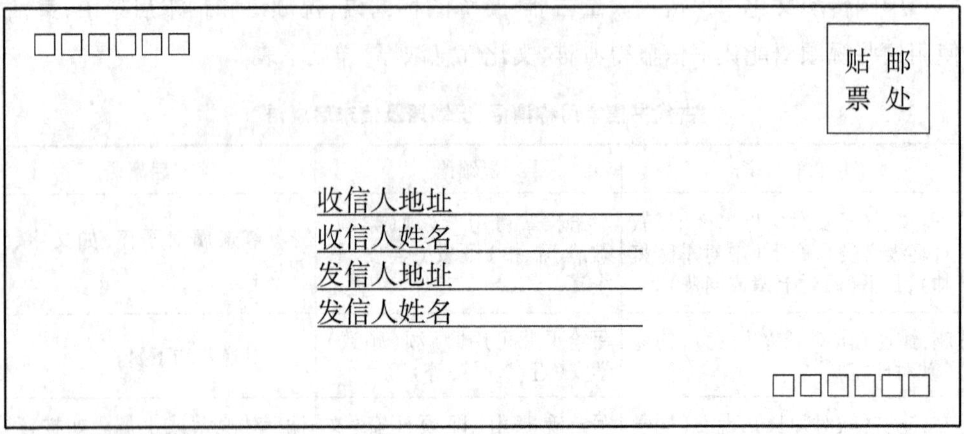

［**病例分析**］

父母亲：

爸爸妈妈，您们好，转眼我来学校半个多月了，我是特别想念你们，你们想我了没有？爸爸生意怎么样，赚钱多吗，你们吃得怎么样。妈，你的麻将少打打吧，省点钱救救你可怜的儿子吧！儿子现在学校情况很糟糕，生病啦，你们生病没有？更主要问题是没有钱花啊，吃不好，穿不暖，没钱打游戏了。等你收到这封信的时候正是儿子饥寒交迫的时候。您们千万记得：一看到这封信就给我汇人民币。

最最爱您们的儿子

分析：

1. 这是一封向父母要生活费的书信，亲情色彩很淡，没有体现出对父母的真切关心，一味诉苦、要钱。

2. 格式不规范，结构不完整，没有做到一事一段，没有结束语、祝颂语，也没有在正文右下方的落款中署名和写上日期。称谓没有顶格书写，正文书写没有做到空两格。

3. 称谓没有用敬语，称谓已有“父母亲”，正文开头不应再写“爸爸妈妈”。

4. 问候语应该是“你们好”，没有“您们”这种称呼。

5. 语言组织随便，语句不通，标点符号错用。

补充：电子邮件　短信

曾几何时，由于纸张的推广普及，书信作为交流方式得到了空前的发展；而今，随着时代的进步、通讯技术等的发展，伴随电脑、手机的普及，电子邮件、短信息业务成了新时代的宠儿，如今已经俨然承担起了日常交流的主要任务。无疑，电邮、短信正在逐渐取代传统书信在人们交流信息、沟通感情中的主导地位。

（一）电子邮件

电子邮件具有一定的格式。以目前世界上广泛应用的国际互联网络 Internet 的电子邮件格式为例，它由三部分组成：信头、信体和签名区。

收信人邮件地址：一般信头是邮件的收信人的电子邮箱，电子邮件可以同时发给若干人。

邮件的主题词：以简短的语句概括本次邮件的主要事项或目的。

信件内容：以和普通信文一样的格式书写。除此之外，在电子邮件里可以进行排版，可插入表情、图片、音乐等，可以进行邮件紧急与否、加密级别、是否需要收信回执、定时发信等设置。

正文之外，可以添加附件。

发件人的电邮地址和签名、日期：发件人的邮箱会在邮件到达收信人处时自动显示，签名设置后也会在每一次发送邮件的时候自动显示。因为电子邮件有自动显示邮件发送时间的功能，因此信文正文结束后在签名下方写“即日”“即时”即可。

（二）短信息

短信息是人们通过手机、电脑等客户端发送、接收的即时信息，因“短”而得名，是书信家族中的新生儿。严格来说它称不上是书信，短信区别于传统书信的特点除了篇幅短小外，发送内容往往也比较随意，格式不严谨，基本没有固定格式。尤其是亲朋好友之间，往往没有称谓语、问候语、结束语、署名及日期等。但是对于特定时间、特定的人而言，特殊场合要郑重其事，仍然要注意内容和格式，以示尊重，带有敬语的称谓、问候语和署名还是必要的。而发给自己联系相对不多的人更要署名。比如，在教师节给老师发送信息就应该先写称谓语，并在称谓前加敬语，然后写祝福问候的信息内容，最后署上自己的名字。

［**牛刀小试**］

1. 按照书信的一般格式，给自己的家人、同学或师友写一封情文并茂的书信。

2. 修改下面的这封书信。

老爸、老妈：

先申明一下，我想你们了。我在这里一切都好，你们不用担心，我已经长大了。

如果没钱我会告诉你们的。所以不用担心我。

完了,88了。

敬祝

此致 敬礼

女儿

第二节　证明信　介绍信

[**基础知识**]

证明信是机关、团体、单位或个人开具的证明某人身份、经历或某件事实的一种专用书信。

介绍信是由派出人员持有的由机关、团体、单位等开具的介绍其到其他单位公干的一种专用信函。

由其担负的责任重大所决定,介绍信和证明信都应该具备以下特点:一是材料要真实可靠;二是内容要简洁明了;三是按照规定书写(或打印),书写工整,不得擅自涂改。

介绍信和证明信都具有凭证的作用,要求内容必须真实可信,写作结构基本相同,但证明信可由单位开具也可由个人开具,主要起到证明真实性的作用,客观上可起到协办事务的作用,事务可公可私;而介绍信一般由单位开具,所起作用主要是介绍派出人员到其他单位办事,其事务基本是公务,所以又称为介绍函。

[**例文导读**]

例文:

介绍信

××公司:

兹介绍我公司×××等人前往贵处商洽×××事宜,请予以接洽。

(有效期×天)

此致

敬礼

×××公司(盖章)

×年×月×日

点评:标题以文种命名,称谓顶格书写,正文前空两格,正文简洁明了,标明有限期限,结尾、祝颂语完备齐全,落款靠右下方书写,单位盖章。

[**写法指南**]

介绍信和证明信无论其是否带存根，无论是手写还是印刷，都应该具备标题、称呼、正文、结束语、落款这几部分内容。

二者写法基本相同，但也有所不同，我们在这里把二者写法进行对照。

类别 写作结构	介绍信	证明信
标题	首行居中，字体稍大，书写“介绍信”，可在文种前写明单位，如“××单位介绍信”。	首行居中，字体稍大，书写“证明信”“证明”，也可在文种前写明所要证明的事项，如“关于××的证明”，有的还加上开具证明的单位名称。
称谓	标题下顶格书写收信单位或个人，后面加冒号。单位名称一般使用全称。	标题下顶格书写收信单位或个人，后面加冒号。单位名称一般使用全称。
正文	称呼下另起一行空两格书写，写明所要介绍的办事人员的情况、委派事项及对对方协作商办、接洽的要求和希望。	称呼下另起一行空两格书写，写明所要证明的具体事项。
结语	另起一段，书写“此致敬礼”或其他表示祝福和敬意的话。	另起一段，书写“特此证明”。
落款	结语后另起一行，靠右书写开具介绍信的单位名称和开具日期，并加盖公章。	结语后另起一行，靠右书写开具证明信的单位或个人名称和开具日期，属于单位的要加盖公章。
常用语	常用语有“兹（现、今）介绍”“请接洽”“请协办”等。	常用语有“兹证明”“特此证明”“上述情况属实”等。

[**病例分析**]

证　明　信

证明：吴晓明等为我校学生会同学，前去你单位做志愿者活动，请多帮忙。

××学校

点评：这则证明信存在以下问题：

1. 没有称谓，正文应空两格书写。

2. 正文交代不详。

3. 开头语、结束语应用程式化语。

4. 落款应有盖章、日期，靠右下方书写。

可修改如下：

证 明 信

××革命烈士陵园：

兹有我校学生会吴晓明等带领部分同学前去贵园开展志愿者活动，请予接洽。

此致

敬礼！

××学校（盖章）

20××年×月×日

［**牛刀小试**］

1. 请说明证明信与介绍信的异同。

2. 新扬科技公司将要派技术员王飞去市科技局参加骨干培训，请给他写一封介绍信。

第三节 表扬信 感谢信

［**基础知识**］

1. 适用范围

以书信的形式对先进个人或单位值得学习、发扬的思想、事迹等进行表扬和感谢，发信者与发信对象可以是个人，也可以是集体。

2. 特点

（1）形式上的公开宣传性。因为表扬信和感谢信都是对正面人物或事迹进行肯定、赞扬和感谢，希望得以引起注意，号召人们广泛学习，因此一般都以公开的形式发表。有的表扬信或感谢信发给单位，或张贴在其单位的公共场所，或刊载在网站上，还可以发给报刊、广播、电视等媒体，以对社会风气进行正面的引导。

（2）材料上的客观真实性。信中所述事实必须真实、客观、可信，不能夸大其词，要强调用事实说话。

（3）内容上的具体性。在写作上应该将先进个人或单位及其事迹的具体情况叙述清楚，以便让公众了解事情的来龙去脉，增加感染力。

（4）情感上的正面性。因为是肯定、表彰先进，因此感情上要求诚恳真挚，要真心实意地赞扬、感谢，使人受到感动、鼓舞。

3. 表扬信与感谢信的同异

相同之处：发信者与事实明确具体，发信对象广泛、公开；主要内容和表达感情基本一致，都是赞扬先进、表达感谢、号召学习，二者兼有表扬和感谢之情；写作格式和内容基本相同(下文详述)。

不同之处:表扬信以表扬为主,兼带感谢,在写法上重在赞扬和恰当评价;感谢信以感谢为主,兼带表扬,写法上重在表示感谢。感谢信的作者是受到先进个人或单位帮助的受益者,表扬信的作者则不一定是切身相关者;感情色彩上,因为感谢信的写信人对所述事件有亲身体会,所以感情更细致浓厚。

[**例文导读**]

例文1:

对苏×同学拾金不昧精神的表扬信

尊敬的××高等职业技术学校各位领导、老师们:

20××年4月×日,我在出差时不慎将钱包丢失,钱包内装有2000余元现金,另有银行卡及其他有价票证等物品。发现钱包遗失后,我万分着急,这些东西丢失不仅牵涉到我个人的经济损失,还会给单位带来工作上的麻烦。沿途往返几次寻找钱包无果,绝望之际,我接到了××高职校的电话。原来是贵校苏×同学捡到后直接交给了老师,后在包内找到了我的手机号码联系上了我,从而使我和单位避免了巨大损失。我对苏×同学万分感激,更让我感动的是当我掏出一部分钱来想向他略表谢意时,他婉言谢绝了。

苏×同学这种拾金不昧的精神体现了我们中华民族的传统美德,他的这种高尚行为值得我们每一个人学习。特写信向贵校建议,请贵校领导把苏×同学的事迹广为宣传,予以表彰。使广大学生以苏×同学为榜样,将雷锋精神发扬光大。

此致

敬礼

张××

20××年×月×日

点评:

1. 这封表扬信发给受表扬者单位领导,格式正确,标题首行居中书写,由要表扬人物姓名、事由、文种组成,称谓有敬语,顶格写,最后以常见祝颂语结束,落款靠右下方书写。

2. 这封表扬信正文虽短,但简洁明了,层次清晰,第一部分简述丢失钱物的时间、地点和心态,接后简叙苏×同学拾金不昧的表现。第二部分适当评析,并作简要评论,颂扬和评价对方的高尚品德,指出其重大意义,建议其所在学校对其进行表扬。

3. 全文格式规范,语言简练,情感真挚,值得借鉴。

例文 2:

感 谢 信

国家烟草专卖局、中国烟草总公司:

5 月 12 日 14 时 28 分,我省汶川县发生里氏 7.8 级强烈地震,人民群众生命财产遭受严重损失。在抗震救灾的关键时刻,国家烟草专卖局、中国烟草总公司发扬“一方有难、八方支援”的精神,发来慰问信并捐助现金 5000 万元。这是对灾区人民的热忱关心和真诚关怀,充分体现了你们对四川的深情厚谊,必将极大地鼓舞灾区干部群众奋力抗震救灾。在此,谨代表灾区人民及全省各族人民向你们表示衷心的感谢!

目前我省灾区仍余震不断,受灾范围和灾害损失仍在扩大,救灾抢险和灾后重建、恢复生产任务艰巨。但我们坚信,在党中央、国务院的坚强领导和亲切关怀下,在中央国家机关(单位)和兄弟省(区、市)的大力支持下,在全社会各方面的共同努力下,我们一定能够夺取抗震救灾工作的全面胜利!

中共四川省委

四川省人民政府

2008 年 5 月 14 日

点评:

1. 这是一份省政府单位发给烟草公司的感谢信,这份感谢信格式正确,标题直接以文种命名,称谓顶格书写,正文空两格书写,落款包括两项:发信单位、日期,靠右下方书写。

2. 首先交代要感谢的事由,概括叙述对方给予的帮助、支援和重大意义,并表示谢意,语言简洁。

3. 最后结语表明战胜困难的决心。

4. 综观信文,行文简洁流畅,结构严谨,感情色彩强烈,语言明了畅达。

[**写法指南**]

表扬信和感谢信结构和写法上比较接近,但侧重点略有不同。

写作结构＼类别	表扬信	感谢信
标题	首行居中书写文种“表扬信”，字体稍大。	首行居中书写文种“感谢信”，字体稍大。
称谓	标题下另起一行顶格写收信个人姓名或单位名称。写给个人的在姓名后应加表示敬意的称谓语，如“先生”“女士”等。有的表扬信不写称谓语。	标题下另起一行顶格写收信个人姓名或单位名称。写给个人的在姓名后应加表示敬意的称谓语，如“先生”“女士”等。
正文	称谓下另起一行空两格书写，交代要表扬的人或单位于何时何地有何先进事迹，叙述要客观、翔实、简洁，并对该事迹进行分析，给出恰当评论，阐明其意义、影响等。	称谓下另起一行空两格书写，交代要感谢的人或单位于何时何地对己方有何关怀、帮助、支援等，叙述要客观、翔实、简洁，赞扬对方的先进思想、品德及其带给自己的影响，并表达对感谢对象或单位的感激之情，最后也可表明学习的决心或提出对其表彰的希望。
结语	一般用“此致敬礼”收束正文。	一般在正文后用“此致敬礼”收束正文，也可以表示谢意的话结束。
落款	署名（全名或全称）及成文日期。	署名（全名或全称）及成文日期。
结尾常用语	“值得学习”“深受感动”等。	“谨表谢意”“请接受我最诚挚的谢意”等。

［**病例分析**］

感 谢 信

××公交公司：

3月3日下午，我公司经理李××乘坐贵公司××路公交车时，不慎将皮包丢失。内有人民币××余元、有效证件若干、支票及各种票据若干张。在我们焦急万分之时，贵公司司机×××先生主动将捡到的皮包送至我公司，使我公司避免了一次重大损失。为此，我们再三表示感谢，并拿出1万元作为酬谢，×××先生却说“这是我应当做的”，表示不能接受。在此特致函贵公司，深表谢意。

××××公司

二〇〇五年五月六日

分析：本文的毛病如下：

1. 不明确究竟是对公司还是司机深表谢意。

2. 没有对对方的品德作出评价和颂扬；缺少表示向×××先生学习的态度和决心的文字。

3. 缺写结语“此致敬礼!”。

4. 书写格式上,称谓应该在标题下一行顶格书写。

[**牛刀小试**]

1. 说说表扬信和感谢信在写法上有何异同。

2. ×老师于2012年4月24日于四望亭路段丢失一个钱包,内有证件、银行卡和人民币若干,王女士捡到后通过多方查找,终于通过超市会员卡找到了×老师的电话号码联系上了×老师,将失物奉还。请以×老师学生的身份给王女士写一封感谢信。

要求:格式规范,符合感谢信写作要求,语言简练,注意礼节性和结构层次安排。

第四节 迎送致辞类文书

[**基础知识**]

1. 适用范围

迎送致辞类文书通常都是单位领导出席重要社交礼仪活动时所用,是在机关、团体、企事业单位重大节日、开业典礼、重要纪念性会议或活动等社交礼仪场合主客双方为了表达欢迎、欢送、答谢、祝福等意愿而使用的一种社交礼仪讲话。

2. 特点

(1) 形式上具有礼仪性。此类文书是在特定场合使用的文书,根据不同的场合要使用特定用语,要特别注意礼貌、礼节,称呼用尊称,表达要委婉,措辞要谨慎,用语要准确、热情。

(2) 感情上具有亲和力。因为要向对方表达欢迎或欢送、祝福、希望等意愿,所以要感情饱满、诚挚热情,要具有感染力和亲和力,要能够使在场的人都能有宾至如归的感觉。

(3) 体制上简短明了。致辞作为社交礼仪活动的序曲,必须简洁明了,不能长篇大论,使人感觉乏味。

(4) 语言上文白贯通。迎送致辞类文书因为是在社交礼仪场合使用的,因此语言应该优雅得体、庄重大方,这样的语言能够提升发言人的形象;同时,因为是在现场当面向宾客口头表达应用的,所以口语化也是必然要求,要求在遣词用句上要运用简洁又富有生活情趣的语言,拉近主人同来宾的关系,营造和谐亲切的氛围。

3. 种类

主要包括欢迎词、欢送词、祝酒词、答谢词、祝贺词等。

欢迎词/欢送词是主人在迎接/送别宾客的仪式或宴会上向宾客表示欢迎/欢送的致辞类讲话稿。

祝酒词是在宴会上使用的，或者是主人表示欢迎或欢送、问候之辞，或者是宾客表达感谢、祝愿之意，有时（宴会场合）可以和欢迎词互用。

答谢词是受到礼遇一方在欢迎或欢送仪式、喜庆宴会、授奖大会、礼仪交往等场合向主人的欢迎或欢送、迎接、接待和对自己的帮助等表示感谢时使用的致辞类讲话稿。

祝贺词又称贺词，祝词，是在特定场合对人或事表示美好祝愿的公关礼仪文书，按照使用场合和内容的不同，又可以分为寿诞祝贺词、节日祝贺词、事业祝贺词、婚姻祝贺词等。

［**例文导读**］

例文 1：

在欢迎出席北京奥运会闭幕式国际贵宾宴会上的祝酒辞

（2008 年 8 月 24 日）

中华人民共和国主席　胡锦涛

尊敬的国际奥委会主席罗格先生，尊敬的国际奥委会名誉主席萨马兰奇先生，尊敬的各位国家元首、政府首脑、王室代表，女士们，先生们，朋友们：

从 8 月 8 日到今天，我们共同度过了一段激动人心的美好时光。今晚，北京奥运会将圆满落下帷幕。在这里，我谨代表中国政府和人民，对各位嘉宾莅临北京奥运会闭幕式，表示热烈的欢迎！对国际奥委会和国际奥林匹克大家庭为北京奥运会成功举办提供的支持和帮助，表示诚挚的谢意！对各国各地区运动员在北京奥运会上取得的优异成绩，表示衷心的祝贺！

北京奥运会开幕以来，来自世界五大洲的朋友相聚北京，共同感受国际奥林匹克运动的魅力。各国各地区运动员牢记更快、更高、更强的格言，奋勇拼搏，公平竞争，挑战自我，体现了高超的竞技水平和良好的体育精神。中国人民以极大的热情欢迎各方嘉宾，同世界各国人民共享欢乐和喜悦。北京奥运会弘扬了团结、友谊、和平的奥林匹克精神，成为世界各国人民共同见证和参与的国际体育竞赛和文化交流的盛会。

北京奥运会的成功，是中国人民和世界各国人民共同努力的结果。荣誉属于国际奥林匹克大家庭，属于在比赛场上奋勇争先的运动员，属于来自世界各地的志愿者,属于以各种方式参与北京奥运会的五大洲朋友。

北京奥运会的举办,将更加有力地促进中国体育事业向前发展,将更加广泛地促进中国同国际奥林匹克大家庭的交流合作,将更加深入地促进中国人民同世界各国人民的相互了解和友谊。

女士们、先生们、朋友们!

再过几天,北京残奥会即将开幕。我们将按照两个奥运同样精彩的要求,努力举办一届高水平、有特色的残奥会,继续为推动国际奥林匹克运动发展作出贡献。

我相信,在世界各国人民共同努力下,奥林匹克精神将得到进一步弘扬,人类的未来将更加美好!

让我们共同期待4年后在伦敦再次相聚!

现在,我提议:

为奥林匹克运动蓬勃发展,

为世界各国人民团结和友谊不断加强,

为各位嘉宾的健康,

干杯!

点评:这是胡锦涛主席在欢迎出席北京奥运会闭幕式国际贵宾宴会上的祝酒词,热情洋溢,友好诚挚。题目由场合和文种组成,致辞日期和作者写在题目的下方,称谓做到了点面结合,层次分明。

致辞正文的开头,先对宴会缘由作了交代,对相关与会者分别表示了欢迎、感谢和祝贺。在正文主体部分对本次奥运会开展情况进行了简要的回顾和评价,对北京奥运会成功举办的重要意义和影响进行了概括的评论,并对不久的残奥会的举行进行展望。结尾展望未来,表达了重聚的良好愿望并祝酒。

例文2:

加拿大淡水鱼研究所所长的答谢词

女士们,先生们:

我荣幸地代表来自世界各地21个不同国家的科学家,在这里答谢陈教授刚才热情洋溢的欢迎词。

使我感到特别荣幸的是我能代表所有参加此次国际会议的外宾讲话,因为这是我们第一次有幸在中国参加这一学术会议。

我感谢大会组织委员会对我们的邀请,感谢他们为这次会议的准备工作所付出的辛勤劳动和心血。我们刚到武汉不久,但大会的计划组织工作已给我们留下了深刻的印象。我们同时也感谢中国主人对我们的盛情厚意。

科学是不分国界的，科学使我们走到一起。我希望今后几天的接触交流使我们大家感到满意。看到这样盛大的国际聚会，我感到愉快，我向参加今天会议的所有人员表示祝贺。我相信他们的研究工作达到了本领域的高水平。

陈教授，谢谢你热情的欢迎词，同时也感谢你们埋头苦干的组织委员会。此外，我们还要感谢武汉市政府和人民，因为他们为我们在这里过得愉快和留下深刻的印象已经做了并且还在做大量的工作。

谢谢！

点评：

该篇答谢词照应之前的欢迎词，针对性强，注重礼仪性，营造了诚挚友好的氛围，语言简洁自然。开头首先对自己代表谁、向谁表示感谢作了交代，并表明了自己的感受。主体部分就对方对自己的邀请、接待和深厚情意表示感谢，对与会人员表示祝贺，对将要开展的会议表示了期待。结尾再次致谢，对致欢迎词者及其组委会，对当地政府和人民表示感谢。

例文3：

在欢送×××同志、×××同志退休宴会上的欢送词

尊敬的×老师、×老师，同志们：

大家晚上好！

在春节即将来临之际，我们欢聚一堂，共同欢送×××、×××两位同志光荣退休。首先请允许我代表××局全体同仁向二位同志光荣退休表示衷心的祝贺，并送上最真挚、最美好的祝福，祝愿×××、×××二位退休以后生活幸福美满，健康如意，希望二位老同志“老骥伏枥，退休续谱夕阳曲；苍松傲雪，余生再唱春牛歌”。同时，借此机会，局全体干部职工一起把酒言欢，总结硕果累累的20××年，振奋精神，迎接充满希望的20××年。

×××、×××二位同志几十年如一日，勤勤恳恳、默默无闻、兢兢业业地在××业战线上辛勤耕耘，多年来与同志们风雨同舟，爱岗敬业、任劳任怨、胸怀全局、忘我工作，把自己的青春和力量无私地奉献给了××××事业，给我们做出了表率，是大家学习的榜样。在此，让我们以热烈的掌声向二位老同志表示崇高的敬意和衷心的感谢！

20××年，全局在局党委的领导下，我们克艰攻难，开拓创新，争创一流，取得了可喜、骄人的成绩，这是全局上下团结拼搏、艰苦奋斗的结果。在此，我代表××局班子向全体同仁一年来的辛勤工作、努力付出表示衷心的感谢！希望大家在新的一年里团结拼搏、锐意进取，共谋××××业发展大计！

最后，给大家拜个早年，祝大家龙年龙腾四海，龙马精神，阖家欢乐，万事如意。

现在，我提议各位共同举杯，让我们开怀畅饮，随后我们载歌载舞，共度良宵！

谢谢大家！

点评：这是一篇欢送两位老同志退休的祝酒致辞，在对二人表示欢送的同时，也借节日之际向参加晚宴的人们表示了祝福。题目由致辞场合和文种组成，称谓重点突出而全面。正文的开头部分简短问候了参加晚宴的人员并说明致辞缘由，并对退休的两位同志和其他在场者表示祝福。在正文主体部分对两位老同志在职期间的工作、表现进行了概述，作出评价和感谢，对局工作进行概括评述。结语部分，对在场者表示感谢，表达希望，最后祝福并祝酒。全篇欢送词结构完整，情感真挚、热烈。

［**写法指南**］

1. 标题

标题一般由致辞人、场合和文种组成。在写作标题时可以直接以文种命名，如“欢迎词”“欢送词”“答谢词”等；也可以文种结合致辞场合等命名，如“在欢迎××代表团大会上的欢迎词”“×××在×××国际研讨会上的祝酒词”。

2. 称谓

与书信写法相似，顶格写对出席者的称呼。称谓要有敬辞并写全称，如“尊敬的总理阁下”“尊敬的××市代表团朋友们”等。称呼中要注意包含所有来宾，因此，在写作前要调查清楚来宾的具体情况，做到既要准确，又要全面。层级称呼要先宾后主、先主宾后次宾、先上级后下级、先长后幼。

3. 正文

一般由三部分组成：开头、主体、结语。不同种类的致辞具体内容的安排有所不同。开头和结尾往往使用模式化的常用语，如开头常用“我谨代表××向你们表示……”，结尾常用祝颂语“祝各位身体健康、精神愉快”“为我们的友谊干杯”“预祝朋友们访问获得圆满成功”等。

（1）欢迎词的开头一般是致辞人对自己和来宾作简要介绍，对对方的到来表示热忱的欢迎和诚挚的问候；主体部分说明会议、活动、来访的目的、意义、作用等，也可回顾双方交往的历史、所取得的成就等；结尾可再次对来宾表示欢迎，并表达对对方将要展开的活动的美好祝愿。

（2）欢送词的开头多表达对对方离开的不舍之情和深情祝福；如果致辞是针对访问、调查等的，主体部分一般是回顾并阐述对方来访活动及双方合作共处中取得的成就，如果是针对某个人或集体离开现位置前往新的环境工作或学习的，则要对被欢送的对象的工作、学习等方面及双方情谊作回顾，对对方进入新的环境工作或学习说明其意义，表达祝福；结尾部分表达惜别之情和期待重聚的愿望，并对对方的离开表示美好祝愿。

（3）答谢词的开头重在吐露心声、表达对对方的感谢；主体部分一般概括叙述双方的交往和友谊，重点落在对方给予的支持、帮助、款待上；结尾再次表示感谢，并表示美好祝愿。

（4）祝词开头要交代祝颂缘由；主体部分说明所要祝贺事项/人物的内容、目的、意义/成绩等；结尾表示祝愿，提出鼓励或希望等。

4. 落款

致辞结束后，署上致辞单位名称，致辞人身份、姓名，最后书写成文日期。形式基本同书信。

［**病例分析**］

答　谢　词

各位亲朋好友、先生们、女士们：今天我无比的快乐，更无比地难忘。今天是我爷爷80岁生日，我们的长辈、亲戚、朋友百忙中远道而来，给今天带来了欢乐、喜悦，带来了真诚的祝福。

借此机会，我还要真诚地感谢我的爸爸。我亲爱的爸爸，他把我养育成人。

各位，请大家与我们一起分享这幸福快乐的夜晚。

分析：这篇答谢词存在以下问题：

1. 书写格式不正确。题目应该首行居中书写；称谓应该顶格书写；正文在称谓下另起一行空两格，而不是紧接在称谓后书写。

2. 表达重点不明。致辞中没有表达对来宾的谢意，却主要是在表达自己的快乐。另外，这是为爷爷的寿宴所作的答谢词，第二段却又转移到感谢爸爸上，重点不明。结束语也不恰当，应该再次表示感谢、祝福，并进行祝酒。

［**牛刀小试**］

1. 欢迎词、欢送词、答谢词与祝词在写作侧重点上有哪些不同？

2. 指出下面这篇祝酒词存在的问题。

生日宴会祝酒词

各位来宾，亲朋好友们：

你们好！

今天是2012年3月4日，春秋交替，岁月轮回。今天我们欢聚一堂，和我的爷爷共度他的七十大寿。在此，请允许我代表全家人感谢各位亲朋好友及来宾的到来，并以我个人的名义，代表晚辈向爷爷奶奶致以最真诚、最温馨的祝福，祝我的爷爷奶奶福如东海,寿比南山!爷爷奶奶一生中积累的财富最多的就是他们那勤劳善良的品格,他们那宽厚待人的处世之道。这些,伴随他们经历了坎坷岁月,更伴随他们迎来了今天晚年的幸福生活。今天这里高朋满座,让我们一起来祝愿我的爷爷生活之树常青,生命之水长流。最后祝在座的各位身体健康、工作顺利、万事如意!谢谢大家!

3. 菁菁校园,每一年,有新生走进,同时,又有无数学子走出,踏上新的岗位。请你以在校生的身份写一份欢迎新生的致辞或欢送毕业生的致辞。

要求感情真挚,格式规范,语言简练,符合欢迎词或欢送词写作的要求。字数300字左右。

第五节 贺吊慰问信函

[**基础知识**]

1. 适用范围

机关、团体、单位和个人均可使用,在友好单位或个人遇有喜庆、灾忧时对对方表示祝贺、慰问、悼念时使用,如当对方取得重大成就、突出成绩,作出重大贡献或遭遇天灾人祸、意外损失时可发贺吊慰问信表示祝贺或慰问。

2. 特点

(1) 及时性。无论贺喜、祝愿还是哀悼,都应该在当时及时写信表达关心,如果过时再写则毫无意义。

(2) 感情色彩单一强烈。贺吊慰问信函往往只表示一种感情,无论向对方表达祝贺还是哀悼、慰问,感情都应该真挚朴实。在对方喜庆之时表示祝贺、问候,感情真挚饱满,使人感到褒奖、受到鼓舞;在对方悲痛之时表达哀悼和慰问,感情诚挚朴实,使人感受到发自内心的悲痛,同时得到劝慰。

(3) 格式程式化。作为礼仪场合的专用书信,受行文格式的限制,在起承转合上,贺信、唁信都有很强的程式性。

(4) 语言文雅简洁。贺吊慰问信函用语倾向于书面化,常使用古语词,如贺信中的“欣闻”、唁信中的“惊悉”、唁电中的“肃此电达”等几乎成为其所属文种固定的表达用语。

3. 种类

按照使用意愿及场合性质的不同,贺吊慰问信函主要分为三类:表达祝贺、祝福意愿的贺信(电),表达悼念、慰问意愿的唁信(电),表达感谢慰问的慰问信。

贺信(电)是在友好单位或个人在某一方面取得重大成就或突出成绩时表示

祝愿、祝福、庆贺、赞扬、表彰，对某项任务、工程完成，会议召开及庆典活动、重大节日等表示问候、祝贺而使用的礼仪类书信。以电报形式发出的贺信称为贺电。

唁信又称吊唁函电，一般是指个人或机关、单位、团体哀悼逝者、慰问逝者家属的信函，属于礼仪类书信。以电报形式发出的唁信称为唁电。

慰问信是有关机关或者个人，以组织或个人的名义，在他人处于特殊情况下（如战争、自然灾害、事故），或在节假日，向对方表示慰问、关心和鼓励的礼仪类信函。根据表达意愿的不同，慰问信可以分为表彰性慰问（表彰先进）、同情性慰问（慰问灾难）和祝贺性慰问（祝贺节日）等。

［**例文导读**］

例文1：

中共中央　国务院　中央军委
对神舟六号载人航天飞行成功的贺电

总装备部、国防科工委、中国科学院、中国航天科技集团公司并参加神舟六号载人航天飞行任务的全体同志：

值此神舟六号载人航天飞行获得圆满成功之际，中共中央、国务院、中央军委特向担任这次飞行任务的英雄航天员，向所有参加这次任务的广大科技工作者、干部职工和解放军指战员，表示热烈的祝贺和亲切的慰问！

神舟六号载人航天飞行的成功，标志着我国在发展载人航天技术、进行有人参与的空间试验活动方面取得了又一个具有里程碑意义的重大胜利。这对于进一步提升我国的国际地位，增强我国的经济实力、科技实力、国防实力和民族凝聚力，鼓舞全国各族人民紧密团结在党中央周围，不断把中国特色社会主义伟大事业推向前进，具有重大而深远的意义。祖国和人民感谢你们！

希望你们在以胡锦涛同志为总书记的党中央领导下，高举邓小平理论和“三个代表”重要思想伟大旗帜，牢固树立和落实科学发展观，大力弘扬载人航天精神，继续发展载人航天技术，积极开发太空资源造福人类，为全面建设小康社会、实现中华民族的伟大复兴，为促进人类和平与发展的崇高事业，努力作出新的更大贡献。

中共中央
国务院
中央军委
2005年10月17日

（新华网北京2005年10月17日电）

点评：这是一份中共中央、国务院、中央军委发给总装备部、国防科工委、中国科学院、中国航天科技集团公司并参加神舟六号载人航天飞行任务的全体同志的贺电。该贺电首先介绍了发本贺电的缘由，并向参加本次任务的单位、个人表示祝贺、慰问；然后对圆满完成的任务的效果、意义、影响给予肯定，并对有关人员表示感谢；最后对参加本次任务的人员给予鼓励，提出希望。这是一封格式规范、结构完整的慰问信。

例文2：

慰 问 信

中共××市委、市人民政府转受灾的县、区委和县、区人民政府：

最近以来，特别是五月二十日凌晨，你市一些县(区)内不少乡镇受到狂风、暴雨、冰雹袭击，给农业生产和人民的生命财产造成了一定的损失，特向你们和受灾群众表示亲切的慰问，向战斗在生产救灾第一线的广大党团员、各级干部、群众和部队指战员致以崇高的敬意。

省委、省政府和全省人民十分关心灾区人民的生活和工农业生产，希望你们发动群众，团结战斗，克服困难，生产自救，重建家园，战胜灾害。

我们坚信，有党中央的正确领导，有优越的社会主义制度，有广大人民群众的努力，有各级政府和有关部门的支持，一定能够克服灾难带来的困难，安排好受灾企业的生产和人民群众的生活，取得抗灾、生产的双胜利，推动工农业生产的大发展。

中共××省委

××省人民政府

××年×月×日

点评：这是一封给受灾区县的慰问信。这封慰问信标题以文种命名，由市委、市政府转给受灾的区县委和人民政府。正文开头先叙述慰问缘由，对相关单位因灾受损表示关怀、慰问，并对抗灾者表示敬意，然后提出希望，表达信心，展望前景。

总体来讲，慰问原因十分明确，感情真挚，使人透过书信能充分地感受到省委、省政府对受灾群众的无限关怀和温暖，表达了对××市委领导广大人民群众众志成城、战胜天灾的高度赞扬。全文具有很强的鼓动性，能够增强广大群众克服困难的勇气和信心。

[**写法指南**]

结构上，贺吊慰问信函都由四部分组成：标题、称谓、正文、落款。

1. 标题

在首行居中书写，字体稍大，内容包括发信单位或个人、收信单位或个人、文种。可以文种命名，如“贺信”“慰问信”等，也可在发信方或收信方中选其中一项或两项与文种组合,如“×××致×××的慰问信”“国务院贺信”“中国文学艺术界联合会致巴金先生治丧委员会唁电”等。

2. 称谓

在标题下另起一行顶格书写,发给个人的要在姓名后加上“同志”“先生”“女士”“夫人”等敬语。

3. 正文

在称谓下另起一行空两格书写,一般由三部分组成:开头、主体、结尾祝颂语。开头常用语有“欣闻”“惊悉”“向你们致以亲切的慰问和崇高的敬意”“致以亲切的问候”等;结尾常用祝颂语有“祝取得更大的成绩”“祝节日愉快”“顺致最美好的祝愿”“肃此电达”“特电慰问”“特持函吊唁”“×××千古”等。

开头主要写明事由与要表达的意愿(祝贺、慰问、吊唁等)。如表示祝贺,一般是先向对方表示热烈祝贺,接着要写清楚祝贺事由(对方取得了什么成绩)和向谁祝贺;吊唁函电开头写因何事向何人表达悼念追思之情;慰问信开头要写明慰问的背景和原因,表达慰问之意。

主体部分说明和阐述要祝贺、慰问、吊唁的具体事项,根据事由与对象的不同,内容和措辞上也有所不同。

贺信(电)主体部分概要叙述对方在哪些方面取得了成绩(成就),并进行恰当分析和正确评价,最后表达对对方的祝贺、赞颂、鼓励和希望。

唁信(电)主体部分写逝者的事迹、对逝者的评价和自己的哀思之情,最后再次表达哀悼,并向亲属表达慰问之意。

慰问信主体部分概述对方的先进事迹及意义,对其表示赞扬、鼓励,或对遭受的灾难和不幸表示慰问,给予鼓励,或在节日之际表达祝贺和问候。最后提出期望和祝愿。

4. 落款

结尾右下方书写发信人单位名称或个人姓名,再另起一行在右下方写上成文日期。

[**病例分析**]

贺　信

××集团专用汽车公司:

我们听说你们公司10月1日要举行50周年活动,所以写这封信以示祝贺,并慰问你们的员工。

你公司自1954年成立以来,制造了无数的汽车,为人民服务,在产量和销量方面都取得了辉煌成绩，为我省的经济发展作出了不可磨灭的贡献。我们向你们表示感谢！

在此我们衷心祝愿你公司为我国专用车事业再创新业绩。

××省经济贸易委员会

二〇××年十月一日

分析：这封贺信存在以下问题：

1. 这封贺信最大的不足在于过于口语化，令人感觉不够庄重。如正文的第一段可以改为“欣闻贵公司10月1日迎来了50华诞，特发此信以示祝贺，并向全体干部职工致以最诚挚的问候和祝贺！”

2. 第二段没有概述该公司50年来的成长之路，也没有对对方公司的业绩进行恰当评价，而结语也让人感觉很仓促。如此一来，祝贺感情不浓，不能给人以诚挚、热情之感。

［**牛刀小试**］

1. 今年5月1日是新锐计算机公司成立十周年纪念日。该公司是一家注重自力更生、艰苦创业的公司，不但在计算机软件开发方面取得了重大成就，而且培养了大批人才。多年来，该公司曾为远扬公司培训了20名技术人员。

试根据以上材料，以远扬公司总经理魏××的名义给新锐计算机公司发一份祝贺对方十周年庆典的贺电。

要求格式规范，语言简练，符合贺信（电）写作的要求。字数不超过300字。

2. ××县20××年×月遭遇了特大洪涝灾害，许多地区被淹。××部队全体干部和战士连夜赶赴灾区，经过十几个日日夜夜的救援，终于使该县战胜了洪涝灾害。请以××县人民政府的名义向该部队全体指战员写一封慰问信。

3. 请分析下面这封唁电的不足之处，并进行修改。

××表姐：

昨天接表哥来信惊闻姑妈日不幸驾崩，不胜震惊。

姑妈心地慈爱，无微不至地呵护你们兄妹。姑妈这么和蔼可亲，到底是得了什么重病呢？为什么不给舅母一个好的治疗呢？以至于让舅母这么快就离我们远去。

但还是希望姐姐顺应突变，注意节哀，以慰姑妈在天之灵。

表妹：××叩上

2006年×月×日

第六节　邀请聘请文书

［基础知识］

1. 概念

邀请聘请文书指单位、团体或个人邀请或聘请有关人员参加各种会议，举行各种典礼、仪式、活动或承担任务、担任职务时为表庄重、正式使用的礼仪性文书，因此它也是聘请有关人员参加某种活动或担任某项工作的凭证。

2. 特点

（1）庄重性。庄重性指既尊重其人又郑重其事。即既表示对被邀请者的尊重，又表示邀请者对此事的郑重态度，要使被邀请者感受到主人的热情与诚意，感到喜悦和亲切。因此，譬如请柬，在款式和装帧设计上特别注重美观、大方、精致，聘书常常以证书形式出现，而且很多时候往往要亲自送达、颁发。

（2）时效性。请柬和邀请函都是要对方在指定时间内到达指定地点的，因此既要在内容里交代清楚对时间的要求，也要在安排发送上保证对方能够提前收到并获知。聘请书也是在限定的时间内所聘职务、职称才有效，过了规定时间，就都失去了各自的作用。

（3）简明性。请柬和聘书都是体制短小的文书，尺幅有限，简洁明了，以简短书信的形式出现；邀请函往往体制相对较长，尤其是有些商务性邀请函内容较复杂，格式采取书信体。无论哪种形式的邀请聘请文书，都要将相关事项交代明白。

（4）格式程式化。请柬、聘书和邀请函都具有自己独特的格式，表现出程式化的特点。

（5）语言得体、畅达。作为社交礼仪、活动中的常用文书，写作邀请聘请文书时使用语言要有礼貌，更要根据所请对象与自己的关系注意措辞的得体和明确畅达。

3. 种类

常用的有请柬、邀请函、聘书等。

请柬又叫请帖，是以信件、名片、帖子等形式发出的邀请有关人员出席或参加活动、宴会等的常用社交礼仪活动文书。

聘书即聘请书，是指聘请有关人员承担任务、担任职务时使用的专用礼仪性文书。

邀请函又叫邀请书、邀请信，是邀请亲朋好友或知名人士、专家及其他有关人员等出席会议、活动、仪式，参加业务洽谈，进行访问和交流时所写的一种礼仪性专用书信。

［**例文导读**］

例文1：

请　柬	尊敬的××先生： 　　敝公司定于2005年6月30日至7月5日8:00—17:00在××大厦×楼大厅举办××贸易洽谈会。恭候光临。 ××××公司 二〇××年×月×日

点评：

这是一封横式请柬。该请柬结构规范、完整，题目以文种命名，单独成为一页作封面，封里则在称谓前、后都加了表敬意的词。正文内容交代详明，时间、地点、事由都很明确。

例文2：

送呈××先生台启：

谨定于

公历二〇××年×月×日

农历二〇××年×月×日

（星期×）

为

×××先生

×××女士

举行结婚典礼，敬备喜筵，恭请光临

席设：××酒店××厅

时间：×月×日×时

新郎×××

新娘×××

敬邀

请柬

点评：这是一封竖式请柬。该请柬结构规范、完整，题目以文种命名，单独成为一页作封面，封里在称谓后加了表敬意的书面语“台启”，表示郑重。正文信息详明，时间、地点、事由都交代得很清楚，表达上使用了书面色彩浓厚的程式化用语，庄重大方，落款后也使用了“敬”字，表现出此类文书的礼仪性特点。

例文3：

聘 书	聘 书 ×××同志： 兹聘请你为第二届××市职业教育教科研中心组成员，聘期自20××年×月×日起至20××年×月×日止。 ××市教育局(盖章) 二〇××年×月×日

点评：这份聘书也可以作为一种证明材料使用，格式规范，结构完整，正文里事由和期限都很明确，采用了程式化的书面用语。

例文4：

"××大学××学院(民办)2012届毕业生招聘会"邀请函

尊敬的用人单位：

为满足新的一年广大用人单位对人才的需求，促进学校、毕业生与用人单位之间的交流与沟通，为各用人单位选择优秀毕业生提供更好的平台，我校定于2012年×月××日举办"××大学××学院(民办)2012届毕业生招聘会"，诚邀贵单位参会选拔人才。现就有关事项函告如下：

一、洽谈会时间

2012年×月××日(星期×)上午9:00—11:00

二、洽谈会地点

××大学××区体育综合馆(××市××区××南路30号)

三、参会对象

各类用人单位，××大学、××大学××学院2012届全体毕业生(专业详见附件1《××大学××学院2012届本科毕业生生源汇总表》)

四、会务安排

1. 会议性质：本次活动为××大学××学院主办，参会毕业生持推荐表复印件免费进场，每家参会单位可预定展位一个(一桌两椅)。

2. 会议规模：限100家用人单位，以预定时间顺序确定参会企业，订满即止。

3. 交通服务：参照附件2《到××大学路线详解》。

4. 餐饮服务：我校在洽谈会当日为招聘代表免费提供中餐(盒饭)和饮用水。

5. 报到布展：参会单位自带海报，请于×月××日(当天)上午8:00—9:00到××大学××校区体育综合馆报到、布展。预定参会的单位如×月××日上午9:30前仍未报到，所预定的展位将被取消，如因特殊原因需要保留，请提前与主办方取得联系。

因参会单位较多,主办方不便安排机场及火车站接送以及订票服务,贵单位如有特别需要请提前与主办方取得联系,我们会尽量提供帮助。

五、参会办法

网络通知:

请参会单位于×月××日下午17:00前,从××大学就业办网站(×××××××)上下载邀请函,详细填写《参会回执》单并附上单位营业执照副本电子扫描件,通过电子邮件发送至:×××@×××.edu.cn或×××@163.com,邮件标题为:"××大学××学院2012招聘会预订"单位名称。

六、咨询联系方式

××大学毕业生就业办公室

电话:×××××××(×老师)×××××××(×老师)

传真:×××××××

七、鸣谢

感谢江苏省高校招生就业指导服务中心、江苏省信息技术人才市场、××市毕业生就业办公室对本次招聘会举办的大力支持和帮助。

南京工业大学毕业生就业办公室

2012年3月28日

附件1《××大学××学院2012届本科毕业生生源汇总表》.doc

附件2《到××大学路线详解》.doc

附件3 参会回执.doc

点评:

1. 由于涉及方面较多,所以这是一封体制相对较长的邀请函。简要介绍了邀请事由后分七个方面详述,为便于对方查看和使用,将相关文件作为附件在落款后提供。

2. 可以看出,这是一篇信息非常详明、令人一目了然的邀请函。格式上,题目采用"邀请单位+邀请事由+文种"的方式;因邀请单位不止一家,因此称谓采用笼统说法,在前面加了表敬意的词语。

3. 正文分为三部分,一是简介发起原因及时间安排,使用了规范的程式化书面语言;二是介绍关于洽谈会时间、洽谈会地点、参会对象、会务安排、参会办法的具体安排及联系方式;三是致谢单位,并附录了毕业生生源汇总表、到校路线和参会回执,非常体贴周到。

［**写法指南**］

1. 标题

一般以文种命名，如“请柬”“聘书”“邀请函”。请柬、聘书的标题往往单独书写作为封面。

2. 称谓

请柬和聘书在封里的第一行、邀请函在标题下一行顶格书写受邀单位名称或个人姓名，姓名后可加职务、职称，如“局长”“教授”或敬语“女士”“先生”等，其后加冒号。

3. 正文

称谓下另起一行空两格书写，交代邀请事项具体信息，包括时间、地点、活动或会议内容、所要承担的任务及期限等，最后还要有结束语。请柬、邀请函往往以“兹定于”“谨定于”等开头，结尾常用语有“敬请届时莅临”“敬请光临指导”“恭候光临”“顺祝”“崇高的敬意”等，聘书开头常用“兹聘请”等，结尾常用“此聘”等。

请柬和聘书都有横式、竖式两种格式。竖式从右到左纵向书写。

4. 落款

另起一行写上邀请、聘请方的姓名或单位名称，再另起一行书写成文日期。聘书在署单位名称的同时还要加盖公章。如果是横式，写在正文右下方，竖式在正文左下方依次书写。

现在市场上销售的请柬、聘书很多都制作精美、样式多样，可供选择，只需将具体信息填写完整就可以了，可以手写，也可以电脑打印，十分方便。而网络销售或自己 DIY 的请柬更是个性鲜明，受到人们的青睐。

［**病例分析**］

请　柬

李明先生：

在你的支持下，我公司生产的电脑在今年全国评比中获奖。现在确定于 2010 年 7 月 8 日 × ×饭店开个庆功会，为你们接风洗尘，请你按时到场！

2010 年 7 月 7 日

分析：

1. 首先，格式不规范。标题应该首行居中书写，称谓要顶格书写，结构上也不完整，缺少署名，正文里则时间、地点都不够明确。

2. 语言完全口语化，不能体现庄重性，应该使用书面化用语。

3. 语气生硬，不具有邀请类文书应有的注重礼仪和诚恳热情的特点。

可这样改写：

请　柬

李明先生：

在您及各方的长期关心和鼎力支持下，敝公司研发的计算机在今年的全国电子产品评比中荣获科技创新奖。

谨定于2010年7月8日12时假座新都饭店315厅举行庆功宴会，恭请光临！

××电脑公司（盖章）

二〇一〇年七月一日

［**牛刀小试**］

1. ××职业技术学校××班学生面临毕业，将要走上工作岗位，他们准备在蓝海锦江宾馆举行一个聚会，要邀请每一位任课教师参加。请代他们写一封邀请函。

要求：感情诚恳，格式规范，语言简练，注意礼节性，符合邀请函写作要求，字数100字左右。

2. 新郎张××、新娘赵××将于20××年×月×日举行结婚典礼，请结合所学，并参考网络知识，代他们制作一份结婚请柬。

第五章

科技文书

科技文书是人们以书面形式记录、再现科学研究、技术活动及其成果的一种应用文体。作为科技领域的专用应用文种，科技文书以科学技术方面的内容为研究和表述对象，反映科学领域内某些现象的特征、本质及规律，用于科学技术的生产、储存、交流、传播、转化和普及。广义的科技文书不仅包括自然科学和工程技术方面的文书，还包括社会科学方面的文书。科学、技术的信息与成果更新换代瞬息万变，科技文书不仅局限于从事科研工作的人员的范围，社会大众也都会在生活中和科技文书打交道，比如商品说明书、科技新闻等。高职高专学生同样与科技文书相关，并且，无论是在校学习专业课程，还是将来走上专业技术之路，都会用到此类应用文文种，科技文书写作是高职高专学生必备的一种能力。

1. 特点

(1) 内容上的科学性。科学性是科技文书的首要特点，科技文书的内容必须真实可信，要能准确反映人类对客观世界及其规律的正确认识，要能够经得起实践的检验。

(2) 对象上的明确性。科技文书的呈现对象一般是专业性的、单一、明确的问题，全文围绕一个明确的论题展开，以提供给人们对该客观对象的正确认识。

(3) 格式上的规范性。和其他应用文文种一样，科技文书具有自己特有的格式。科技应用文包括多种文体，每一专业领域的写作格式也不尽相同，但总体上还是要趋于一体化、规范化。

(4) 表述上的严谨性。因为涉及科学、技术领域，此类应用文在语言表达上也应追求科学、准确，这就要求写作者做到用词要准确、句式要严谨、语言要简洁。有些文种，如科普说明文，为了追求可读性与普及性，还要求作者尽量做到深入浅出，使文章通俗易懂。

2. 种类

按照呈现方式的不同，科技文书分为以下几类：

(1) 情报、信息类。此类应用文主要向人们介绍有关科学技术方面的最新情报和信息。科技情报具有信息密度大、简洁方便、新颖及时等特点,如科技文摘、科技综述、科技述评、科技简报、科技新闻以及科普说明文、产品使用说明书等都具有这些特点。

(2) 学术论文类。据国家标准 GB7713－87《科学技术报告、学位论文和学术论文的编写格式》,“学术论文是某一学术课题在实验性、理论性或观测性上具有新的科学研究成果或创新见解和知识的科学记录;或是某种已知原理应用于实际中取得新进展的科学总结,用以提供学术会议上宣读、交流或讨论;或在学术刊物上发表;或作其他用途的书面文件。学术论文应提供新的科技信息,其内容应有所发现、有所发明、有所创造、有所前进,而不是重复、模仿、抄袭前人的工作”。

(3) 调研报告类。科技报告是对科技领域的某种事物、现象等进行调查、研究从而对其结果或进展作出的记录,又称研究报告、报告文献,是科研工作者通过研究描述研究过程中工作进展情况、报道科学研究成果的一种文体。调研报告类科技文书覆盖科技调查报告、科技考察报告、科技实验报告、可行性研究报告、科研进度(计划、成果等)报告、科研建设书、实践报告等。

此外,广义的科技文书还包括科研领域使用的科技鉴定证书、专利申请、科技合同及其他事务文书。

情报信息类科技文书涵盖范围较广,有的教材将产品说明书归入经济文书(或称为财经文书),将科技新闻、科技文摘归入宣传文书(或称为传播文书),本章对此不详作介绍。结合高职高专院校学生的实际情况,从实用性着眼,本章不作一一罗列,仅对我们使用频率较高的几类作重点介绍。

第一节　实践报告和实训报告

[**基础知识**]

一、实践报告

1. 概念

实践报告是将所学知识运用于实践中,把实践过程及在实践中获得的成果以书面形式记录、描述下来的书面报告。实践报告包括专业实践报告、科技实验报告以及职业学校常见的实训、实习报告等。

2. 特点

实践报告应具有以下特点:

(1) 客观真实性。实践报告要求将所学知识运用到实践中指导实践活动取得的成果。“实践出真知”,实践报告应该如实反映客观实际和过程,要求通过正确的方法得出正确的结论。

（2）理论性。实践报告的主要写作目的是通过分析和综合大量材料,从实践中揭示事物的本质和规律,从而得出正确的结论或成果,因此必须上升到理论的高度。

（3）可重复性。在相同条件下,任何人都可进行相关实践活动并得出同样结论。

3. 格式

（1）标题、署名。可采用公文式标题,如“电子专业实践报告”,也可根据实践内容自由拟定标题,如“社会是熔炉,实践出真知”。题目应该用简短、明确的文字写成,通过标题把实践活动的内容、特点概括出来。题目字数要适当,一般不宜超过20个字。如果有些细节必须放进标题,为避免冗长,可以设副标题,把细节放在副标题里。标题下写明作者及其单位名称。

（2）正文。正文是实践报告的核心内容,是对实践活动的详细表述。这部分内容为作者所要论述的主要事实和观点,包括介绍实践活动的目的、相关背景、时间、地点、人员、调查手段以及对实践活动中得到的结论的详细叙述。

写作上要能够体现解放思想、实事求是、与时俱进的思想路线,要有新观点、新思路;坚持理论联系实际,对实际工作有指导作用和借鉴作用,能提出建设性的意见和建议;报告内容观点鲜明,重点突出,结构合理,条理清晰,文字通畅、精炼。正文一般应包括以下部分:

① 前言。前言又叫引言、引论,一般交代实践课题、时间、地点、目的等。

② 主体。主体也称为本论,主要内容为实践者根据学校要求及个人具体实践情况交代实践项目、经验体会、理性思考、问题和建议等。

③ 结尾。结尾也叫结论,是对实践活动的总结,要求写出作者对实践活动的心得体会。

（3）落款。主要是作者及写作时间。根据实际情况,标题下已署名的可以不再次署名,直接写上报告完成的时间即可。

二、实训报告

实训报告是在学习过程中,学生在教师指导下,通过实训中的观察、分析、综合、判断,如实地把实训的全过程和实验结果等以文字形式记录下来的书面材料。实训报告是对现有理论、事实的检验,主要用于加深学生对知识和技能的理解和认识。

实训报告包含实训目的、实训环境、实训原理、实训过程、实训结果、实训总结等方面的内容,类似于理科课程的实验报告。实训报告具有情报交流的作用和保留资料的作用。

实训报告的书写是一项重要的基本技能，它不仅是对每次实验的总结，更重要的是它可以初步地培养和训练学生的逻辑归纳能力、综合分析能力和文字表达能力，是科学论文写作的基础。因此，参加实训的每位学生，均应及时认真地书写实验报告。实训报告要求内容实事求是、分析全面具体、文字简练通顺、誊写清楚整洁。

［**例文导读**］

例文：

电视机组装与调试实训报告

系部：电子工程系 G0910×班

姓名：王××

学号：0932××××××

指导教师：王××

日期：20××年×月×日

一、实训目的

1. 掌握电视机的基本结构和原理

2. 掌握电视机装配的工艺流程和要求

3. 掌握电视机的基本调试方法

4. 掌握电视机的简单维修技能

二、电视机的基本原理

1. 中夏5.5英寸黑白电视机框图

（图略）

2. 各主要部分的作用

（1）高频头

……

（2）集成块 CD5151 的功能

……

（3）显像管

……

（4）电源电路

……

三、装配步骤

1. 识读原理图、装配图

……

2. 编制元件清单

……

3. 根据元件清单分类包装

……

4. 检测、识别元件

……

5. 查找元件的具体位置、标号

……

四、装配工艺要求

……

五、电视机整机安装

……

六、电视机整机调试

……

七、实训心得体会

在为期一周的电视机原理课程的实训中,我获益匪浅。在思想认识上,我觉得最重要的一点就是要把课本上所学的理论知识与实践相结合,使我们的理解更深刻、更透彻;实践上,锻炼了我的动手能力,使我掌握了焊接电视机电路板、电视机的整机装配和简单的调试、维修等技能,同时也锻炼了我的抽象思维能力。在这次实训中,我深深体会到:

一、理论知识的基础要打牢。课本知识都是基础知识,是最根本的入门知识。无论现实情况发生多少变化,万变不离其宗,基本原理是不变的。因此抓住最基本的就可以以不变应万变。比如,在电视机整机调试的时候,如果没有好好地看书,认真听老师讲课并做好笔记,那就不知该从何下手、如何调试。

二、只学理论而不能将其正确应用到实践中去,那么所学就毫无意义。因此,实践是第二课堂,在这里你要用心、用手学习新的技巧。比如焊接电路板的技术,看上去很简单,但是如果没有掌握技巧就会虚焊,有可能导致电路板脱落。

总之,这次实训是一次充实的实训,通过这次实训,我基本掌握了电视机的原理、装配、调试和基本的维修。而且,我不仅自己调试成功,还帮助其他同学装配和调试,受到老师和同学们的好评,这更令我感到高兴。我相信,只要用心实践就可以成功;我希望,在不远的将来我能够在更广阔的实践中取得骄人的成绩。

点评:这是一篇较好的实训报告,结构要素基本齐全,实训名称简洁明了。正文开头交代实训目的,明确而有条理;交代实训原理也是条理清楚。主体部分写实训内容,随文交代实训器材、步骤、图表及结果,内容充实。最后为总结部分,从思想认识上、实践能力上、思维能力以及合作方面着手,重在谈体会、收获。

[**写法指南**]

实训报告具有真实性、可重复性,具有固定的格式,一般要包含以下项目:

1. 实训基本信息(一般作封面)

(1) 实训名称。要用最简练的语言反映实训的内容。如验证某程序、定律、算法,可写成"验证×××""分析×××"。

(2) 所属课程名称。

(3) 学生姓名、学号、合作者及指导教师。

(4) 实训日期和地点(年、月、日)。

2. 实训目的(一般写在正文开头)

目的要明确,在理论上验证定理、公式、算法,并使实验者获得深刻和系统的理解,在实践上,掌握使用实验设备的技能技巧和程序的调试方法。一般需说明是验证型实验还是设计型实验、是创新型实验还是综合型实验。

3. 实训原理(紧接在实训目的之后写)

主要写与实训相关的主要原理。

4. 实训内容

这是实训报告极其重要的内容。要抓住重点,可以从理论和实践两个方面考虑。这部分要写明依据何种原理、定律算法或操作方法进行实验,要详细交代计算过程。

5. 实训环境和器材

即实训用的软硬件环境(配置和器材)。

6. 实训步骤

只写主要操作步骤,不要照抄实习指导,要简明扼要。还应该画出实验流程图(实验装置的结构示意图),再配以相应的文字说明,这样既可以节省许多文字说明,又能使实验报告简明扼要、清楚明白。

7. 实训结果

这一部分包括对实验现象的描述、实验数据的处理等。原始资料应附在本次实训主要操作者的实验报告上,同组的合作者要复制原始资料。

对于实训结果的表述,一般有三种方法:

(1) 文字叙述。根据实训目的将原始资料系统化、条理化,用准确的专业术语客观地描述实验现象和结果,要有时间顺序,体现出各项指标在时间上的关系。

(2) 图表。用表格或坐标图的方式使实验结果突出、清晰,便于相互比较,尤其适合于分组较多且各组观察指标一致的实验,因为这种方式可使组间异同一目了然。每一图表应有表目和计量单位,应说明一定的中心问题。

(3) 曲线图。即用记录仪器描记出的曲线图,应用曲线图可使指标的变化趋势形象生动、直观明了。

在实训报告中,可任选其中一种或几种方法并用,以获得最佳效果。

8. 实训总结

实训总结是对实训所能验证的概念、原则或理论,以及实训过程的简明总结,也可以对本次实训提出一些问题或建议等。

根据不同实训项目,实训内容、实训环境和器材、实训步骤、实训结果可以分开写,也可以交叉写。

[**病例分析**]

一、实训目的

1. 掌握电视机的基本结构和原理

2. 掌握电视机装配的工艺流程和要求及调试方法

3. 掌握电视机的基本调试方法

4. 掌握电视机的简单维修技能

二、电视机的基本原理

(图略)

……

三、装配步骤

……

3. 分类包装

……

6. 电视机整机调试

……

分析:这同样是一篇电视机组装与调试方面的实训报告,但由于作者态度不认真,所以质量较差,存在以下问题:

1. 无标题及相关信息。

2. 在“二、电视机的基本原理”下面缺少与下文对应的项目内容“1”。

3. 实习内容及步骤过于简单,不能体现真实具体的实验过程。

4. 在“三、装配步骤”下面数字项目混乱,“6”处应为“六”;上缺四、五部分。

5. 没有写实习总结。

[牛刀小试]

1. 实训报告应该包含那些项目内容？请结合本专业相关课程说说。

2. 请分析下面这篇实训报告在格式和内容方面的不足之处，并进行修改。

计算机实训报告总结

高职高专教育培养的是技术应用型人才，学校为了培养我们学生的创新精神和工程实践能力、提高我们的综合素质，在第13周带领全校学生进行为期一周的实训，在实践中互相学习和进步。

现在我们已步入大二下学期，经过两年的在校学习，对我们计算机控制专业有了比较全面的认识和理解，但在校期间，一直忙于理论知识的学习，没能有机会走出校园，真正切身感受本专业的实际应用。所以在实训之前，本专业对我来说是比较抽象的，但通过这次实训，我们揭开了她神秘的面纱，离我们不再遥远！

第一天的实训，我们去了深圳艾克瑞电气有限公司，在去公司之前，公司的史总经理特地抽空来到本班，对艾克瑞公司以及他们公司所开发研究的产品进行了一系列的讲解。所谓“艾克瑞”也就是根据英文“xray”直译过来的，也就是生产x光。通过他的讲解，我学到了很多东西，比如说x线的产生，x线的特点以及组成，等等。x光机主要是用于医疗机构，我们都知道x光的医疗效果是很显著的，可见它的发明及应用，对于我们人类生活，作出了多么巨大的贡献。

第二天我们同样去了艾克瑞公司，那天让我真正地做到了学以致用，更学到了很多做人的道理，对我来说受益匪浅。因为做开发研究的地方都是没有空调的，温度很高，看着那些技术人员流着满身大汗仍然对自己的工作乐此不疲，我真的很感动也很钦佩。除此之外，我还学会了如何更好地与别人沟通，如何更好地去陈述自己的观点，如何说服别人认同自己的观点。第一次亲身感受了所学知识与实际的应用，理论与实际的相结合，让我大开眼界。

第四天，我们去了深圳百事可乐公司，坐了一个小时左右的车去到那里，到达那里后给我的第一印象就是：规模庞大。不愧是世界品牌。那里的建筑也主要是以蓝，白为主，真正地体现了百事可乐的清爽，舒服的意念。通过公司里的工作人员的讲解，知道了百事已经有109年的历史了，听到这里，真的很让我惊讶！1898年8月28日，是百事可乐“pepsi-cola”诞生的日子。这是每一个关爱百事可乐的人们都引以为骄傲且不会忘却的日子。一百多年来，百事可乐在喧嚣，纷乱，竞争的氛围中，随着时代的步伐，与美国和世界一起成长壮大。

遗憾的是，由于停电的关系，我们没能参观到他们整个的生产过程，只是参观了一下他们的重要生产线。真的不能简单以一个“规模庞大”的词来形容的。在参观的过程中,我们知道了瓶装可乐可以每分钟生产600多瓶,而罐装可乐,甚至每分钟可生产1000多瓶,真的很不可思议。

“纸上得来终觉浅,绝知此事要躬行!”在短暂的实习过程中,让我深深地感觉到自己在实际运用中的专业知识的匮乏,刚开始的一段时间里,对一些工作感到无从下手,茫然不知所措,这让我感到十分的难过。在学校总以为自己学得不错,一旦接触到实际,才发现自己知道的是多么少,这时才真正领悟到“学无止境”的含义。

“千里之行,始于足下”,这是一个短暂而又充实的实习,我认为对我走向社会起到了一个桥梁的作用,过渡的作用,是人生的一段重要的经历,也是一个重要步骤,对将来走上工作岗位也有着很大帮助。

突然想起鲁迅先生的一句话:世上本没有路,走的人多了,也便成了路。生活的路呢?生活的路也是人走出来的,每个人一生总要去很多陌生的地方,然后熟悉,而接着又要启程去另一个陌生的地方。

作为初涉社会的开端,这里有许多回忆和联想,面对残酷的现实社会,每个人都无法选择逃避,除了勇敢面对,我们也无从选择!

走向明天,我依然走我自己的路!不再茫然……

第二节　实习报告

[**基础知识**]

实习是教学的重要环节和过程。实习报告是学生理论联系实际并在实践中初步运用所学知识,将实习过程和实习成果通过书面文字的形式再现出来,向学校和老师进行汇报的一种形式。

如果说实训报告是重点反映实训学员在教师指导下对理论知识的掌握以及将之运用到简单操作中并对流程进行的记录,那么实习报告则要重点写实习者在更独立状态下通过实践来检验所学理论知识的过程、感悟、成绩、不足等。

[**例文导读**]

例文:

电工电子实习报告

一、实习目的

电工电子实习的主要目的是培养学生的动手能力,使学生对一些常用的电子设备有一个初步的了解,能够自己动手做出一个像样的东西来。电子技术的实习要求我们熟悉电子元器件,熟练掌握相关工具的操作以及电子设备的制作、装调的全过程，从而帮助我们提高对理论知识的理解，帮助我们学习专业的相关知识，培养理论联系实际的能力，在提高分析解决问题能力的同时也培养同学之间团队合作、共同探讨、共同前进的精神。

二、实习器材

（1）电烙铁：由于焊接的元件多，所以使用的是外热式电烙铁，功率为30W，烙铁头为铜制。

（2）螺丝刀、镊子等必备工具。

（3）锡丝：由于锡的熔点低，焊接时，锡能迅速散布在金属表面，焊接牢固，焊点光亮美观。

（4）两节5号电池。

（5）收音机（调频、调幅收音机实验套件及贴片调频收音机实验套件）。

三、实习内容

（一）调频、调幅收音机的组装制作

这是本次实习的主要环节。实习第一天，拿到器材后我们并没有直接做，我们先是听指导老师详细讲解各器件的用途、组装方法以及实习中用到的工具的使用方法及安全知识教育，之后我们组成员就真正进入到电子技术实习的操作中去了。以前虽然接触过电烙铁，但毕竟没有实际操作过，对它总是怀有几分敬畏之心。而电子电路主要是基于电路板的，元器件的连接都需要焊接在电路板上，焊接质量的好坏直接关系到以后制作收音机的成败。因此对电烙铁的学习使用我们是不敢掉以轻心的。

1. 元器件的识别

电路板上涉及很多元件，有二极管、三极管、电阻、电容（瓷片电容、电解电容）、变压器等。电阻需要按色环来区别其电阻值，有许多注意事项。瓷片电容两只引脚长度相等，使用时不考虑正负极，其电容值标于电容器上。如果不细心辨别，很可能出现不必要的麻烦。好在我们组的成员都比较细心，在大家的合作下，很快我们就有了一个初步的成果，远走在其他组的前面，这让我们很自豪。总结起来，我们的实习过程大概分为以下几个步骤：

（1）熟悉电路元件，掌握电烙铁的使用方法。

（2）发收音机装配零件，检查和熟悉各种零件。

（3）熟悉收音机的装配图。

（4）焊接各种零件及进行最后的组装。

2. 印刷电路板

印刷电路板过程中遇到了不少的问题。如何使焊接既美观又牢固，这是我们讨论的重点，虽然我们最后还是没有做到很好，但是通过实习我们的认识更进了一步。如何安装元件的顺序也是一大问题。安装元件切忌急于求成，要有序推进、按部就班，才不会忘装、漏装一些器件。

虽然我们的收音机由于种种原因没有收到预期的理想效果，但还是让我们比较满意，毕竟我们努力过，我们认真学了，因此我们不会后悔。

（二）贴片收音机的制作

电路工作的核心是单片收音机集成电路 sc1088，它采用特殊的低中频技术，外围电路省去了中频变压器和陶瓷变压器，使电路简单可靠，调试方便。

工作原理主要分为以下几部分：fm 信号输入、本振调谐电路、中频放大、限幅与鉴频和耳机放大电路。

1．安装步骤及要求

（1）技术准备：了解 smt 基本知识；实习产品简单原理；实习产品结构及安装要求。

（2）安装前的检查：smb 检查；外壳及结构件；tht 元件检测。

（3）贴片及焊接：丝印焊膏；按工序流程贴片；检查贴片数量及位置；用再流焊机焊接；检查焊接质量及修补。

（4）安装 tht 元器件。

2．实习产品安装流程

（1）元器件检测。

（2）smb 检测。

（3）外壳与结构件检验。

（4）丝印焊膏。

（5）贴片。

（6）再流焊。

（7）元件装焊。

（8）检验、补焊。

（9）部件装配。

（10）检测、调试。

实验项目开始后，老师带我们到实验室让我们详细了解了收音机的整个制作过程，以及要使用到的先进的自动控制仪器。比如电路板的制作是经过打孔—刮焊锡膏—贴元器件—高温烘烤这么一个过程。本次实习我们采用的是再流焊技术。在手工贴片工序中，我们注意了电子元件的安放顺序和安放位置，特别注意了手不能接触印刷板。之后老师将印刷板放入台式自动再流焊机，进行焊接。与此同时,我们还了解到了电路的发展史。生动的、真实的实物展现让我们看到了科技进步所带来的无穷力量。

这个收音机的制作相对比较简单。待我们的电路板做好后,里面只有一些简单的元件,初步安装好后把它焊接好,接好线,就可以看到实际的效果了。

四、实习总结

通过一个星期的实习,我们对电子工艺的理论有了初步的了解。我们了解到了焊普通元件与电路元件的技巧、印制电路板图的设计制作与工艺流程、收音机的工作原理与组成元件的作用等。这些知识不仅在课堂上有效,对以后的电子工艺课的学习有很大的指导意义,在日常生活中更是有着现实意义;同时,对自己的动手能力也是个很大的锻炼。实践出真知,纵观古今,所有发明创造无一不是在实践中得到检验的。没有足够的动手能力,就奢谈在未来的科研尤其是实验研究中有所成就。在实习中,我锻炼了自己的动手技巧,提高了自己解决问题的能力。比如做收音机组装与调试时,芯片触角的间距特别小,稍不留神,就焊在一起了,但是我还是完成了任务。

虽然我们的收音机由于种种原因没有收到预期的那种理想效果,但还是让我们比较满意,毕竟我们努力过,我们认真学了。

我觉得自己在以下几个方面有收获:一是学到了很多课堂上没法学到的东西,比如电路板的制作过程,我们还亲身体验了一回,熟悉了制作流程;二是动手能力得到了提高,我们从没有这样专业性地使用过电烙铁,这次可亲身体验了一回电焊师的滋味,真是受益匪浅;最后就是我深刻体会到了团队合作精神的重要性。这中间我们组成员互相学习、共同进步,使得我们的实习工作圆满完成。

点评:这篇实习报告在结构上看是一篇不错的实习报告。

1. 开场综述“实习目的”部分交代实习的主要目的、意义、要求,简明扼要。

2. 实习器材单作一部分介绍,在实习内容部分先交代实习概况,概括叙述实习任务工作、实习工作完成情况。

3. 在实习内容部分,各环节分别讲过程和体会,内容翔实,层次清晰,重点突出。

4. 运用的理论知识,进行的实际操作都进行了说明,实习中存在的问题和自己的实习成果和主要收获都在行文中有所体现。

5. 最后一部分着重写对实习的内容、过程、意义的总结和感受,写出了自己在实习中看到的差距和今后努力的方向。

[**写法指南**]

实习报告根据专业的不同,写法也有所不同,一般院校会有固定的格式发给学生按表填写，大致有三部分组成：封面、主体、结尾。

1. 封面

实习报告的封面要有以下几方面内容：学校、系、专业、年级、学生姓名、实习报告题目，要在题目中反映出文种、实习内容和单位。

2. 主体

主体部分包括引言、正文。

引言是实习报告的开场综述，说明实习的目的、意义、要求，要简明扼要。

正文是实习报告的核心，由实习工作概况、实习过程体会、实习小结三部分组成。

实习工作概况中要简单介绍实习单位、岗位，概括叙述实习的任务以及实习工作完成的情况。

实习过程和体会是实习报告的主体部分，要内容翔实、层次清晰，要具体准确地叙述实习的过程以及在此过程中运用的理论知识、进行的实际操作、解决的具体问题。要揭示出在实习过程中发现的问题、学到的知识、得到的锻炼和提高。语言要简明清晰，重点要突出，不能简单罗列、记流水账。

实习小结是对本次实习工作的总结，其中要着重写出对实习的内容、过程、意义的总结和感受，写出自己在实习中看到的差距和今后努力的方向。

3. 结尾补充内容。

可以一段简洁明了的对话对正文内容进行概括，明确吸取前一时期工作的经验和教训，明确努力方向，提出改前措施，等等。

［**病例分析**］

建筑设计毕业实习报告

我由于属于在校外做设计，因此我的实习工作主要是同我所要从事的工作有关联。在实习期间我主要是接触一些工程进行检测，以及加固改造工作。通过这些日子的实习，我发现在一些在设计及施工中所存在的一些问题。通过向所在单位专家的请教，明白了一些工程中易存在和发生的一系列建筑通病的产生原理及相应的检测，处理措施。现将我所接触到的一些问题作一总结。我的毕业设计做的是混凝土框架结构，因此对于混凝土机构的了解要更有针对性。混凝土质量的好坏，既对结构物的安全，也对结构物的造价有很大影响，因此在施工中我们必须对混凝土的施工质量有足够的重视。混凝土质量的主要指标之一是抗压强度，从混凝土强度表达式不难看出，混凝土抗压强度与混凝土用水水泥的强度成正比，按公式计算，当水灰比相等时，高标号水泥比低标号水泥配制出的混凝土抗压强度高许多。所以混凝土施工时切勿用错了水泥标号。另外,水灰比也与混凝土强度成正比,水灰比大,混凝土强度高;水灰比小,混凝土强度低。因此,当水灰比不变时,企图用增加水泥用量来提高混凝土强度是错误的,此时只能增大混凝土和易性,增大混凝土的收缩和变形。综上所述,影响混凝土抗压强度的主要因素是水泥强度和水灰比,要控制好混凝土质量,最重要的是控制好水泥和混凝土的水灰比两个主要环节。

此外,影响混凝土强度还有其他不可忽视的因素。粗骨料对混凝土强度也有一定影响,当石质强度相等时,碎石表面比卵石表面粗糙,它与水泥砂浆的黏结性比卵石强,当水灰比相等或配合比相同时,两种材料配制的混凝土,碎石的混凝土强度比卵石强。因此我们一般对混凝土的粗骨料控制在3.2cm左右,细骨料品种对混凝土强度影响程度比粗骨料小,所以混凝土公式内没有反映砂种柔效,但砂的质量对混凝土质量也有一定的影响。因此,砂石质量必须符合混凝土各标号用砂石质量标准的要求。由于施工现场砂石质量变化相对较大,因此现场施工人员必须保证砂石的质量要求,并根据现场砂含水率及时调整水灰比,以保证混凝土配合比,不能把实验配比与施工配比混为一谈。混凝土强度只有在温度、湿度条件下才能保证正常发展,应按施工规范的规定予在养护、气温高低对混凝土强度发展有一定的影响。冬季要保温防冻害,夏季要防暴晒脱水。

现冬季施工一般采取综合蓄热法及蒸养法。如果是设计造成的缺陷,一般有设计承载力或设计工作条件与实际不符造成裂缝、变形、侵蚀等破坏;如果是使用造成的缺陷,一般有超载、侵蚀、火灾、冻融、风化破坏等。混凝土的裂缝是不可避免的,其微观裂缝是本身物理力学性质决定的,但它的有害程度是可以控制的,有害程度的标准是根据使用条件决定的。目前世界各国的规定不完全一致,但大致相同。如从结构耐久性要求、承载力要求及正常使用要求,最严格的允许裂缝宽度为0.1mm。近年来,许多国家已根据大量试验与泵送混凝土的经验将其放宽到0.2mm。当结构所处的环境正常,保护层厚度满足设计要求,无侵蚀介质,钢筋混凝土裂缝宽度可放宽至0.4mm;在湿气及土中为0.3mm;在海水及干湿交替中为0.15mm。沿钢筋的顺筋裂缝有害程度高,必须处理。

近年来预应力混凝土应用范围逐渐推广到更多的结构领域,如大跨超长、超厚及超静定框架结构,其混凝土强度等级必须提高至c50。在采用泵送条件下,其收缩与水化热大大增加,约束应力裂缝很难避免,张拉前开裂,张拉后又不闭合,裂缝控制的难度更加困难。预应力结构裂缝允许宽度是严格的,预应力筋腐蚀属“应力腐蚀”并有可能脆性断裂,预兆性较小,裂缝扩展速度快。裂缝深度h与结构厚度h的关系如下:$h \leqslant 0.1h$ 表面裂缝;$0.1h < h < 0.5h$ 浅层裂缝;$0.5h \leqslant h < 1.0h$ 纵深

裂缝;h = h 贯穿裂缝。应当尽量避免贯穿性及纵深裂缝,如出现该种裂缝应采取化学灌浆处理来保证强度,即贯缝抗拉强度必须超过混凝土抗拉强度。

早期裂缝一般出现在 1 个月之内,中期裂缝约在 6 个月之内,其后 1 ~2 年或更长时间属于后期裂缝。

在修补裂缝前应全面考虑与之相关的各种影响因素,仔细研究产生裂缝的原因,裂缝是否已经稳定,若仍处于发展过程,要估计该裂缝发展的最终状态。在日本混凝土协会"混凝土裂缝的调查和修补指南"中,对调查的原则、普查、详查方法均作了详细规定,主要有:裂缝的现状调查(裂缝类型和宽度);有无病害(漏水、钢筋锈蚀);产生裂缝的经过(发生时间和过程);设计书的检查;施工记录的检查;根据混凝土钻芯检查构件的强度、厚度;荷载调查;中性化试验;钢筋调查(钢筋位置、细筋数量及有无锈蚀);地基调查;混凝土分析;荷载试验;振动试验。

裂缝的处理　1. 表面处理法:包括表面涂抹和表面贴补法。表面涂抹适用范围是浆材难以灌入的细而浅的裂缝,深度未达到钢筋表面的发丝裂缝,不漏水的缝,不伸缩的裂缝以及不再活动的裂缝。表面贴补(土工膜或其他防水片)法适用于大面积漏水(蜂窝麻面等或不易确定具体漏水位置、变形缝)的防渗堵漏填充法用修补材料直接填充裂缝,一般用来修补较宽的裂缝),作业简单,费用低。宽度小于 0. 3mm,深度较浅的裂缝、或是裂缝中有充填物,用灌浆法很难达到效果的裂缝以及小规模裂缝的简易处理可采取开 v 型槽,然后作填充处理。2. 灌浆法此法应用范围广,从细微裂缝到大裂缝均可适用,处理效果好。

2. 结构补强法　因超荷载产生的裂缝、裂缝长时间不处理导致的混凝土耐久性降低、火灾造成的裂缝等影响结构强度可采取结构补强法。包括断面补强法、锚固补强法、预应力法等混凝土裂缝处理效果的检查包括修补材料试验;钻心取样试验;压水试验;压气试验;等等。工程实例:某大厦 5 层框架结构,总建筑面积约2 万平方米。施工中发现 4 月 22 日浇筑的某工段 2 层梁、板混凝土,至 4 月 26 日混凝土强度上升一直不明显,且拆除模板后现浇板多处出现不规则裂缝。质检部门对该工程混凝土质量进行了现场检测,检测结果表明,混凝土抗压强度满足设计要求,混凝土的均质性满足规范要求。根据现场检查,该大厦现浇板多处出现不规则裂缝,其中某工段 2 层现浇板西南角较严重,个别裂缝长度约 1200mm,宽度约0. 6mm,框架梁身混凝土未见裂缝。根据对裂缝检测的分析,裂缝产生的主要原因是:

(1) 混凝土早期强度上升慢

(2) 混凝土收缩

(3) 混凝土养护不到位

该裂缝为非结构受力裂缝,虽然对结构受力无较大影响,但裂缝的存在对混凝土的耐久性影响很大,应根据裂缝情况进行必要的处理。宽度较小裂缝的处理对宽度小于0.3mm的裂缝进行封缝处理。可沿裂缝用环氧树脂胶泥对其进行表面封闭,环氧树脂胶泥配比为:环氧树脂∶二丁酯∶乙二胺∶水泥=100∶30∶10∶250~300(重量比),该配比可根据现场实际情况进行调整。施工注意事项:(1)封闭前,应对裂缝表面进行处理,用钢丝刷等工具清除裂缝表面的灰尘、浮渣及松散层等污物,然后再用毛刷蘸丙酮、酒精等有机溶液,把沿裂缝两侧20~30mm处擦洗干净并保持干燥。(2)裂缝处理好后,先在裂缝两侧宽20~30mm范围内涂一层环氧树脂基液,然后抹一层厚1mm左右的环氧树脂胶泥。抹胶泥时应防止产生小孔和气泡,表面需要刮平整,保证封闭严密。(3)较宽裂缝的处理对宽度大于0.3mm的裂缝进行化学压力灌浆处理。采用环氧树脂浆液进行灌注。环氧树脂浆液配合比为:环氧树脂∶丙酮∶糠醛∶乙二胺=100∶20~25∶20~25∶15~20(重量比),该配比可根据现场实际情况进行调整。

施工注意事项:

(1)对裂缝表面进行处理,沿裂缝用钢钎凿成"v"形槽,槽宽与槽深可根据裂缝深度和有利于封缝来确定,一般为20mm×20mm。凿槽时先沿裂缝打开,再向两侧加宽,凿完后用钢丝刷及压缩空气将混凝土碎屑粉尘清除干净。

分析:这则实习报告主要存在以下问题。

1. 结构不完整,实习内容仅仅是泛泛而谈。

2. 实习目的叙述笼统、不明确。

3. 实习情况概述基本为叙述理论,少有谈及自己所做具体工作和进行的实际操作,更没有谈及个人感悟与体会。

4. 语言表述不清,错别字频现,逻辑不明,语病较多,各级标题序号混乱。

[**牛刀小试**]

1. 对于即将开展的实习,你打算从哪些方面着手写实习报告?

2. 实习报告和实训报告有何异同?

第三节 学术论文

[**基础知识**]

1. 概念

如前所述,学术论文就是某一学术课题在实验性、理论性或观测性上具有新的科学研究成果或创新见解和知识的科学记录;或是某种已知原理应用于实际中取得新进展的科学总结,用以在学术会议上宣读、交流或讨论,或在学术刊物上发表,或作其他用途的书面文件。

在理解学术论文的概念时,我们应该明确两点:

第一,学术论文的范围限制于科学研究领域,而非其他领域。比如,新闻报道、一般议论文、随笔都不能算作学术论文。

第二,并非科学研究领域的所有文章都是学术论文,如科幻、科普作品便不是学术论文;只有表达科学研究新成果的文章才是学术论文。

2. 特点

作为新的科学研究成果和创新知识见解及进展的科学记录、科学总结,学术论文具有学术性、科学性、创新性和专业性,并特别强调创新性、专业性。

3. 种类

学术论文使用范围广泛,种类很多,可按照内容、表达方式、用途、学科专业进行划分。按照内容,可以分为自然科学论文和社会科学论文两大类。按照表达方式,可以分为学术论文和研究报告两种。按照用途,可以分为毕业论文、学位论文、学术报告等。

[**例文导读**]

例文:

修正的最大散度差鉴别分析及人脸识别

刘永俊[1,2] 陈才扣[1,3] 王正群[1]

摘　要　针对传统的Fisher线性鉴别分析在人脸这样的多类高维小样本模式的分类中存在的"小样本问题"和"次优性问题",本文提出了一种基于修正的最大散度差鉴别准则的线性鉴别分析方法。该方法对最大散度差鉴别准则中散布矩阵的构造加以修正,采用新的修正的最大散度差鉴别准则函数。该方法从理论上为有效地解决传统的Fisher线性鉴别分析在人脸识别中存在的这两大难题提供了有效的途径。最后,在ORL、AR标准人脸库上的实验结果验证了本文算法的有效性。

关键词　Fisher线性鉴别分析;最大散度差鉴别分析;人脸识别

Modified Maximum Scatter-difference Discriminant Analysis and Face Recogniton

LIUYong-jun[1,2]　CHENCai-kou[1,3]　WANGZheng-qun[1]

(1. *Department of Computer Science and Engineering*, *Yangzhou University*, *Yangzhou* 225001, *China*)

(2. *Department of Software Engineering*, *Changshu Insitute of Technology*, *Changshu*, 215500, *China*)

(3. *Department of Computer Science and Engineering*, *Nanjing University of Science and Technology*, *Nanjing* 210094, *China*)

Abstract: Cosidering the so-called "small sample size" (SSS) problem in nature and the "inferior" problem in traditional Fisher linear discriminant analysis, a new method of feature extraction based on modified maximum scatter-difference criterion is developed in this paper. The method gives an effective way to resolve two difficulties of the traditional Fisher linear discriminant analysis theoretically in face recognition. Finally, extensive cxperiments performed on ORL and AR face database verify the effectiveness of the proposed method.

Keywords: Fisher linear discriminant analysis; maximum scatter-difference discriminant analysis; face recognition

1 引言

基于 Fisher 准则函数的线性鉴别分析(LDA)[1]所抽取的特征具有良好的可分性,目前已被公认为模式识别中最好的代数特征抽取方法之一。近年来,Fisher 线性鉴别分析在模式识别领域得到了广泛的应用和扩展[2~4]。现在,线性鉴别分析已经形成了一整套较为成熟的算法,但是对于处理诸如人脸识别这种典型的多类高维小样本问题时却存在两个公认的缺点:

……

本文针对传统的线性鉴别分析中存在的"小样本问题"和"次优性问题"两大缺陷,通过在构造散布矩阵时引入简单的自动加权函数,对最大散度差鉴别准则做进一步的修正,提出了一种基于修正的最大散度差鉴别准则的线性鉴别分析方法。该方法集中了最大散度差鉴别分析与近似加权方法的优越性,有效地解决了人脸识别这样的多类高维小样本模式识别问题中的两大困难。在 ORL 和 AR 人脸数据库上的实验证明了本文方法不但是有效的,而且适应性更强。

2 最大散度差线性鉴别分析

……

3 修正的最大散度差线性鉴别分析

……

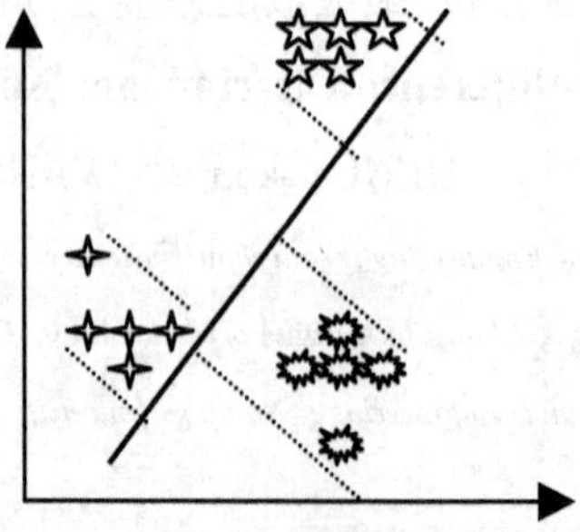

图1 修正之前的投影方向

……

显然,在多类模式识别问题中,经过修正后的最大散度差鉴别准则函数的物理意义是突出那些类间散度较小、类内散度较大的模式样本对于寻找最优投影轴所作的贡献。如下图所示,修正后所得的最优投影轴更有利于分类。

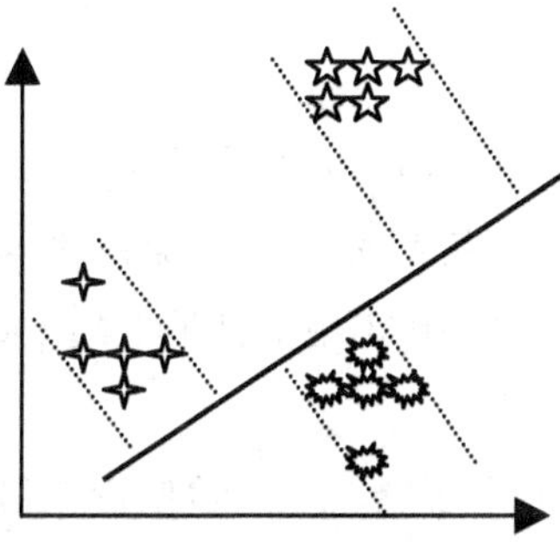

图2　修正之后的投影方向

4　实验结果与分析

ORL 标准人脸库由 40 人,每人 10 幅 112 ×92 图像组成,其中有些图像是拍摄于不同时期的;人的脸部表情和脸部细节有着不同程度的变化,比如笑或不笑,眼睛或睁或闭,戴或不戴眼镜;人脸姿态也有相当程度的变化,深度旋转和平面旋转可达 20°;人脸的尺度也有多达 10% 的变化。图 3 是其中三人的 30 幅图像。

……(下略去若干图表)

以上实验数据验证了本文提出的算法以及修正方案的有效性。

……

6　结论

本文针对 Fisher 线性鉴别分析中存在的两大缺陷,采用最大散度差鉴别准则,在根本上成功地避免了人脸识别中存在的典型的"小样本问题",并且通过对准则函数的进一步修正,为其存在的"次优性"问题做了有效的改进,提出了一种新的修正的最大散度差鉴别分析方法。实验结果表明,该方法不仅更加充分地利用了训练样本的类别信息,使由鉴别准则确定的最优投影轴从物理意义上更加有利于正确分类,而且成功地避免了以往所有在 Fisher 鉴别准则下,类内散布矩阵奇异时求解最优鉴别矢量集复杂的计算过程。最后在 ORL、AR 标准人脸库上的实验结果验证了本文算法的有效性。

参考文献

1. R. A. Fisher, The use of multiple measurements in taxonomic problems, Annals

of Eugenics ,1936(7):178 - 188.

……

4. 金忠、扬静宇、陆建峰，一种具有统计不相关性的最优鉴别向量集,计算机学报,1999,22(10):1105—1108.

……

点评：

这是一篇结构完整、格式规范的工科学术论文。文章由标题、作者、摘要、关键词、英文摘要、论文主体(引言、鉴别分析及实验结果与分析、结论)、参考文献组成。本文发表于《电子信息学报》2008 年 1 月第 1 期 190—193 页。

[**写法指南**]

国家标准 GB7713 - 87《科学技术报告、学位论文和学术论文的编写格式》规定,学术论文格式主要包括以下几个部分:

1. 标题

又称题目,是论文内容的高度概括,以最简洁的词语反映论文中的重要的特定内容的逻辑组合。研究对象、方法、范围、深度和结论是它的内容要素。题目拟定时,应避免使用不常见的缩略词、首字母缩写字、字符、代号和公式等;字数不宜超过 20 个,较长的标题可以抽出部分内容作副标题。同时,论文中的小标题与总标题应保持逻辑上的一致。

2. 署名

这是作者对研究成果拥有著作权和责任感的体现,一般是在标题下空一行居中署上作者的姓名。署名大致可以分为两种情况,一是单个论文作者,一是多个论文作者。后者按顺序列为第一作者、第二作者……在作者姓名正下方,署上作者所在单位、省份、城市、邮编,并用括号括住。

3. 摘要

又称提要,放在论文标题和书名下面,是对学术论文的写作目的、对象、过程、方法、结果和结论的简要说明。它是一篇完整和独立的短文,应具有独立性和自含性,要包含与论文同等量的主要信息。中文摘要一般不宜超过 200 至 300 字;外文摘要不宜超过 205 个实词,且一般动词时态用现在时,语态用被动态。

摘要一般都是在文章其他部分完成之后提炼出来的。

4. 关键词

又称主题词,另起一行写在摘要下方,目的是为文献检索提供方便。要从标题、摘要、结论和章节中精选出最能表现中心主题并在文中作了详细论述的 3 至 8 个关键性概念。通过参看《汉语主题词表》或专业词典及权威著作,尽可能把书面自然语言规范为专指性、针对性都较强的主题词。

5. 引言

又称前言、导言、绪论、绪言等，是论文正文的开端，包括研究的缘起与目的、历史背景、内容方法和评价意义等诸方面内容。引言应开门见山、引人入胜，它的篇幅大小可据整篇论文长短及内容需要确定，长的可达 800 至 1000 字，短的亦可不及 100 字。

6. 正文

这是学术论文的主体部分，决定论文质量的高低甚至成败。这一部分包括研究的问题、调查对象、试验和观测方法、计算方法和编程原理、数据资料、经由加工整理的图标、形成的观点和得出的结论等内容。由于研究工作关涉的学科、选题、研究方法、工作进程以及结果都有很大的差异，对正文内容不可作统一规定。仅结构而言，就有以下不同形式：

（1）并列式。是把总论点分为若干分论点，它们之间分类并列，围绕中心，逐一论述。这种结构纲目张举、条分缕析，条理十分清晰。

（2）递进式。是把总论点分成若干分论点，它们之间层层推进，位置不可互换，论证时逐步上升，直至得出结论。

（3）过程式。是把整个研究过程作为一个结构，起自问题的发现，经由问题的研究实验、分析和总结，终于导出结论。

（4）综合式。是上述几种方式的兼用。事实上，一篇论文根据论证的需要往往多用此法。

7. 结论

这是学术论文的收束部分，内容高度概括，通常是归纳全文的研究成果、明确其适用的范围、提出今后工作的展望等。结论的撰写要注意突出创新性的新成果，不要写成是对各小标题或小结的简单重复或合并，不能模棱两可，出现歧义，也不要大段议论，更不可抬高自己、贬损别人。

8. 致谢

如有必要，可以在正文后向对此文有帮助的组织和个人提出致谢。

9. 参考文献

这也是论文的必要组成部分。论文中引用他人的文章、结论、重要数据均应在文后列出文献的作者、题名和出处，以示对他人成果的尊重，同时也为读者研究或查找文献提供线索，并使读者对论文的学术价值有一个大致的判断。

10. 外文翻译

就是将标题、署名、摘要和关键词译成外语，以便检索。这部分可放在参考文献的后面或放在引言之前。

作为学术论文的重要形式之一，毕业论文的写作格式与一般学术论文基本相同，其写法将在下一节作具体介绍。

［**病例分析**］

试比较《长生殿》与《桃花扇》的结构艺术

×××

《桃花扇》《长生殿》作为清初传奇中的双璧，自古以来被认为有异曲同工之妙，可谓达到了中国传统戏曲的巅峰。自唐以来的才子佳人小说与戏曲发展到明末清初，已经取得了可观成就，并形成了一套堪称系统的主旨、人物、语言、结构体系，同时由于受其自身模式的拘囿，已是泥足不前，很难取得突破性的发展；当此易代之时，戏曲呈现出三种发展倾向：阮大铖、吴炳及李渔一线相承的才子佳人风情剧（其中李渔的作品反映了其戏剧观念，尤可注意）；以吴伟业、尤侗韦代表的抒情剧和以李玉等苏州作家群为代表的具有强烈现实性的政治历史剧。李渔的出现则更是给中国戏曲的发展带来了崭新的空气，虽然他并没有使中国戏曲发生巨大转折，但无疑他的"结构第一"等思想具有时代意义——戏曲的结构受到了相当程度的重视。由于以上因素的共同作用，以及作家本人的主观努力，造就了这样两部具有历史意义的长篇传奇：《长生殿》和《桃花扇》。洪升与孔尚任将才子佳人题材与历史题材进行了堪称完美的结合，对历史故事进行了剪裁，并以高度成功的结构对故事进行了微妙处理，同时又有着浓厚的文人抒情意味。

如李渔在《闲情偶寄》中所说："倘先无成局，而由顶及踵，逐段滋生，则人之一身，当有无数断续之痕，而血气为之中阻矣。"①本文拟就二剧的结构进行一番粗陋的比较，如前所述，这两部剧作有异曲同工之妙，从结构的角度来考察亦是如此。前贤时人，无论是戏剧史专著还是相关的单篇论文对此二剧都曾发表高见，这里不再一一赘述。笔者意图假与两剧同时的中国传统戏曲理论的菁华——李渔的戏曲结构理论来定位该二剧结构在当时所达到的成就，对其进行比较性的探讨。虽然李渔不论品格还是剧作所取得的成就在文学史上都不能与洪、孔二公相比，但其戏曲的结构和结构理论的前无古人却是众所共见。

第一，戒讽刺。李渔认为"凡作传奇者，先要涤去此种肺肠，务存忠厚之心，勿为残毒之事。以之报恩则要，以之报怨则不可；以之劝善惩恶则可，以之欺善作恶则不可②。"也就是说要有公允之心，而不能为报复私怨而作。说"戒讽刺"并不是说传奇不可以批判现实，关键是要"存忠厚之心"，应该"以之劝善惩恶"。《长》《桃》二剧作者的意图均非为泻一己之私愤而作，正是要劝善惩恶，表现国家兴亡之感。《长》《桃》都对儿女之情有所批判,都是将政治与爱情相结合。

《长生殿》正是通过《贿权》《幸恩》《权哄》《进果》《合围》《献关》等出批判了李杨“占了情场,驰了朝纲”,给国家和人民所带来恶果,作者还通过《献饭》《骂贼》《看袜》《弹词》等出进行委婉的讽谏,对乱臣贼子咒骂,表达其兴亡之感,在第1出《传概》里作者表明了与李渔一致的观念:“看臣忠子孝,总由情至。”《桃花扇》之劝善惩恶思想更加显明:孔尚任在《桃花扇》第10出《修札》借柳敬亭之口道出剧意:“这些含冤的孝子忠臣,少不得还他个扬眉吐气;那班得意的奸雄邪党,免不了加他些天祸人诛此乃不补救之微权,亦是褒讥之妙用。”第24出《骂筵》借马士英、阮大铖之口说“那戏场粉笔,最是厉害,一抹上脸就再洗不掉。虽有孝子慈孙,都不肯认作祖父的”,“虽然厉害,却也公道,所以儆戒无忌惮之小人”。在《桃花扇小引》中这样说道:“场上歌舞,局外指点,知三百年基业,隳于何人?败于何事?消于何年?歇于何地?不独令观者感慨涕零,亦可惩创人心,为末世之一救。”二剧自始至终都贯穿着这样一条清晰的线索,这就使得它们超出了一般意义上的才子佳人剧。然出现“演《长生殿》之祸”和《桃花扇》轰动上演后孔尚任的即刻罢官恐怕也不免遭“《琵琶》王四”之妄加猜度。

《长生殿》一剧的批判意义在后25出中一定程度上为对至真爱情的歌唱所掩盖,作者创作主旨着重点可以说不在政治上,这从该剧中的政治戏不多以及政治戏与爱情关联不严密可以看出,作者更着重于表现自己的爱情理想:“情一片,幻出人天姻眷。但使有情终不变,定能偿夙愿”,“只怕无情种,何愁有断缘”,“死生仙鬼都经遍,直作天宫并蒂莲,才证却长生殿里言”。这一点作者在第1出《传概》里就已经说明:“问谁个真心到底?但果有精诚不散,终成连理。”作者说所以“借《太真外传》谱新词,情而已”。应该说这是洪升戏曲创作的一贯宗旨,他传世的作品还有《四婵娟》杂剧写四位才女的故事,也是寄托其美满婚姻的情怀。《桃花扇》则有所不同,作品的中心就是要以南明小王朝兴亡之感来批判儿女之情,作者不仅用人物和故事情节来表现这一点,比如第10出“那热闹局就是冷淡的根芽,爽快事就是牵缠的枝叶”,同时,从开始到结束,作者还专门穿插加载了这样一条仿佛局外的线索,使人时时注意,也就是从《试一出先声》到《闰二十出闲话》《加二十一出孤吟》到《归山》到《入道》《续四十出馀韵》一线。姚旭峰说“《桃花扇》展示了一对标准的‘才子佳人’的恋爱故事”,并认为《桃花扇》超越了以往得“才子佳人”模式,但是一个“悲剧性的超越”③。吴梅评价“《桃花扇》品格,直是前无古人,后无来者”④。

第二,立主脑。李渔说:“一本戏中,有无数人名,究竟俱属陪宾,原其初心,止为一人而设。即此一人之身,自始至终,离合悲欢,中具无限情由,无穷关目,究竟俱属衍文,原其初心,又止为一事而设。此一人一事,即作传奇之主脑也。”这一人一事还要“果然奇特”,但若只是“尽此一人所行之事,逐节铺陈”,则“有如散金碎玉,以作零出则可,谓之全本,则为断线之珠,无梁之屋”。孔尚任说的“一生一旦,为全本纲领,而南朝之治乱系焉”⑤之“纲领”其实也就是李渔所说的“主脑”。按照李渔的观点,则当《长生殿》只为唐明皇一人,而明皇一人只为长生殿里密誓;《桃花扇》只为侯方域一人,而侯方域一人又只为与李香君相爱。但事实上二剧并不完全被李渔只为一人一事的概念所拘囿,它们都对女主人公进行了独立的塑造,使她们本身具有光辉的审美性格,既不离男主角,同时也并不处于次要地位,而是由生旦共同演绎一个主题,都围绕一对男女主人公,通过巧妙组织展示发生在他们身上的故事,头脑清晰,脉络分明。

《长生殿》演的是唐明皇和杨贵妃的离合生死之情,围绕这一爱情主线,牵动了后台的政治一线,虽然看似二线不关联,但政治一线总是因生旦而起,主人公出场后带动次要人物纷纷出现,而他们的活动又一直是围绕生旦而展开。安禄山兵变由杨国忠而起,杨国忠卖权鬻爵,杨氏三姨得以幸恩俱以贵妃受宠而起,而安禄山兵变促使马嵬惊变,贵妃命归黄泉,使生旦生离死别,仙凡相隔,日夜思念,最终得偿夙愿,“直做天宫并蒂莲”,中经悲欢离合,最终以生旦团团圆收场。《桃花扇》作者选择了两个特殊的主人公,一个是清流人物侯朝宗,一个是秦淮名妓李香君,政治一线和爱情线则是紧密交织得不能分开,他们的爱情的产生和结合本来就与政治纠缠在一起。阮大铖一心要借重侯方域“刷洗冤枉”,由杨龙友牵线,促就了二人的结合,并引起人物性格和故事情节的向前发展,他们的不肯与魏阉余孽权奸合作又使得二人爱情线中断,被迫分开,接下来是围绕生旦展现了南明小王朝的腐败破灭,在《媚座》总批中,孔尚任说:“上本之末,皆写草创争斗之状,下本之首,皆写偷安宴游之情。争斗则朝宗分其忧,宴游则香君罹其苦。一生一旦,为全本纲领,而南朝之治乱系焉。”作者“桃花扇底送南朝”的用意是很显见的。

第三,脱窠臼。李渔认为文章一道于万物中尤需加倍求新,而填词一道则更是甚中之甚,他说:“‘新’即‘奇’之别名也。若此等情节业已见之戏场,则千人共见,万人共见,绝无奇矣,焉用传之?是以填词之家,务解‘传奇’二字。欲为此剧,先问古今院本中,曾有此等情节与否,如其未有,则急急传之,否则枉费辛勤,徒作效颦之妇。”在《长生殿》之前,写李杨爱情问题材的作品很多,寄予国家兴亡之感,但多写“长恨”,而洪升在触及国家兴亡之时则更浓笔重彩表现了李杨忠贞不渝爱情,以后半部戏主要写“长生”。《长生殿》虽然是写古已有之的题材,但有新意,把主脑人物放在了帝王之家,让唐明皇和杨贵妃二人真心相爱,长生殿里密誓,已是一奇,而马嵬兵变后二人精诚不散,感动天孙,得接并蒂于忉利天宫,永世为夫妻则更是奇中之奇;《桃花扇》演的则是“古今院本”中所不曾有过的,是“一本新出传奇”,上演了一部以前完全没有过的戏,亦是“果然奇特”之剧,“其不奇而奇者,扇面之桃花也;桃花者,美人之血痕也;血痕者,守贞待字,碎首淋漓,不肯辱于权奸也;权奸者,魏阉余孽也;余孽者,进声色,罗货利,结党复仇,堕三百年之帝基者也”[6],是现实生活的生动写照,正是“当年真是戏,今日戏如真”。孔尚任本人在《桃花扇小识》中也说“传奇者,传其事之奇焉者也,事不奇不传”。洪升在《长生殿例言》中说“情之所钟,在帝王之家罕有。”

第四,密针线。李渔很重视戏曲的“针线紧密”,他要求“编一折,必须前顾数折,后顾数折。顾前者,欲其照映,顾后者,便于埋伏。照映埋伏,不止照映一人,埋伏一事,凡是此剧中有名之人、关涉之事,与前此后此所说之话,节节俱要想到,宁使想到而不用,勿使有用而忽之”。如前所述[7],《长生殿》中政治与爱情具有逻辑上的因果必然性,前后互相关联,爱情一线上针线紧密,从开始的第二出《定情》就出现了二人的定情物金钗钿盒,自此以后,这钗盒就成为爱情的表征,贯穿到结束,吴舒凫说:“钗盒自《定情》后凡八见:翠阁交收,固宠也;马嵬殉葬,志恨也;墓门夜玩,写怨也;仙山携带,守情也;璇宫呈示,求缘也;道士寄将,征信也;至此《重圆》结案。大抵此剧以钗盒为经,盟言为纬,而借织女之机梭以织成之。呜呼,巧矣!”[8]后半部仙凡相思和最终共老仙乡在前面也已埋下伏笔,22 出七夕长生殿里密誓海誓山盟借“双星鉴之”,为织女帮他们最终实现愿望埋伏。后来雷海青的骂贼、李龟年弹词、李龟年遇到永新和念奴话当年旧事都是照应前面舞羽衣霓裳,李谟虽然只出现了两次,但前后照应,不为虚出。无怪乎有《长生殿》“结构严密,层次清楚,呼应周到,在长篇传奇中比较难得”[9]之评。

孔尚任很重视戏剧结构。他在《凡例》中要求戏要“起伏转折”,又要“独辟境界”,还要“脉络联贯”而不可“东拽西牵”。事实上,他将这些戏剧理论观点,贯彻到了《桃花扇》的创作中。全剧 40 出,外加开场戏、过场戏、尾声 4 出,规模略近于《长生殿》,但剧情要比后者复杂得多。《长生殿》的政治与爱情线是逻辑上的联系,但在结构上联系并不像《桃花扇》紧密,出与出之间衔接并不密切,常是蓦起子仪,忽来嫦娥,所以可说是双线结构。次要人物只是在本出中起到烘托主人公的作用。《桃花扇》则不仅在逻辑上情政相生相因,而且爱情与政治两条线已经交织融合为一,可以说在密针线这一点上《桃花扇》更成功。全剧共 40 出,直接写到桃花扇的就有 10 出 16 处之多。作者在《桃花扇·凡例》中自道家法时说:“桃花扇譬则珠也,作《桃花扇》之笔譬则龙也。穿云入雾,或正或侧,而龙睛龙爪总不离乎珠,观者当用巨眼。”[10]《桃花扇》将人物性格的塑造与故事情节发展紧密结合,各出都是情节和结构链上不可缺少的一部分。就前几出而言,第 1、2 出人物出场,复社文人与艺人联系在一起,他们一直在生旦周围展开,在第 3 出《哄丁》、第 4 出

《侦戏》出现了复社文人与奸党阮大铖的冲突,他们的冲突使得杨龙友献策让阮大铖以资其眠香(第5出《访翠》、第6出《眠香》)收买侯方域,但香君的性格又引来她和阮大铖的冲突(第7出《却奁》),从而造成后来侯方域与香君的被迫分离,也为后来李香君遭受马士英、阮大铖迫害埋下伏笔。不仅出与出间有紧密的事理上的衔接,即使 出之内亦是如此。《侦戏》一出把复社与阮、杨关联了起来,紧接上出《哄丁》,又开始把侯方域拉进来,照应前面侯方域欲寻芳觅艳,又为后文眠香和却奁埋伏笔,并激起两派激烈的矛盾冲突。《桃花扇》在政治与爱情的关合上,次要人物起了重要作用,杨龙友、柳敬亭、苏昆生串起了主脑人物的行迹,推动故事发展。在侯方域、李香君与阮大铖的冲突上,一直是杨龙友在起作用,他引发矛盾,又缓解冲突,他对桃花扇的出现有最重要的决定性,有他的始作俑,才有第12出《辞院》、21出《媚座》、22出《守楼》的出现及其后情节发展的方向,可以说,没有他,就没有桃花扇,从开始男女主人公的结合就是由他而起,诚如23出由他点染桃花扇;另外柳敬亭在侯方域修札后投辕、苏昆生代寄桃花扇都对剧作起到了引发作用。同时作者还借非主人公加载流贯了一条线索点明创作意图和国家兴亡之感,这一点在前面已有论述⑪。

李渔还说:“然传奇一事也,其中义理分为三项:曲也,白也,穿插联络之关目也。”不难看出,《桃花扇》的针线比《长生殿》更紧密在一定程度上说也与《桃花扇》宾白远远多于曲词,而且起了关联作用有关,人物的关系以及故事情节的前因后果都借此而明;而《长生殿》大量的抒情性唱词对故事情节有所淹盖,从而结构上不够紧密。

第五,减头绪。“头绪繁多,传奇之大病也……止为一线到底,并无旁见侧出之情。三尺童子观演此剧,皆能了了于心,便便于口,以其始终无二事,贯串只一人也……后来作者不讲根源,单筹枝节,谓多一人可增一人之事……作传奇者,能以‘头绪忌繁’四字,刻刻关心,则思路不分,文情专一,其为词也,如孤桐劲竹,直上无枝,虽难保其必传,然已有《荆》《刘》《拜》《杀》之势矣。”李渔这段话与前面所说的“立主脑”相关,就是要枝干分明,主次分开,不管有多少人,多少事,总之要紧紧围绕一人一事展开,不可以乱生枝节。《长生殿》《桃花扇》都是主脑分明,前面已有所论述,从时间角度看,二剧以生旦活动为线,其他人物的活动都在他们身边展开,虽然都是政治、爱情复线结构,但并不冲突,而是有逻辑上的必然性。《长生殿》主要写了钗合情缘,纯政治上的冲突戏并不多,人物都与生旦相关,都是为李杨爱情服务的,永新、念奴、李龟年之辈固不必说,即郭子仪也是用来表现由李杨爱情所致的兴亡之感,织女的出现则是为后半部坚抱痴情终于升入仙界,永为天上夫妻设伏。《桃花扇》虽然写到了爱情主人公之外的诸多政治事件,但兴亡之感和儿女之情并不相互游离，人物虽多，但井井有条而不觉繁芜，这一点蒋德均先生也早已注意到：孔尚任在《桃花扇纲领》中将全剧30多个人物，分为左、右、奇、偶、总五部。其中，以左部正生侯方域和右部正旦李香君为中心，并由与此有关的柳敬亭、苏昆生、杨龙友、李贞丽等16人组成一个阵营来表现离合之情，奇、偶两部的正面人物以史可法为代表，反面人物以马世英、阮大铖为首等20人，通过一系列的矛盾冲突的设置，表现他们在政治斗争中的不同态度和行为来反映南明王朝一代兴亡之感。这两条线索、两组人物又是如何联系起来的呢？孔尚任《桃花扇纲领》中说："色者，离合之象也。君子为朋，小人为党，为奇偶计之，而两部之毫发无差。张道士，方外人也，总结兴亡之案。老赞礼，无名氏也，细参离合之场。"[12]

第六，戒荒唐。李渔认为传奇"只当求于耳目之前，不当索诸闻见之外"，"世间奇事无多，常事为多，物理易尽，人情难尽。有一日之君臣父子，即有一日之忠孝节义。性之所发，愈出愈奇，尽有前人未作之事，留之以待后人，后人猛发之心，较之胜于先辈者"，"即前人已见之事，尽有摹写未尽之情，描画不全之态。若能设身处地，伐隐攻微，彼泉下之人，自能效灵于我，授以生花之笔，假以蕴绣之肠，制为杂剧，使人但赏极新极艳之词，而竟忘其为极腐极陈之事者。此为最上一乘，予有志焉，而未之逮也"。洪升也说"看臣忠子孝，总由情至"[13]，孔尚任则说"子孝臣忠万事妥，休思更吃人参果"[14]，可说他们的识见大略相同。《长生殿》可说是使人"但赏极新极艳之词，而竟忘其为极腐极陈之事者"，演的是"垂青史"的"天宝明皇，玉环妃子"的"宿缘"，虽然前人不乏其作，但"精诚不散，终成连理"却为前人所未道，作者尽情摹写了一场难尽之情，但后半部李杨爱情感金石，回天地，直上忉利天宫永为夫妻在李渔看来大概是有点荒唐了，不过这也是此剧之奇之所在，文学创作应该是允许浪漫主义的存在的；《桃花扇》演的就是离现实生活不远的"明朝末年南京旧事"，更是"演的快意，演的伤心"，一秉桃花扇，写尽儿女情态、忠奸变幻、兴亡之感。

第七，审虚实。为了达到劝善惩恶的目的，李渔认为可以对客观事实进行一定的剪裁取舍；就现实生活戏而言，"虚则虚到底"（谓其人其事皆可凭空捏造）；若历史题材者，"实则实到底"（史事及其人皆班班可考，"使与本等情由贯串合一之为难也"）。洪、孔二君写的都是历史剧，总起来看是尊重历史的，人物没有虚造的，其事也基本与史实相符，但他们都对历史事实有所突破，文学作品本来就是允许作者"设身处地，伐隐攻微"，发挥艺术想象进行再创造的，只有这样，才能实现李渔在"戒荒唐"里的要求，只有如此才能"愈出愈奇"，才能"脱窠臼"，他们都对历史重新进行了剪裁加工。洪升创作《长生殿》是三易其稿而成，基本是继承前人内容和意蕴，但改变了悲剧结局，使他们"败而能悔"，作者意在以此来"垂戒来世"。洪升说凡"史家秽语,概删不书,非曰匿瑕,亦要诸诗人忠厚之旨云尔"[15]。因此作者"荟萃唐人诸说剧中事,及李、杜、元、白、温、李数家诗句,又刺取古今剧部中繁丽句段以润色之"[16]。洪升所以不按历史事实来写,因为他要写的是他心目中理想的爱情,因此以虚为主。剧中没有明确的时间概念,基本都是空间上的转换,空间转换时也没有衔接。而孔尚任创作《桃花扇》更重历史客观事实。根据《桃花扇本末》可知孔尚任对弘光遗事很熟悉,他结识了南京四公子之一的冒襄,又曾游览秦淮河,并访问历史见证人张怡,这些人都被写进了剧本。他于剧前还单列《桃花扇考据》参照了主要史实。当然他也进行了再加工。但"朝政得失,文人聚散,皆确考实地,全无假借。至于儿女钟情,宾客解嘲,虽稍有点染,亦非子虚乌有"[17]。从剧作来看,的确如此,不仅各出之间有时间、空间上的紧密衔接,每一出借人物之口道出时间,使故事脉络更分明,而且于每出题下标明时间。吴梅评价《桃花扇》"其自述本末及历记考据各条,语语可做信史,自有传奇以来,能细按年月确考时地者,实自东塘为始"[18]。孔尚任对故事结局也根据创作意图做了改动。作者要"借离合之情,写兴亡之感",因此打破了传统的大团圆的结局,而让男女主人公双双入道。

由上不难看出,洪升、孔尚任的戏剧创作指导观念是和李渔的戏剧结构理论相一致的,他们的戏曲创作的结构也与李渔的"结构第一"的思想暗相吻合,这绝不是一个偶然的巧合,而是中国戏曲史上的一个值得注意的重要事实。李渔生年稍早于洪孔二公,他的创作和理论应该说对他们二人有一定的影响,同时也是中国古典戏曲发展(理论和创作)所必然到达的一个顶峰。笔者以为,中国戏曲理论史上由李渔结构理论所带来的一个标志性飞跃并不是孤独的,并没有到此戛然而中止,而是由洪升和孔尚任进一步贯彻到创作中,由于他们的格调高雅,取得了辉煌的成就。设使笠翁得见《长生殿》《桃花扇》传奇,不知作何等评价?

注:《桃花扇》人民文学出版社 1982 年版

《长生殿》人民文学出版社 1983 年版

① 李渔《闲情偶寄词曲部结构第一》上海古籍出版社 2000

② 同上

③《试论明清传奇中的"才子佳人"模式》《上海大学学报》(社科版) 1996 年第 2 期

④ 吴梅《中国戏曲概论》上海古籍出版社 2000

⑤ 孔尚任《桃花扇媚座》总批

⑥ 孔尚任《桃花扇小识》

⑦ 详见本文第七段

⑧ 吴舒凫《长生殿重圆》眉批

⑨ 张庚、郭汉城在《中国戏曲通史》中国戏剧出版社 1980

⑩ 孔尚任《桃花扇》

⑪ 详见本文第五段

⑫《〈长生殿〉与〈桃花扇〉结构艺术比较》重庆大学学报（社会科学版）2003年第9卷第3期

⑬《长生殿》第一出《传概》

⑭《桃花扇试一出先声》

⑮《长生殿自序》

⑯ 焦循《剧说》上海古典文学出版社 1957

⑰《桃花扇凡例》

⑱ 吴梅《中国戏曲概论》

分析：这篇论文存在以下问题：

1. 文章结构不够完整，没有内容摘要（中文摘要、英文摘要）和关键词。

2. 引文不够规范、详明，没有注明是何页码，部分没有注明出版社、编著者、出版时间、版次等；对历史事实材料的引用没有标注指出；没有注明参考文献。

3. 题目不能准确概括正文内容，题目是对二部作品的结构艺术进行比较，而正文整体上是在论述李渔戏剧思想对《桃花扇》《长生殿》二剧结构之影响。

4. 作者观点及论证不够明晰，引文太多，淹没了作者的思想观点。

5. 文章仅对作品进行一般的文本阐述，缺乏创新性。

[牛刀小试]

1. 什么是学术论文？学术论文有哪些特点？

2. 找一篇本专业学术论文阅读并研究其写法。

第四节 毕业（学位）论文（设计）

[基础知识]

毕业论文指需要在学业完成前写作并提交的论文，是教学或科研活动的重要组成部分。其主要目的是培养学生综合运用所学知识和技能，理论联系实际，独立分析、解决实际问题的能力，使学生得到与所学专业相关的基本训练。毕业论文应反映出作者能够准确地掌握所学的专业基础知识，基本学会综合运用所学知识进行科学研究的方法，对所研究的题目有一定的心得体会。论文题目的范围不宜过宽，一般选择本学科某一重要问题的一个侧面。

毕业论文在进行编写的过程中，需要经过开题报告、论文编写、论文上交评定、论文答辩以及论文评分五个过程，其中开题报告是论文进行的最重要的过程之一，也是决定论文能否进行的一个重要依据。

[**例文导读**]

例文：

本科毕业设计(论文)

常熟理工學院

题　目　××××××

系(院)　计算机科学与工程学院

年级　2005 级　专业　网络工程

班级　××××　学号　××××

学生姓名　×××

指导教师　×××　职称　中级

论文提交日期　2009－5－17

××××××××××

摘　要：特征提取是手写汉字识别的关键环节，针对手写汉字的特点和复杂性，前人提出过了多种有效的特征提取方法，包括周边特征、交叉特征等，但是采用这些单一特征进行识别时，往往对图像局限性较大。

该设计试图运用成熟的手写体汉字识别中的交叉特征、周边特征等单一特征进行快速的特征融合，主要利用经典的主分量分析、Fisher 线性鉴别分析、二维主分量分析进行实验，达到提高正确识别率的目的，最终通过标准的图像库进行仿真实现。

关键词：数字图像；MATLAB 运用；图像识别；人工智能；汉字识别

Realization of hand-written Chinese character recognition simulation based on parallel feature combination

Abstract：Chinese character recognition simulation realization abstract characteristic extraction the key link, in view of the hand-written Chinese character characteristic and the complexity.

The predecessor has proposed many kinds of effective characteristic extraction method including the peripheral characteristic, the overlapping characteristic and so on, when uses these sole characteristics carry on the recognition to the image limitation is often big. This design attempts to utilize in the mature handwritten form Chinese character recognition the overlapping characteristic, the peripheral characteristic and so on the sole characteristic carries on the fast characteristic fusion, mainly using the classics main component analysis, the Fisher linearity distinction analysis, the two-dimensional host component analysis carries on the experiment, achieved enhances the correct recognition rate goal.

Finally carries on the simulation realization through the standard image storehouse.

Key Words: Digital image; MATLAB utilization; Pattern recognition; Artificial intelligences; Chinese Character Recognition

目 录

（正文、参考文献与致谢内容此略）

分析：

这是一篇结构规范、完整的毕业论文，首页作为毕业论文封面，包含论文写作者的基本信息。论文部分分标题、摘要、关键词、英文摘要、目录、论文主体（引言、本论、结论）、参考文献、致谢这几个部分。

［**写法指南**］

（一）格式

毕业论文的撰写格式与学术论文基本相同，但是因为毕业论文篇幅较长而且要装订成册，为方便阅读起见又增加了封面和目录两项。

如某高校对该校研究生硕士学位论文的格式要求：

研究生学位论文必须用中文撰写，一般应由十个主要部分组成，依次为：封面、中文摘要、英文摘要、目录、符号说明、论文正文、参考文献、附录、致谢、攻读学位期间发表的学术论文目录。各部分的具体要求如下：

1. 封面

封页上填写论文题目、学校代码、作者姓名、指导教师姓名、申请学位级别、学科专业、论文提交日期、答辩日期、所在学院等内容。封面格式见附样。

2. 中文摘要

中文摘要应简明地表达论文的要点，要体现论文工作的核心思想。摘要内容应涉及论文工作的目的和意义、研究方法、研究成果和新的见解。硕士论文 1000 字左右,博士论文 3000 字左右。

3. 英文摘要

英文摘要内容应与中文摘要基本对应,符合英语语法,语句通顺。

4. 目录

应将论文的章节标题依次排列,标明其首页页码。

5. 符号说明

解释论文中所用符号表示的意义、单位或量纲等。符号说明主要为帮助阅读论文,如论文中没有采用符号则该部分略去。

6. 论文正文

论文正文是文章的主体,一般由标题、文字叙述、图表、公式和数据等构成。写作形式可因学科要求和研究课题的性质不同而异。

7. 参考文献

参考文献应按论文中引用出现的顺序列出,并加以序号,可以列在各章末尾,也可列在正文的末尾。

8. 附录

主要列入正文内过分冗长的公式推导,是供查读方便的辅助性数学工具或表格、重复性数据图表、程序及说明等。如没有相关内容则该部分略去。

9. 致谢

对给予各类帮助、指导和协助完成研究工作以及提出各种对论文工作有利的单位及个人表示感谢。

10. 攻读学位期间发表的学术论文目录

按学术论文发表的时间顺序,列出本人在攻读学位期间发表的学术论文清单(包括发表刊物名称、卷册号、页码、年月、论文题目及署名)。

(二) 写作步骤与要领

王国维说:"古今之成大事业、大学问者,必经过三种之境界:'昨夜西风凋碧树。独上高楼,望尽天涯路。'此第一境也。'衣带渐宽终不悔,为伊消得人憔悴。'此第二境也。'众里寻他千百度,蓦然回首,那人却在,灯火阑珊处。'此第三境也。"我们在毕业论文创作中也往往要经历这三种境界:选题、搜集材料可以说是第一境,编写提纲、撰写初稿可说是第二境,论文修改、誊清定稿可谓第三境。

1. 第一境:选好论题、组织材料

选题是关系毕业论文质量的关键。从某种意义上说,选好一个研究课题,论文就成功了一半。选题时可以从以下几个方面去考虑:

(1) 选择的课题要有价值,可以是纠正和补充前说,也可以是对亟待解决的课题的发掘,不论何种,都要求有新发现、新创造、新的观点。

(2) 在专业范围内,从自己的兴趣出发,结合自己的业务专长,扬长避短,选择有利于展开的课题。

(3) 应从主客观条件出发,恰当选题。选题不宜过大,但也不能过小,难度要适中;同时,要考虑毕业论文的时间要求和容量要求。

资料的充分占有是论文成功的基础。资料可以是通过直接实地调查研究而得到的直接资料,这是第一手资料;也可以是通过从图书馆或档案馆查阅现成的资料而获得的间接资料,这是第二手资料。第一手资料弥足珍贵,第二手资料同样不可或缺。调查研究的形式是多样的,对于学生来说,个别访谈、抽样问卷、查阅有关档案无疑更具有可操作性。而要更快更好地查阅现成的资料,也需要学生善于利用书目、索引和其他的工具书,如文摘、年鉴等。

间接资料的获得需要作者通过多种途径检索、阅读和积累。随着网络的普及与资源的数字化,当今科技文献检索的途径和方式越来越丰富,资源的获得更加便捷,如读秀、万方数据库、中国期刊网全文数据库等给资料检索、搜集带来了许多便利。

对搜集的资料要进行记录和整理。记录资料的方法有做卡片、记笔记、剪贴资料、复印、电脑扫描、下载复制等。资料的整理工作主要是分类、筛选、鉴别、比较、提炼和综合归纳。

2. 第二境:编写提纲、撰写初稿

在选题完成、初步占有材料后,作者就可以对论文的写作进行构思,形成一个总体的设计蓝图,这就是编写提纲所做的工作。编写提纲是写作者理顺自己的思路,初步确立自己论文的框架结构,将论点、分论点、所用论据和拟用论证方法明朗化、层次化的一个过程,而这一过程将随着作者的材料的逐步完善与写作的深入进行作出调整,因为提纲只是初步规划,不可能是一成不变的,作者要用新的材料充实提纲、完善提纲、修改提纲,而不能被提纲所束缚。

编写提纲要注意结构框架要清晰,论点与支撑论据的资料要一一对照。

在选题已经确定,提纲经过修改后最后拟定,资料已经完备,结构谋划已完成后就可以进入初稿的写作阶段。

撰写初稿要注意两方面的情况。内容上,力求完整、翔实,论点描述要到位,论据与论点要一致,论证严密,结构完整;文献上,各种参考资料的来源、出处,在初稿中要注明,以免定稿时再次查找,做重复劳动。

3. 第三境:论文修改、誊清定稿

一篇论文的最终完成要经历多次认真修改,修改是完成论文必不可少的一个重要环节,是对自己长期撰写工作的检查、回顾。前期撰写初稿由于“当局者迷”,往往是“不识庐山真面目,只缘身在此山中”,而全部完成后回头重新审视自己的作品,“旁观者清”,能够站在一个新的高度看自己的论文,订正论点、修改论据、调整结构、推敲语言,作适当的补充、修改。同时,除了自己认真检查、修改外,应该向有关专家、老师、同学等征求意见,尤其是那些对自己所写论文领域有所研究的人员。一般学校会给毕业生安排专门的指导教师,但论文的最终完成主要还靠学生自己的努力。

经过认真修改后,就可以誊清定稿了。誊清定稿要按规定的格式排版,一般学校会提出明确要求,毕业生只需按照要求排版即可。如某高校在论文排版上说明如下:

学位论文一律用 word 软件编排,大 16 开(19.5cm×27.0cm)纸排版和打印。论文篇幅在 50 页以上的,宜采用双面打印,页面设置为对称页边距。

论文标题及各章标题用小二号黑体字,各节标题为四号黑体,正文用小四号宋体,图表及说明文字用五号宋体,英文用 TimesNewRoman 字体。

页边距的设置为:上边距 2.5cm,下边距 2cm,左边距(内侧)2.5cm,右边距(外侧)2cm。

页眉:奇数页为“姓名+论文题目(文字可缩略)”,偶数页为“××大学××学位论文”,边距 1.5cm,五号宋体。

页码:一般放在页眉的外侧。

(三)论文答辩

论文完成后,经过指导教师审定并签署意见后便进入答辩程序。答辩前,由各院系组织、成立毕业论文答辩委员会,一般是由 3 至 7 名具有讲师以上职称、有较高教学水平和科研水平的人员组成。答辩过程一般包括下列几部分:学生自述,委员会成员提问,学生答辩,宣读指导教师评语。答辩时间一般为 35 至 50 分钟,其中自述时间为 15 至 20 分钟,回答问题时间为 20 至 30 分钟。

关于文献使用的补充说明:

(1)区别直接引用与间接引用。一手资料直接引文:如引用的内容与原文完全一致,则用引号,并注明来源及页码。一手资料间接引文:如果是归纳他人观点,解释性地引用他人的成果,则不用引号,亦需要注明来源。二手资料间接引文:如果是在阅读某人甲的文献时发现被其引用的另一作者乙也有值得引用的观点,则引用的方式为乙(2003)曾指出……(转引自甲 2008),这里要求甲和乙均必须出现在参考文献中。

(2)避免无意抄袭。我们偶尔会将以前从某本书上学习到的观点、理论用于行文中,但并没有注明出处,这便形成了无意剽窃。任何观点都必须有来源,或者要得到作者的论证。

(3) 正确使用词语。少用主观评价的词,如"我个人认为""不言而喻"等;更不要用未注明来源的引语,如"有专家说""一位著名机械专家曾经探讨过""现代心理学认为"等。

[**牛刀小试**]

找一份自己专业的毕业(学位)论文或毕业(学位)设计,对其内容、写法及格式进行详细分析。

第六章

经济文书

经济文书是各企事业单位、机关或团体以及个人在经济活动中处理事务、沟通信息、协调活动等过程中使用的具有相对固定或惯用格式的专用文体。它记载和反映国家、企业、个人的经济信息，是经济活动中不可或缺的重要工具，对沟通经济信息、分析经济活动状况、促进经济效益提高具有重要意义。经济文书具有针对性强、专业、规范、准确等特点。

经济文书可分为三类，一是报告类，用于总结和分析经济工作的现状或者发展趋势，如经济工作总结、市场调查报告、市场预测报告、经济活动分析报告、可行性研究报告等；二是方案类，用于为决策者提供决策依据，如经济工作计划、商务谈判方案、经济决策方案等；三是契约类，用于确定经济活动当事人双方的关系、彼此的权利和义务，如委托书、经济合同、意向书和协议书等。

本章涉及的经济文书主要有经济合同、产品说明书、招标书与投标书、市场预测报告、经济活动分析报告、可行性研究报告。

第一节　经济合同

［**基础知识**］

1. 概念

1999年10月1日起实施的《中华人民共和国合同法》第二条规定：合同是平等主体的自然人、法人、其他组织之间设立、变更、终止民事权利义务关系的协议。经济合同是双方或多方当事人为了实现一定的经济目的，通过平等协商，明确相互权利与义务而共同订立的一种具有经济关系的协议，是当事人表示见解一致的法律行动。

2. 特点

当事人的权利受国家法律的保护，当事人的义务受到国家法律的监督。凡是合同都具备以下特征：

（1）合法性。合同的订立和履行，应是当事人受到法律保护和监督的合法行为，合法性是有效合同应具备的基本特征。其合法性体现在主题、内容、订立程序、表达形式等各个方面；同时，还表现在任何第三者不得对依法设立的合同关系进行非法的干预和侵害。内容不合法，应被视为无效合同。此外，合同的订立必须依循应有程序。一般来说合同经过公证或签订才能生效。

（2）对等性。又称为平等性，即签订合同的双方或多方当事人，无论是法人还是自然人，当事人双方或多方均为平等的民事主体，享有平等的权利，不允许一方有超越对方法律地位的行为；合同应在当事人平等协商、自主自愿的基础上签订，任何一方都不得把自己的意志强加给对方，任何组织和个人不得非法干预合同的签订。采取胁迫手段所签订的合同是无效合同。在承担法律责任时，签订合同的双方或多方当事人法律地位也是平等的。

（3）规范性。合同的规范性主要表现在形式的规范和语言的规范两个方面。合同的书面形式是较为统一、固定的，即对内容的构成及其先后顺序都有一定的要求。为规范合同的体式，国务院曾于1990年3月20日批准在全国推行统一的合同文本格式。在语言方面，要求使用规范的表达方式，如用语、数字、简称及修改符号、计量单位等，都要按照有关标准和规定使用。语言还要做到准确、严密，措辞要力求精当，不能有模棱两可、含糊不清的情况出现。

（4）合意性。当事人之所以签订经济合同，是为了实现自己特定的经济目的，或者说，是为了实现自己的意愿。经济合同中的所有条款，都必须是当事人双方经协商达成一致的意愿，合同内容应是当事人意愿的真实表述，未取得一致意见的条款不能写入。

（5）完备性。经济合同中的条款必须明确周全。在合同中，双方当事人的权利、义务、责任都必须分别写清，任何一种可能出现的情况都要有所顾及。只有周全的条款才能规范行为，明确双方的权利、义务、责任，否则，易引发日后的经济纠纷。

3. 种类

根据不同角度，经济合同可以分为以下几类。

（1）按合同内容分类，可分为买卖合同、赠与合同、借款合同、租赁合同、融资合同、建设工程承包合同、能源供应合同等。

（2）按书面表达形式分类，可分为条款式合同、表格式合同、条款和表格组合式合同。

（3）按合同期限分类，可分为短期合同、中期合同、长期合同。

［**例文导读**］

例文：

广告发布合同

合同编号：________________

甲方：__________________________　　乙方：__________________________

法定代表人：____ 委托代理人：______　　法定代表人：_____ 委托代理人：______

地址：__________________________　　地址：__________________________

电话：_____传真：_____邮编：_____　　电话：_____传真：_____邮编：_____

开户银行：______________________　　开户银行：______________________

银行账号：______________________　　××晚报社账号：__________________

一、甲、乙双方根据《中华人民共和国合同法》《中华人民共和国广告法》及有关法律、法规的规定，经充分协商，就甲方委托乙方发布广告事宜订立本合同。

二、甲方委托乙方发布广告的规格、价格和发布时间：

发布媒介		发布时间	
单价		单位广告规格	
优惠折扣		应付总额（大写）	
付款方式		付款日期	
备注			

三、双方的权利义务

甲方在签订本合同前向乙方提供：

（1）甲方公司的营业执照复印件。

（2）版面设计出现注册商标的，出示商标注册证或商标使用许可合同等证明文书；版面设计出现专利的，出示国家知识产权局颁布的专利证书、专利使用许可合同等证明文书。

（3）版面设计涉及著作权、公民姓名权、肖像权等权利的，提供权利证书或授权书、承诺函件。

（4）其他应当向乙方出示的法律文件。

甲方提供文稿及广告版面设计。广告文稿内容、图片发生对第三人侵权的，由甲方向第三人承担民事责任，同时赔偿给乙方造成的损失。

乙方对甲方来稿文字内容有删减权。甲方提出刊登时间要求的，乙方根据版面情况，酌情安排；如有特殊情况，乙方可自行变更时间。

见报稿件发现差错，属原稿差错，由甲方负责；属乙方差错，由乙方负责对错误部分更正一次，原刊登版面依本合同约定收费标准收费。

甲方提供的营业执照、许可证等文件均依法取得；提供的广告内容真实、合法；对广告文稿中的文字内容、图片内容，享有相关的著作权利。

四、凡因本合同引起的或与本合同有关的任何争议，双方一致同意提交××仲裁委员会仲裁。

甲方签署： 乙方签署：

（盖章） （盖章）

签署日期：________ 签署日期：________

点评：合同的标题明确标明了合同的类型。标题下写明合同的编号。引言点明签订合同的依据。本合同以条款的方式明确了各有关内容，标的的规格、价格和发布时间交代清楚明确，价格和总金额也以表格的形式标示清楚。双方的权利义务清楚明确，违约责任的承担方式规定得细致明确，交代了发生意外情况时的处理办法，写明合同生效日期。最后写上订合同双方当事人的签章、日期。整个合同完整明晰。

[**写法指南**]

经济合同的基本结构主要由标题、当事人名称、正文、附则、落款几部分组成。

1. 标题

标题由合同性质和文种组成，如“购销合同”“技术合同”“建筑工程合同”等。为了进行合同的登记，标题下还应写明合同的编号。

2. 当事人名称

即经济合同签订各方的名称，要使用全称，再用括号注明规定的简称，如“以下简称甲方”“以下简称乙方”；也可以按合同内容在括号中注明，如借款合同可写“借方”“贷方”；如是财产租赁合同，通常委托方称“甲方”，受委托方称“乙方”，第三方称“丙方”。

3. 正文

正文包括引言和主体两部分。

引言是正文的开头，一般写明签订合同的目的、依据和签订过程、签订方式。通常写法比较固定，如“为了×××，根据×××，经双方协商同意，特签订本合同，以资共同恪守”。

主体即合同的具体内容和条款，根据《中华人民共和国合同法》的规定，经济合同的主要条款包括标的、数量和质量、价款和酬金、履行的期限以及地点和方式、违约责任等。

（1）标的。标的是合同关系中确定的双方当事人权利和义务共同指向的对象。它可以是物，如购销合同中出售的商品；可以是行为，如运输合同中承运人将旅客和货物运达目的地的行为；还可以是技术和成果，如技术合同中的技术、出版合同中作者的作品。

（2）数量与质量。标的数量直接关系到当事人的权利和义务的大小。其中应包括计量单位和数目，有的商品应规定合理的磅差、正负尾数等。标的质量是产品外在形态和内在品质的统一，也直接影响到当事人的权利和义务。应该明确检验标准，一般有规定标准的，如国际标准、国家标准等，须按当事人双方认可的标准执行；没有规定标准的，由双方当事人协商确定。

（3）价款或酬金。标的为实物的，支付价款；标的为劳务、技术、委托的，支付的是报酬。价款和酬金均须写明单价、总价、结算币种、支付方式以及逾期交货、逾期提货、逾期付款遇到价格波动时的结算方式等。

（4）履行合同的期限、地点和方式。履行合同的期限是指交付标的和支付价款、酬金的时间界限，包括合同有效期限和履行期限，超过期限未能履行合同，就应当承担由此产生的后果。履行合同的地点指合同履行时的具体地点，包括交货、验货或承建工程的具体地点，它关系到履行合同的费用和时间，必须规定具体、明确，不能产生歧义。履行合同的方式包括时间方式和行为方式两方面。时间方式分一次性履行完毕和分期履行；行为方式分当事人必须亲自完成和允许他人代为完成等，对于这些，合同均应作明确规定。

（5）违约责任。违约责任指当事人不履行或不恰当地履行合同时应该承担的经济和法律责任。违约责任主要以罚违约金、赔偿金来体现。所以，违约责任又叫经济责任，主要用来督促当事人履行合同的义务，保证合同实现，保护当事人的权益，是经济合同中不可忽视的重要条款。

除了以上五项主要条款以外，可根据实际情况，由当事人双方通过协商自行增删条款，或另订立约定条款。有的合同还在最后特地写上“本合同未尽事宜，由双方协商解决”以弥补合同的不足。

总之，正文的主体部分是保证经济合同双方当事人合法权益的主要依据，必须明确讲清双方当事人须共同解决的问题和达到的目的，以及由此而产生的各自的权利和义务。

4. 附则

附则是经济合同的结尾，一般包括双方当事人的单位地址、电话号码、电报挂号、开户银行、银行账号、邮政编码等内容，也可以写明合同的有效期限、合同一式几份、归谁保管等内容。合同如有附件或图表之类，还应在正文之后加以注明，并写明附件的名称和件数，以示为合同的辅助材料，与合同本身具有同等效果。

5．落款

落款包括签订合同的双方当事人单位名称、法定代表人的签名和单位盖章。用印要端正、清晰。如果需上管部门或公证机关审批、鉴证，则还需写上主管部门或公证机关的名称、意见、日期，由经办人签名，并加盖公章。

拟写经济合同要注意以下几点：

(1) 内容合法。订立经济合同是一种法律行为，其内容必须符合《中华人民共和国经济合同法》规定的三条基本原则：一是必须遵守国家的法律，必须符合国家的政策；二是任何单位和个人不得利用合同进行非法活动，扰乱经济秩序，损害国家利益和社会公共利益，牟取非法收入；三是必须贯彻平等互利、协商一致、等价有偿的原则。

(2) 条款完备。经济合同的一般条款是当事人双方履行合同的依据，切不可遗漏或表述不清，否则将影响合同的履行，引起法律纠纷，损害当事人的利益。总的来说，经济合同无论采用哪种书面表达形式，都应该结构完整、条款完备、考虑周详。

(3) 文字严密。经济合同的文字表述必须简明、严密、准确。切不能用容易产生歧义的词，不能使用“大约”“基本”“左右”等含糊不清的字词；容易引起争议的词语，更要字斟句酌，不可掉以轻心，以免被对方钻空子，引起纠纷。另外，标点符号的使用也要正确、规范，不可大意，避免引起误解。

[**病例分析**]

买卖合同

签订日期2002年11月25日

卖方：苹果之乡（甲方）

买方：苹果罐头厂（乙方）

经双方协商，现订立本合同，以资共同信守。

一、甲方卖给乙方的苹果的品种为富士，规格为七零大；红度为整个苹果的2/3，苹果要无斑、无伤、无虫眼，且每个苹果都要有苹果把，以防止腐化、变质。

二、甲方为乙方供货30箱，每箱60个苹果，由甲方全部包装成箱，箱内苹果摆放无缝隙，且要有包装套。

三、每箱苹果乙方付50元钱，共1500元，其货款在交货时一次结清。

四、乙方在收货时应当面审查，看是否合乎标准，逾期甲方不负任何责任。

五、由乙方到甲方的苹果地进行收购，甲方在乙方对苹果验收合格后，乙方发生的任何费用和损失，以及苹果的变质等一概不负责任。

六、本合同一式两份，一份交苹果之乡，另一份交苹果罐头厂。

苹果之乡（盖章）　　　　　苹果罐头厂（盖章）

分析：合同的写作一般要从三个方面来检查：格式、条款和语言。

本文格式基本符合规范，但开头的买卖双方应写全甲方、乙方单位的真实名称，落款部分应写全甲、乙方单位的真实名称、地址、法定代表人姓名、电话、开户银行、账号等。

本篇的条款尚不完备，如标的不够明确，违约责任不够明确，解决争议的方法也不具备。

语言运用不准确、不简练。合同第三条应改为“每箱苹果乙方支付甲方 50 元，共计 1500 元”。第四条、第五条之间语意重复，改为“由乙方到甲方的苹果地进行收购，乙方在收货时应当面审查，逾期甲方不负任何责任”。

[**牛刀小试**]

1. 经济合同具有哪些特征？

2. 拟写经济合同需要注意哪些问题？

3. 下面这份“交换写字楼合同”的格式不规范，条款内容也有表述不当和漏写的地方，请你找出来，加以修改和补充。

交换写字楼合同

甲方：× ×贸易总公司

乙方：× ×市广告集团公司

甲乙双方为了便于在沪杭两地联系业务，需交换写字楼作为各自的办事处。现本着友好合作的精神制定如下协议：

一、甲方在杭州市上城区解放路× ×号× ×大厦 8 楼为乙方提供一单元住宅（四房一厅，实用面积不得小于 100 平方米）作为乙方驻杭的办事处用房。

二、乙方在上海市为甲方提供同样的一单元住宅，规格同上，作为甲方驻沪办事处用房。

三、双方分别负责为对方上述办事处供水、供电及安装电话，以确保日常业务活动的正常开展。

四、本合同有效期为五年，是否延期届时根据需要商定。

五、本合同自双方同时履约之日起生效。

六、未尽事宜，由双方另行商定。

甲方代表签字
甲方公章
年 月 日
乙方代表签字
乙方公章
年 月 日

第二节 产品说明书

[基础知识]

1. 概念

产品说明书,又称为商品使用说明书,是向消费者介绍商品性能、构造、功能、用途和使用方法等内容的书面材料。

2. 特点

产品说明书主要有以下特点:

(1) 知识性和科学性。产品说明书通过介绍商品的名称、产地、型号、性能、原理、使用方法、注意事项等方面的知识,帮助消费者了解商品和正确使用商品。产品说明书内容应实事求是,形容恰当,概念明确,程序、方法清晰,语言准确。不仅要介绍商品的特点,还要说明其注意事项和可能产生的问题,以免贻误消费者。

(2) 简明性和条理性。产品说明书大多是作为商品的附件出现的,如直接印在产品包装盒上或放在包装盒内。这就要求产品说明书要短小精悍、重点突出、语言通俗,要依据事物本身的规律或人们接受事物的习惯来写,做到条理清晰、层次分明。一般按商品操作先后顺序或结构空间顺序来撰写,所以,从形式上来看,产品说明书具有条理性。

3. 种类

按照说明书的繁简程度不同,可分为详细式说明书和简略式说明书;按照说明书的表现形式不同,可分为文字式说明书、图表式说明书、文字图表结合式说明书和影像式说明书;按照产品的不同类别,可分为工业产品说明书、农业产品说明书、科技产品说明书等。

［例文导读］

例文：

××枇杷露说明书

请仔细阅读说明书并按照说明使用或在药师指导下购买和使用

【药品名称】

通用名称：××枇杷露

汉语拼音：×××××Pipalu

【成　　分】枇杷叶、罂粟壳、百部、白前、桑白皮、桔梗、薄荷脑。

辅料为蔗糖、蜂蜜、枸橼酸、香精、防腐剂（苯甲酸钠）。

【性　　状】本品为棕色黏稠澄清液体；气香，味甜。

【功效主治】养阴敛肺，止咳祛痰。用于支气管炎咳嗽。

【规　　格】每瓶装240克。

【用法用量】口服。一次20克（相当于原药材2.3克），一日3次。

【不良反应】尚不明确。

【禁　　忌】儿童、孕妇、哺乳期妇女禁用；糖尿病患者禁服。

【注意事项】

1. 忌烟、酒及辛辣、生冷、油腻食物。
2. 不宜在服药期间同时服用滋补性中药。
3. 有支气管扩张、肺脓疡、肺心病、肺结核患者出现咳嗽时应去医院就诊。
4. 本品不宜长期服用，服药3天症状无缓解，应去医院就诊。
5. 严格按用法用量服用，年老体弱者应在医师指导下服用。
6. 对本品过敏者禁用，过敏体质者慎用。
7. 本品性状发生改变时禁止使用。
8. 请将本品放在儿童不能接触的地方。
9. 如正在使用其他药品，使用本品前请咨询医师或药师。
10. 运动员慎用

【药物相互作用】如与其他药物同时使用可能会发生药物相互作用，详情请咨询医师或药师。

【贮　　藏】密封，置阴凉干燥处。

【包　　装】玻璃瓶装，每盒装一瓶。

【有 效 期】暂定18个月。

【执行标准】国家食品药品监督管理局标准（试行）××××××。

【批准文号】国药准字×××××。

【说明书修订日期】20××年××月××日。

【生产企业】

企业名称:苏州××药业有限公司。

生产地址:苏州市××工业园。

邮政编码:××××××

电话号码:××××××××

传真号码:××××××××

网址:×××××××××

如有问题可与生产企业直接联系。

点评:这则广告以商品名称直接作标题,简洁明了。正文部分用分条列项的方式详细介绍了商品的成分、性状、功能主治、用法用量、不良反应、禁忌及注意事项等内容,使人一目了然,吸引了消费者的注意。正文的最后介绍商品的贮藏、有效期、执行标准及批准文号等,简洁规范。落款部分给消费者提供生产企业的有关信息,内容详尽,无遗漏。

[**写法指南**]

产品说明书一般由标题、正文、落款组成。

1. 标题

产品说明书的标题有完整式标题和省略式标题两种。完整式标题由商标、型号、货名和文种构成,如"海尔 MW - BQ8S 迷你全自动洗衣机使用说明书"。省略式标题有的由商品名称加文种构成,如"花旗洋参丸说明书";有的由商品名称加功效构成,如"补脑冲剂神经系统滋补品";有的直接以商品名称为标题,如"超能洗衣粉"。

2. 正文

正文一般介绍商品的基本情况,如商品性能、构造、用途、技术规格、使用方法、保养维修和有关事项等。

药物说明书:着重说明商品的成分、性状、功能主治、用法用量及禁忌。

机械产品说明书:着重说明其构造、操作方法和维修保养。

食品说明书:着重说明主要成分、保质期、食用方法。

家电类说明书:着重说明功能、操作方法并附线路图和原理图。

3. 落款

主要包括企业名称、地址、邮政编码、电话和网址等,以示对消费者负责,并便于消费者联系、咨询。

产品说明书的写作要求：

1. 内容全面真实，重点突出

说明书的内容要全面真实，又要突出重点。作者须事先全面深入了解商品，掌握其全貌，尤其是注意事项和使用禁忌；介绍商品性能、作用、使用方法必须科学、真实，不能加以夸大和虚构。说明书的内容不可能面面俱到，这就要根据产品本身的个性、特色和消费对象突出重点。如高科技产品要重点介绍功能、作用、功效和技术参数等，普通家电则着重介绍使用方法、维修维护等。

2. 语言通俗简洁，准确规范

商品使用者文化程度高低不一，要让大家读懂，就要使说明书通俗、简洁明了；同时，要注意语言要准确规范，不能含糊其辞、模棱两可，更不能前后矛盾。另外，在说明书中第一次使用非中文技术名词时，应用中文加以注释或说明。

［**病例分析**］

××剃须刀使用说明书

重要提示：

在使用产品前请仔细阅读本使用说明书；

请勿用水冲洗剃须刀；

确保剃须刀及电源线的干燥；

外刀网构造极薄，并经精密加工，请勿用力挤压或与坚硬物品碰撞，否则会损伤外刀网，以致损伤皮肤；

刀具是有使用期限的，为保持良好的剃须性能，我们建议您定期进行更换；

所需更换的××××网可到附近百货商店或××特约维修店购买。

执行标准：××××××

充电：

让产品在5℃至35℃温度的地方进行充电；

本产品使用电压为220V－50HZ；

为不影响产品的使用寿命，请在电池完全充满后从插座上取下，电池用完后再充电，并不要让剃须刀充满电后连续接通着电源；

先将电源线的尾端插入剃须刀插孔内，然后将插头插入电源插座内；

如果电源线损坏，必须到制造厂或售后维修部购买更换。

进行剃须：

切勿让水或其他液体进入电动剃须刀；

将开关键往上推，便可以开动剃须刀；

让剃须刀头在皮肤上成90度逆着胡须生长方向缓慢移动,并作出平直迂回的移动;

在干燥的脸上进行剃须效果最佳,因此在洗脸前或洗脸一段时间后进行剃须;

注意您的皮肤需要一段时间去习惯这个××剃须刀系统;

关掉剃须刀后把防尘盖盖上,以防止损坏;

当刀头有损坏时请不要进行剃须,以免损伤您的皮肤。

拆卸电池:

本机器里面设有的电池含有污染环境的物质,倘若您想要扔掉此机器,请卸掉电池并将它交给政府指定的收集点;

在卸掉电池时,保证器具必须断电并确保电池无电,若存有余电,打开机器直到发动器停止为止;

您也可以自己卸掉剃须刀里面的电池,用螺丝刀松开后盖,并用电烙铁或钳子卸下电池;

在卸掉电池之后,决不能将机器再与电源插座连接。

分析:该说明书由标题和正文组成,缺少了落款;正文部分按逻辑顺序写作,但同样不符合要求,缺少了对剃须刀产品的“清洁”和“更换刀网”等内容的介绍,这是很大的失误。另外,在“充电”“进行剃须”和“拆卸电池”部分,应配以图示,以方便消费者理解。上述三点是本文存在的主要问题。

[**牛刀小试**]

1. 根据表现形式不同,产品说明书可分为哪几种?各自有什么特点?

2. 撰写产品说明书有哪些注意事项?

3. 选择你身边的一个日用品,写一篇产品说明书。

第三节　招标书与投标书

[**基础知识**]

1. 概念

招标书又称招标启事、招标通告、招标广告,是招标人在进行工程项目或大宗采购时,将自己的要求和条件公开告示,从而吸引满足要求和条件的投资者前来交易的书面文件。正式招标书一般都通过报刊、广播、电视、网络等传播媒介公开发表。

招标书是一种告知性文件,在整个招标过程中,它属于首次使用的公开性文件,也是唯一具有周知性的文件。

投标书与招标书对应，又称为标函，是投标单位结合自身情况，按照招标书的条件和要求，向招标单位提交的含有报价和标单的文书。投标书是整个招投标过程中最重要的一环。

为了在竞争中脱颖而出，达到中标的目的，投标人应将投标书密封后邮寄或派专人送到招标单位，在开标前对投标方案、标的绝对保密。

2. 种类

招标书与投标书按标的物划分，可分为三大类货物招标书与投标书、工程招标书与投标书、服务招标书与投标书；按使用对象划分，可分为科研技术性招标书与投标书、生产经营性招标书与投标书等。

［**例文导读**］

例文 1：

××××××××××××××××××公告

××××××公司受×××××××的委托，现对"××××××××××××××××××"进行国内公开招标，欢迎具备条件的施工单位参加投标。

1. 项目名称：××××××××××××××××××

2. 编　　号：×××××

3. 工程概况

工程内容：见招标文件。

范　　围：×××××××××××××××招标文件清单范围内的全部工程内容；包括材料及辅料的供应及安装、检测、验收、完工清理直至交付发包人。

4. 工程建设地点：北京市××××××。

5. 工程概算投资：见招标文件。

6. 合格投标人的资格要求：

6.1 投标人是在中华人民共和国境内注册，具有法人资格；

6.2 投标人已通过 ISO9000 质量认证（证书复印件加盖投标人公章），且成功运行三年（含）以上；

6.3 投标人具有建设部核发的建筑装修装饰工程专业承包二级资质及以上；

6.4 投标人应具有丰富的建筑装修装饰工程专业施工经验，近三年内完成同类工程合同金额在 300 万元人民币及以上 3 个；

6.5 投标人须具备完善的售后服务体系，无不良售后服务记录；

6.6 投标人具有良好的商业信誉和健全的财务会计制度；

6.7 投标人具有履行合同所必需的设备和专业技术能力；

6.8 投标人应有依法缴纳税收和社会保障资金的良好记录；

6.9 投标人前三年内参加政府采购活动，没有重大违法经营记录；

6.10 投标人应遵守中国有关的法律、法规；

6.11 投标人须购买本项目的招标文件。

7. 报名需要提交的资料：

符合上述条件的投标申请人报名时须携带下列资料：

7.1 工商营业执照和税务登记证；

7.2 相应的资质证书；

7.3 企业法人代表授权书；

7.4 授权代表身份证；

7.5 类似业绩的工程合同。

注：① 以上要求提交的资料均需原件和复印件，复印件须加盖公章。

② 以邮寄（含快递）、传真、电子邮件、电报、电话等方式报名的无效。

③ 未携带以上文件的不能参加报名，本次招标不接受联合体投标，未经报名登记而复制招标文件，其投标文件将被拒绝。

8. 报名时间：2012 年×月××日至 2012 年×月××日每天 9:00—16:00，法定节假日除外。

报名地点：×××××

联系人：×××　联系电话：010 - ×××××××

点评：这篇装修改造工程招标公告，格式规范，行文简明，内容全面。前言部分简要说明了招标单位和招标项目；主体部分以条款式结构详细陈述了工程概况、工程内容、工程范围、工程建设地点、合格投标人的资格要求及报名需要提交的资料等内容。

例文 2：

承包×××厂移址改造工程投标书

××地区建筑工程招标办公室：

根据你们××××年×月×日发布的《××厂移址改造工程招标通告》以及××市建筑设计院设计的扩建设计图纸的内容，我公司具备承包施工条件，决定对此项工程投标。

我公司经历了长期的建筑工程的施工实践，于××××年企业整顿验收合格，××××年经省建委审定为一级建筑安装施工企业。公司现有干部职工 1000 人，设有 6 个建筑安装工程处，共 23 个建筑队，并配有预制品厂、机械厂、装修队和大型运输车队。公司具有对液压滑模、全框架现浇、大跨度钢架、预应力工艺、轻钢骨架、装配式工业厂房等工程的施工能力和经验。具备大型土石方工程、建筑工程和水电安装工程总承包施工的能力。

我公司决心在此项工程建设中以全面质量管理为中心，严格编制施工计划，发挥企业优势，挖掘企业潜力，保证缩短工期，力争在该项目上创优良优质工程。

一、工程标价

预算造价为××万元，标价在预算总造价的基础上降低1%，即降低××万元（详见报价表）。

二、建筑工期

在接到《中标通知书》后15天进场，做好开工前的一切准备工作。××年××月××日正式破土动工，××年××月××日竣工，总工期为×天（详见进度计划）。

三、工程质量

根据图纸要求，保证工程质量达到优良级，保证质量安全的主要措施见《施工组织设计》。

四、施工措施

1. 计划控制：采取总进度计划控制与土石方工程平衡调配和主车间平行、主体交叉流水网络计划控制相结合的办法。

2. 质量控制：制定质量目标，坚持TQC管理方法，建立各单位工程中的分部分项工程质量预控网络体系。

3. 健全技术档案：做到技术资料“十二有”，提高施工管理科学性。

4. 安全生产：运用安全“三定”，搞好安全教育，加强安全检查监督，防患于未然。

5. 思想工作：加强职工队伍思想教育工作，增强劳动纪律，讲求职业道德，为社会主义建设多作贡献。

6. 主要措施：各工种工程，分部分项实行挂牌施工，落实岗位职责，推行栋号承包制。

五、建议

建设过程中如有设计变更，材料串换、代用等现象，相互间都应本着实事求是的原则来处理。

××省××市第九建筑安装工程公司

法人代表：×××

××年×月×日

电话：×××××××

点评:这是一篇承包建筑施工工程的投标书。投标书的标题由投标内容和文种构成。正文包括了工程标价、建筑工期、工程质量、施工措施、建议等内容,基本内容完备。采用条款式,条理清楚。落款处标明了投标单位、法人代表及投标日期,清楚无遗漏。这是一篇符合格式要求的投标书。

[**写法指南**]

(一) 招标书

招标书由标题、前言、主体、落款四部分组成。

1. 标题

标题由招标单位名称、招标项目及文种构成,如“扬州市维扬区人民法院智能型档案密集架招标书”;由招标单位及文种组成,如“南京大学招标书”;由招标项目与文种组成,如“建筑工程招标书”。

2. 前言

前言又称为引言,这部分应写明招标单位、招标项目、招标范围、资金等,目的是让投标者了解有无投标的必要。

3. 主体

主体部分是招标书的重点和核心,要全面具体、准确无误地将招标项目的具体要求,中标者的权、责、利等内容说明清楚。同时,要对招标方式、招标范围、招标程序、招标时间与地点、开标方式等书写清楚。需要对投标者进行资格审查的,也应在这部分写明资格审查的时间和地点。

4. 落款

落款应该写明招标单位名称、地址、电话和发表日期等。

(二) 投标书

投标书由标题、称谓、正文、落款四部分组成。

1. 标题

由投标单位名称、投标项目及文种构成,如“江苏远大集团智能型档案密集架投标书”;由投标单位及文种组成,如“扬州海骅建筑工程有限公司投标书”;由投标项目与文种组成,如“园林绿化投标书”;只写文种的,如“投标书”“投标函”。

2. 称谓

称谓即为招标单位名称,顶格写。也有的投标书省去了称谓,在标题下直接写正文。

3. 正文

正文写明投标人的基本情况和完成投标项目的措施、步骤等。具体来说,需要写明投标单位的承包能力(资质等级、技术力量等)、落实标的的实施方法、总工期及序时进度、工程造价及各项目费用预算等内容。这部分内容应写得完整具体，力求使招标单位信服。

4. 落款

写明投标单位名称、联系方式和投标日期。

［**病例分析**］

关于×××电梯采购的招标公告

标书编号：×××××

××市政府采购中心受××市××投资发展有限公司的委托，就×××电梯进行公开招标采购，现欢迎符合相关条件的供应商参加投标。

一、招标项目名称及编号：

×××电梯采购　　×××××

二、招标项目简要说明：

××市××置业发展有限公司采购×××电梯

三、投标人资质要求：

供应商须具备《中华人民共和国政府采购法》第22条规定的条件：

（一）生产厂商须有电梯制造资质。

（二）代理商必须取得原厂商针对本项目的授权证书（同一品牌同一型号产品只能授权一家供应商。如果有多家代理商参加同一品牌同一型号产品投标的，应当作为一个供应商计算）。

（三）投标人应具备电梯安装专项资质B级以上（含B级）证书。

四、招标文件领取信息：

采购文件在××市政府采购网上免费下载。如确定参加投标，请如实填写参与投标确认函。

五、澄清文件相关信息：

（一）供应商请将澄清要求的书面文件（原件）在2012年4月6日下午5:00（北京时间）前送达××市政府采购中心，逾期不予受理。

（二）所有澄清要求的答复、采购文件的修改和变更信息均公布在××市政府采购网上（网址：http://www.×××××.com ），不再另行通知，敬请关注本中心网站发布的信息。

六、投标文件接收信息：

（一）投标文件接收开始时间：2012年4月17日上午8:30（北京时间）。

（二）投标文件接收地点：××市政府采购中心一楼开标室（××市××路

108号)。

七、开标有关信息:

(一)开标时间:2012年4月17日上午9:00(北京时间)。

(二)开标地点:××市政府采购中心一楼开标室(××市××路108号)。

八、本次招标联系事项:

(一)××市政府采购中心本项目联系人:××

(二)采购单位项目联系人:×××

(三)采购中心开户信息:

账户名:××市政府采购中心 开户行:建设银行××支行 账号:××××××××××××

九、欢迎本市行政区域内的市级以上(含市级)人大代表、政协委员参加本次采购监督活动。有意者请与我中心联系。

××市政府采购中心

2012年3月26日

分析:

这份招标公告结构完整,内容不全面,如投标文件接收截止时间、投标书接受人及联系方式、市政府采购中心项目联系人和采购单位项目联系人的联系方式等都没有交代清楚。

[**牛刀小试**]

1. 什么叫招标书?什么叫投标书?

2. 招标书和投标书分别由哪几个部分组成?

3. 阅读下面的招标书,指出它在结构、内容、语言等方面的不足,并加以修改。

××学院2012年教材采购招标公告

一、标的

××学院2012—2012学年度教材,预计总价400万元左右。

二、投标人应具备下列各项条件

1. 应具备独立法人资格,注册资金在100万元以上(含100万元),并且为一般纳税人的企业;

2. 具有大中专教材经营权及出版物发行许可权;

3. 有三年以上高校教材发行经验;

4. 无从事销售盗版教材等不良记录。

三、报名办法

有意者请携带法人委托书及营业执照、税务登记证、出版物发行许可证复印件加盖公章。

四、联系人

王老师　童老师

4. 在修改上述招标书的基础上，仿照例文，写一篇投标书。

第四节　经济活动分析报告

[**基础知识**]

1. 概念

经济活动分析报告是根据企业会计报表、会计核算、统计数据等资料，对企业取得的生产经营成果和经济效益状况有重点、有针对性地进行专项研究、全面分析后，客观公正地评价企业生产经营活动，并提出中肯意见和建议的一种书面报告。

2. 特点

经济活动分析报告是以分析说明经济活动情况为主要内容的书面报告，其关键在于分析说明，即对过去、现在的经济情况加以分析研究，主要有以下特点：

(1) 专业性。经济活动分析报告要建立在经济核算的基础上，而经济核算离不开各种数据的计算。由此可见，经济活动分析是一项专业性很强的工作，撰写者除了需要具备一定的理论水平和写作能力之外，还必须具备一定的专业知识和实践经验。

(2) 客观性。经济活动分析是一种客观公正的统计、量化分析，它十分注重统计材料的准确性和真实性。为了更好地反映情况、说明问题，撰写经济活动分析报告需要在研究分析大量资料和数据的基础上，总结出科学的判断和客观的结论。

(3) 实用性。经济活动分析报告及时地对目前的经济活动进行分析研究，对企业经营者来说，可以及时采取措施，调整计划，改进工作，提高效益；对政府有关职能部门来说，可以加强对企业的指导，提高科学管理水平。总的来说，经济活动分析报告虽然立足于过去，却着眼未来，对指导今后的经济活动具有重要作用，具有很强的实践参考价值。

3. 种类

经济活动分析应用于经济活动各领域的各个方面，相应地，经济活动分析报告种类也有很多。

按行业分，有工业经济活动分析报告、农业经济活动分析报告、商业经济活动分析报告等，其中，按行业的具体内容，如工业经济活动分析报告，又有生产分析、技术分析、经济利润分析等；按内容分，有综合分析报告、专题分析报告；按分析时间划分，有事前分析报告、事中分析报告、事后分析报告。

4. 作用

在现代经济生活中，经济活动分析报告是改善经济管理、提高经济效益的重要依据。它在经济活动中的作用主要有三个方面：一是评价某地区、行业、企业、部门过去的经营业绩；二是衡量目前的财务状况；三是预测未来的发展趋势。

[**例文导读**]

例文：

××单位年终财务分析报告

××年度，随着政府收支科目改革的不断深入，在全国经济持续稳步发展的形势下，我局坚持以执行预算为中心，以节约费用为重点，抓好单位财务管理工作，在省级和本级领导的正确领导下，依靠全体财务人员共同努力，以求真务实的工作作风，严格遵守《行政事业单位会计制度》，为局管理和发展提供了优质的服务，较好地完成了各项工作任务，在平凡的工作中取得了一定的成绩，现就××年终财务分析如下：

（一）年终财务分析——年初预算分析

本年度财政预算为×××元，比上年增加×××元。其中，基本支出×××元，比上年增加××%，项目支出×××元，比上年增加××%，基本支出增加的原因是（略），项目支出增加的原因是（略）。

（二）年终财务分析——本年预算执行情况分析

1. 财政补助收入情况

财政补助收入全年共拨入×××元，其中：基本支出全年共拨入×××元，项目支出全年共拨入×××元。

上级补助收入×××元，其他收入×××元。

2. 事业支出情况

事业支出全年共支出×××元，其中：基本支出全年共支出×××元（工资福利支出×××元，商品和服务支出×××元，对个人和家庭的补助支出×××元），项目支出全年共支出×××元（工资福利支出×××元，商品和服务支出×××元，对个人和家庭的补助支出×××元）。在所有支出中，××费、××费、××费开支较大，主要原因是（略）。

上级补助支出×××元，主要用于×××方面。其他支出×××元，主要用于

×××方面。

3. 年终决算情况

本年度单位共收入×××元，共支出×××元，年末事业结余为×××元，其中基本结余×××元，项目结余×××元，上年结余为×××元，今年比上年多结余×××元。多结余的原因是（略）。

（三）年终财务分析——存在的问题和建议

1. 积极做好对其他应收款的清理工作

其他应收款主要是职工出差和购物所借款项，这部分借款如不及时进行清理，就不能够真实反映经济活动和经费支出，甚至会出现不必要的损失，为此，我们通过年终财务分析，采取积极措施加以管理和清算。一是要控制应收款的资金额度，二是要缩短应收款的占用时间，三是要及时对应收款进行清理、结算。针对一些一直拖款项的职工，采取见面打招呼的方式，让其及时结账清算。若仍不能进行清还，则每月从工资中扣还一部分，直至把借款清完。

2. 加强对固定资产的管理

固定资产是开展业务及其他活动的重要物质条件，其种类繁多，规格不一。对于这一管理，很多人长期不重视，存在着重钱轻物、重采购轻管理的思想。今后要加强对这方面的管理。财务处在平时的报销工作中，对那些该记入固定资产而没办理固定资产入库手续的，督促经办人及时进行固定资产登记，并定期与使用部门进行核对，确保账实相符。通过清查盘点能够及时发现和堵塞管理中的漏洞，妥善处理和解决管理中出现的各种问题，制定出相应的改进措施，确保固定资产的安全和完整。

3. 重视日常财务收支管理

收支管理是一个单位财务管理工作的重中之重，加强收支管理，既是缓解资金供需矛盾、发展事业的需要，也是贯彻执行勤俭节约方针的体现。为了加强这一管理，台站今后要建立健全的各项财务制度，这样，财务日常工作就可以做到有法可依、有章可循，从而实现管理的规范化、制度化。对一切开支严格按财务制度办理，极大地提高了资金的使用效益，达到了节约支出的目的。

4. 认真做好年终决算工作

年终决算是一项比较复杂和繁重的工作任务，主要是进行结清旧账、年终转账和记入新账、编制会计报表等方面的工作。财务报表是反映单位财务状况和收支情况的书面文件，是财政部门和单位领导了解情况、掌握政策、指导台站预算执行工作的重要资料，也是编制下年度台站财务收支预算的基础。所以，我们非常重视这项工作，放弃周末和假期的休息时间，加班加点，认真细致地搞好年终决算，编制各种会计报表。同时，我们针对报表又撰写出了详尽的财务分析报告，对一年来的收支活动进行了分析和研究,作出了正确的评价。通过年终财务分析,我们总结出管理中的经验,揭示出存在的问题,以改进财务管理工作,提高管理水平,为领导的决策提供依据。

××财务科

××年××月××日

点评:这是一篇针对性、逻辑性都很强的专题分析报告。这篇报告结构严谨、条理清晰、分析透彻,语言简洁精练,符合分析报告要求篇幅短小精悍的特点。

[写法指南]

经济活动分析报告一般由标题、正文、落款三个部分组成。

1. 标题

经济活动分析报告的标题,一般由时间、分析对象和内容、文种三部分组成,如"2010年手机价格趋势的分析报告""2011年12月份财务指标完成情况报告"。有突出时间的,如"2011年产品销售情况分析报告";有突出分析对象、内容和文种的,如"液晶显示屏产销情况分析报告";有的是直接摆出观点,如"企业振兴发展的关键在于增加科技投入";有的是提出问题,令人思考,如"怎样降低商品流通费用"。

2. 正文

一般包括前言、基本情况、评估分析、意见或建议。

(1) 前言。又称为引言、概况,主要是概括说明有关经济活动的基本情况和背景,如交代分析的目的和意义、提出分析的主要问题、评述当前经济形势等。

(2) 基本情况。主要介绍经济活动的基本情况,各项经济指标完成情况,技术、管理实施情况,业务开展情况,等等。情况介绍是分析问题、总结经验、提出对策的基础,要求各项数据、资料准确完整,能说明并反映问题。

(3) 评估分析。评估分析是经济活动分析报告最重要的环节,无论是哪一类型的分析报告都要以党和国家的政策及经济规律为依据,充分采用对比分析、动态分析、定性分析、定量分析等多种分析方法,对经济活动中的成绩、经验、问题作出总结和反映,并根据分析的结果作出中肯的、合乎实际情况的、令人信服的评价。

评估分析不能只堆砌材料、罗列事实,要有理有据,通过对内外各种因素的综合系统分析和研究,将各个因素和不同的侧面联系起来,这样才能准确对经济活动作出客观正确的评价。

(4) 意见或建议。研究并分析问题的目的是为了更好地解决问题,提出意见和建议是解决问题的有效途径。如果报告以说明成绩、总结经验为主,应着重写进一步提高经济效益的途径;如果报告以揭露问题、总结教训为主,应着重写解决问题的措施和对策;如果报告以分析未来发展趋势为主,则应着重写应对方案。

3. 落款

落款要写明单位名称(或作者姓名)和日期。也有将作者或单位写于标题之下的。

撰写经济活动分析报告的基本要求如下：

1. 标题简练

标题是经济活动分析报告的精华缩写,它与主题密切相关。所以,选择主题要简要明确,高度概括地揭示出经济活动分析报告的主题思想,做到题文相符,使人一目了然。标题还要体现经济活动分析的范围或时间,如“二〇一〇年三月份资金使用情况分析报告”,从标题上就可以知道这是一份对资金使用效果进行评价的专题分析报告,它突出了“资金使用”的概念,简明扼要地概括了分析报告的主题思想。

2. 前言简要

前言是经济活动分析报告全篇的引子,又是正文不可分割的部分。通常有两种写法,一是简要介绍一定时期的经济活动状况,以此作为分析的依据展开分析;二是首先说明作者的观点,然后说明分析对象的经济状况,以此作为分析的依据展开分析。

3. 主题突出

主题贯穿全篇的始终,是全文的中心,是经济活动分析报告的纲。一篇经济活动分析报告只能有一个主题,不能多中心。如有几个主题,就会“意多文乱”,针对性差。

4. 结构清晰

结构是经济活动分析报告的支架,是表现分析报告的手段,如果结构混杂不清,人们难以理解。所以,要求层次分明,条理清晰,前后呼应,顺理成章。各布局之间要层层递进、层层深入地联系和分析,环环紧扣,结构严密,体现出相互依存、相互制约、相互联系及影响的因果关系。

撰写经济活动分析报告的具体要求如下：

1. 情况要清楚

经济活动分析报告虽然是从指标入手,以经济数据作为主要的分析依据,但不能“纸上谈兵”,不能把它作为唯一的依据,只能作为深入分析的向导。所以,要根据经济数据“顺藤摸瓜”,深入实践调查研究,做到胸中有数,把指标数据的分析和掌握的具体情况紧密联系起来,相互印证和补充,才能去粗取精,去伪存真,使分析的结果既能正确说明问题,又能有效解决问题。

2. 表现要多样

经济活动分析报告虽然是使用文字语言进行描述,使用数字语言表述经济现象数量变化过程及变化规律,但不能写成仅有数字表述、没有观点阐述的数字“简介”,更不能把大量数字罗列成流水账式的数字文字化表述,使人看起来眼花缭乱、枯燥无味。所以,分析报告不仅要用文字说明数字,还要应用分析表格列示,集中、直观、有序地显示数据,便于观察、对比、分析,使人易看易懂。另外,还可以在必要的位置绘制精美的分析图形,把事物的规模、结构、速度、发展过程及变化规律形象地显示出来,增强对比分析的效果,使文字、表格、图形浑然一体,相辅相成,给人们清晰、明了、确切的感觉,增强分析报告的可读性。

3. 语言要简练

经济活动分析报告是用文字语言进行描述的,它阐明了经济现象的变化过程、规律及发展趋势。所以,在描述过程中,语言要言简意赅,用少而精的文字去描述客观事物和表达作者的观点。但精炼应以准确明了为前提,特别是使用专业术语要通俗易懂,不要说官话、大话、废话,要实事求是、恰如其分地表现经济现象的变化过程及结果,以最精炼的文字表现出最丰富的意思,以朴实自然的文笔描述出事物的本质特点,做到用语通顺简晰、生动流利,描述准确,观点鲜明。

4. 数字要准确

经济活动分析报告以经济数据作为分析的主要依据,通过分析掌握经济现象数量变化和错综复杂的数量关系,使人们的认识进一步深化,并用数字表述事物数量的变化过程及规律。所以,采用的数据必须准确、客观、具有代表性,这样才能得出符合客观实际的结论。因此,必须认真地去审查、鉴别和筛选经济数据,及时发现有违常规的指标口径、计算方法等,只有这样才能做到去伪存真、去粗取精,从数据源上把好关,为再生数据的准确性奠定基础,提高分析的质量。

[**病例分析**]

××市商业局2010年度财务情况分析

今年是“十二五”计划十年规划的第一年,也是关键性的一年。进入今年以来,××市场出现稳定增长的势头,但商业经营的困难仍然很大,经济效益仍不甚理想。一季度全市商业系统主要财务指标完成情况是:

商品纯销售完成4061.2万元,比上年同期(下同)增长689.2万元,上升幅度为16.97%。全部流动资金平均周转一次为141天,减慢4天。

从上面所述指标完成情况来看,今年与去年相比可谓喜忧参半。其原因有主观的,也有客观的。现就具体情况简要分析如下:

商品销售情况分析

今年一季度商品纯销售额4061.2万元,较去年同期增加689.2万元,增长16.97%。分析其原因:

启动市场。扭转经济效益滑坡的被动局面,已经从中央到地方引起各级领导的重视。国家采取了一系列微调措施,使一度疲软的市场出现了转机。当前市场回升,价格趋稳。人们由持币待购转为有理智的选购,尤其表现在家用电器等耐用商品上,与去年同期相比,电视机销售增长2.95倍,彩电增长14.77倍,录音机增长1.24倍,自行车增长1.24倍,缝纫机增长4.21倍,电扇增长85.94%,洗衣机增长56.47%。毛线、洗衣粉、肥皂等日用品的销售也成倍增长。耐用品及日常消费品的销售上升是销售增长的主要原因。

各单位注重市场调查和预测,及时组织了名、优、新、特商品,刺激了商品需求的增加,春节期间全系统积极组织货源,努力充裕市场,满足了供应,无断档脱销现象。如糖酒公司春节期间购进白酒2万多箱,其中贵州茅台400多箱,董酒,五粮液,二曲,尖庄近万箱,及时供应市场,销售达446万元。

民俗影响。2010年结婚青年增加,致使家用电器等耐用消费品、副食品及室内装饰用品呈旺销势头。1—3月份白酒销售比去年同期增长了21.4%;化纤混纺装饰用布增长了4.2倍。另外,商业系统狠抓优质服务,开展送货下乡活动及门前摆摊销售,适时召开春节商品展销会,加强了酒类专卖等,促进了营销工作的开展。

利润完成情况分析

一季度全系统实现利润84.4万元,较去年同期减少25万元,下降22.85%。下降幅度最大的是食品公司,幅度为95.9%。主要原因是生猪收购放开,国营食品公司生猪收购受到冲击。仅此一项今年较去年同期少实现利润30万元。若剔除这一因素,利润较去年尚有增长。

从其他单位的情况看,百货,糖酒等十个单位利润较去年都有不同程度的增长。用目标利润来考核,百货公司一季度超额完成全年利润任务。华侨公司,服务公司,纺织站,糖酒公司,烟草公司、旅馆、商场分别完成全年利润的57.5%,45.5%,42%,37.5%,31.5%,26.8%,25%,都按时间进度完成了利润任务计划,实现了首季开门红。影响今年利润的主要因素是:

商品纯销售增加了689.2万元,影响利润增加80.7万元。

毛利率下降2.52%,影响利润减少了103.2万元。

费用水平下降1.67%,影响利润上升67.9万元。

商品削价损失提取增加,影响利润减少5.5万元。

工业企业亏损,影响利润减少6.5万元。

饮食服务,储运企业较去年多无成利润1.7万元。

营业外收支相抵及其他因素影响利润减少59.8万元。

以上增减相抵,净减利润25万元。

流动资金使用情况分析

本季度平均流动资金占用6371万元,较去年同期的5133万元增长1238万元,增长24.12%;资金周转慢4天。影响资金周转有两个因素:一是商品纯销售,一是资金占用额。从销售上看,较上年增长16.97%。因此,资金周转慢的原因主要是资金占有偏高。和去年同期相比,虽然全部流动资金中商品及材料占用比重较去年呈上升趋势,非商品资金、结算资金呈下降趋势,但流动资金占用增加1517.9万元,增长幅度为28.04%,高于商品纯销售增长速度,显然有其不正常因素;其结算资金占用偏高的情况仍没有从根本上扭转。因此,清欠增收,压缩结算资金占用的任务还很艰巨。但也应看到资金的内在潜力很大,资金管理有待加强。

今后工作的意见

资金结构的不合理,严重制约着企业的资金效益和经济效益。为此,应从调整资金结构、清理"三角债"入手,推行"内部银行"保本、保利期分析等先进的管理办法,充分发挥资金的效益。今后对资金的使用要推行责任制,并与个人利益挂钩。

推行规模经营,充分发挥国有企业整体和主渠道作用。组建以大中型企业为龙头的购销联合体,采用联购分销等形式,利益共沾,风险共担,发挥国有企业的整体优势,使国营商业在激烈的市场竞争中立于不败之地。

狠抓扭亏工作。结合全国开展的"质量·品种·效益年"活动,对亏损企业要按分级负责的原则,实行扭亏定额包干目标责任制,制定切实可行的扭亏措施。同时,把扭亏与深化商业改革结合起来。从规模经营发挥整体优势出发,对长期亏损的企业要采取兼并、撤销或转产的办法,压缩亏损面。

××市商业局计财科

二〇一二年三月十日

点评:这篇经济活动分析报告的主要问题有:

1. 财务指标完成情况介绍不全面,只介绍了商品销售情况,没有介绍销售的实际利润。

2. 主体部分缺少对商品销售毛利情况和商品流通费用情况的分析,内容不完整。

3. 缺少必要的会计报表等附件,语言组织较随意,语句不顺、逻辑不通处较多。

[**牛刀小试**]

1. 经济活动分析报告有哪些特点?

2. 经济活动分析报告的正文一般包括哪些部分?

3. 简述经济活动分析报告的写作要求。

第五节　市场预测报告

［**基础知识**］

1. 概念

市场预测报告就是依据已掌握的有关市场的信息和资料，通过科学的方法进行分析研究，从而预测未来发展趋势的一种预见性报告。市场预测报告在市场调查的基础上，综合调查的材料，用科学的方法估计和预测未来的市场趋势，从而为有关部门和企业提供信息，以改善经营管理，促使产销对路，提高经济效益。市场预测报告实际上是调查报告的一种特殊形式。

2. 特点

市场预测报告具有预见性、科学性和针对性。

3. 种类

按预测的范围分，市场预测报告可分为宏观市场预测报告和微观市场预测报告。按预测的时间分，市场预测报告可分为长期预测报告、中期预测报告和短期预测报告。按预测的方法分，可归纳为定量预测报告和定性预测报告。

［**例文导读**］

例文：

1999 年中欧经贸关系的前景预测

刘作明

1998 年中欧经贸关系有了较大发展，高层互访频繁，欧盟国家更加重视同我国发展经贸关系。在双边贸易方面，1998 年 1—10 月双边进出口总额达 380.9 亿美元，比去年同期增长 14.5%，其中我国出口 224.7 亿美元，比去年同期增长 18.8%；进口 156.2 亿美元，比去年同期增长 8.9%。欧盟继续保持我国第四大贸易伙伴关系。与此同时，在欧盟来华投资和我国从欧盟引进技术方面均比去年有了很大的发展。

但是，从 1998 年下半年以来，随着亚洲金融危机影响的加深以及东亚国家货币的大幅贬值在国际市场上对我国出口竞争的加大，我国在对欧盟及其他国家出口的增长速度已有明显减缓。特别是在 1999 年 1 月 1 日欧元的顺利实施后，我国对欧盟的出口将面临着更为严峻的考验，我国对欧出口在短期内将很难有较大的突破，主要因为：

1. 欧元的出现虽然是全球经济开放和一体化的程度提高的表现，但是欧洲是否继续在经贸上保持开放方针还不能确定。欧洲中央银行将推行紧缩的货币政策以抑制通胀,维持欧元的信誉。因此,欧盟不大可能减少贸易壁垒,相反则可能采取更加严格的进口管制,加强保护主义以限制别国的商品进口,保持贸易顺差,维护欧元坚挺、提高欧元的国际地位。同时,欧洲经贸联盟的建立和欧元的发行,更有利于欧盟内部资源的配置和分工,降低生产成本、交易成本和减少内部汇率风险,并产生一定的贸易创造和转移效应,这样势必会影响我国的出口,其影响程度将取决于双方产品的互补性。因此,我国对欧盟的总体出口增势存在一定的压力。

2. 转换成本巨大。很长一段时间以来,中欧之间的贸易以美元结算为主,欧元出台后,我国出口会处于不利地位。因为,在欧洲出口方面,给中国造成越来越大的压力的东欧国有的货币大都同德国马克等西欧主要货币挂钩,可以很快转为与欧元挂钩,在与欧盟的贸易中用欧元结算,可以避免汇率风险,对贸易双方都有利。若我国企业不能适应新的结算方式,就可能被挤出市场。同时,为适应欧元的出现,我国出口企业必须调整原有的财务资料,更新部分设备,培训相关人员。这些相应的转移成本最终将增加贸易成本,对中国的出口更为不利。

3. 欧元的发行和使用将使欧洲市场更加统一,从而使中国企业的差别出口价格策略难以使用;而欧元的统一使用使欧盟更容易找到削减配额、征收反倾销税的理由。由此,中国向欧盟出口产品的难度将加大。

4. 交易的汇率风险将趋于集中。欧元的出现使得中国出口企业必须面对比以往多种货币更为集中的汇率风险,而且过渡期内这种风险可能会很大。出口企业和银行必须高度重视对这种风险的补偿和防范。

5. 与我国出口商品有类似之处的东南亚国家随着货币的大幅度贬值,出口的价格竞争优势已明显加强,我国的市场份额难免不被它们挤占。

当然,我国对欧盟的出口也存在着一些有利因素,比如,欧元的使用将减少中国和欧盟国家进行贸易时多种货币汇率变动的风险,有利于中欧经贸交流的更广泛的展开;同时使欧盟市场一体化程度更加提高,简化和统一了海关手续和商品的各项标准,提高了效率,减少了流通费用,有利于我国制定整体的营销战略,从而可以扩大我国有竞争能力的商品在欧盟市场上的份额。

(选自1999年第1期《环渤海经济瞭望》)

点评:本报告为短期性定性预测报告,在充分调研的基础上,从大量的第一手资料中,综合分析、预测了下一年中欧经济关系中将可能出现的几种局面,为我国应对中欧经济关系提供了重要依据。

[**写法指南**]

市场预测报告由标题、前言、正文和结尾四个部分组成。

1. 标题

市场预测报告的标题形象、生动、醒目，具有强烈的吸引力。值得注意的是，预测报告一般应标出预测时限，如“××市××年房地产市场预测报告”。另外，预测报告的标题要有“预测目标”，这是预测的基本点，也是标题的必备条件。

2. 前言

这一部分要求以简短扼要的文字说明预测的主旨，或概括介绍全文的主要内容，也可以将预测的结果先提到这个部分来写，以引起读者的注意。

3. 正文

市场预测报告的正文是市场预测报告的主体部分，一般包括现状、预测、建议三个部分。现状部分，因为预测的特点就是根据过去和现在预测未来，所以，写市场预测报告，首先要从收集到的材料中选择有代表性的资料、数据来说明经济活动的历史和现状，为进行预测分析提供依据；预测部分，即利用资料数据进行科学的定性分析和定量分析，从而预测经济活动的趋势和规律，这一部分是市场预测报告的重点所在；建议部分，即为适应经济活动未来的发展变化，为领导做出决策提供有价值的、值得参考的建议，是写市场预测报告的目的，因此，这个部分必须根据预测分析的结果，提出切合实际的具体建议。

4. 结尾

结尾一般归纳预测结论，提出展望，鼓舞人心，也可以照应前言或重申观点，以加深认识。

市场预测报告的写作要求有如下几点。

1. 目的明确

进行市场预测到底是为解决什么问题，这是首先需要搞清楚的。如果对预测对象没有具体的把握，预测的目的不明确，就将无法完成预测。只有明确了预测目的，材料的收集才能充分、全面，材料的筛选和使用才具有针对性，预测方法才能正确，结构安排才能合理，主旨才能突出。

2. 资料充分

资料数据真实充分是写好预测报告的依据和前提。因此，材料数据的真实性、准确性、典型性、充分性对市场预测报告的质量起着关键性的作用。只有通过广泛的市场调查，了解预测对象多方面的资料数据，并依靠这些资料数据，使得预测的结果尽可能正确、客观，才能使预测接近于未来市场的发展。

3. 方法科学

分析市场现状或预测市场发展趋势，不能简单地叙述材料，其结论必须建立在运用科学方法对材料的分析上。无论是定量预测还是定性预测，都需要对掌握的数据、资料进行分析、比较。只有周密分析市场各方面的情况，掌握事物内部的联系，才能认清事物发展变化的规律，最终写出科学客观的市场预测报告。

4. 语言规范

市场预测报告是一种指导性的实用文体，涉及预测学和经济学等学科，许多专有词语有其特定的使用范围和含义。因此，作者要本着科学、客观的态度，专有名词、术语和数据的运用要准确、规范、简练。另外，无论是描述现状还是预测未来，都要做到不粉饰、不渲染、不铺陈，把内容清清楚楚、明明白白地表达出来就可以了。

［**牛刀小试**］

1. 市场预测报告的特点是什么？

2. 市场预测报告的写作有哪些特点？

3. 模仿例文的结构写一篇市场预测报告，内容为对 201×年我校学生手机需求量的预测或对 201×年我校学生 MP4 需求量的预测，题目自拟。

第六节　可行性研究报告

［**基础知识**］

1. 概念

可行性研究报告，简称“可研”，是指在从事某种经济活动（投资）之前，从经济、技术、生产等方面进行全面调查、研究、分析，明确有利和不利的因素、项目是否可行，估计成功率大小、经济效益和社会效果，为决策者和主管机关审批提供决策依据的书面报告。

2. 特点

可行性研究报告有以下几个特点：

（1）预见性。可行性研究报告写作本身是一个预测过程，它不但要根据过去和现在的资料、信息来预测投资以后的市场，也涉及对未来的产销策略、未来的竞争对手的调查和估计。因此，在报告中应运用各种定量与定性的测算和预测，反映未来市场需求状况，科学估量未来发展状况。

（2）公正性。决策者和主管机关以可行性研究报告为决策依据，根据报告中陈述的利弊得失最终判定此项目是否可行，这就需要报告从不同侧面来证明项目的可行或不可行。因此，在一份报告中，往往是多种论证方法综合运用，在论证过程中，应力求论证公正、全面、细致、准确，这样才能得出明确而恰当的结论。

（3）科学性。可行性研究报告作为研究的书面形式，反映的是对行为项目的分析、评判，这种分析和评判应该是建立在客观基础上的科学结论，所以科学性是它的一个重要特点。可行性研究报告的科学性首先体现在可行性研究的过程中，研究的每一步都要力求客观全面；其次体现在对可行性研究报告的审批过程中，这种审批过程对科学的决策起到了重要的保证作用。

(4) 程序性。可行性研究报告是决策的基础。为保证决策的科学正确，一定要进行可行性研究，而最后的获批也一定要经过相关的法定程序。这种程序性的要求和处理手法，是可行性研究报告的特色。

3. 种类

可行性研究报告可分为审批性可研报告和决策性可研报告。审批性“可研”报告主要是项目立项时向政府审批部门申报的书面材料。决策性“可研”报告侧重于通过全面的调查研究、分析和论证，确定一个“技术上合理、经济上合算”的最优方案，为决策者提供科学依据。

[**例文导读**]

例文：

××酒店可行性研究报告

前言

本公司受××公司××有限公司的委托，对××酒店项目进行可行性研究，并以市场研究与财务经济分析为主编制本研究报告。

本研究报告的编制依据是中华人民共和国公布的有关法律、法令、法规和政策，例如《中华人民共和国中外合资经营企业法》及其实施条例、《财务会计条例》，以及其他和中外合资经营企业有关的经济法规和具体规定。同时，本研究报告的基础资料和数据来自××市政府、市外经委、市旅游局、市供电局、市邮电局、市环境保护局、市自来水公司、市热力公司等单位提供或认可的资料、文件、函件，经过××市有关部门审定的、由××建设总公司设计的××酒店设计基础方案，以及我们经过调查研究所得的资料和信息。

本研究报告的经济分析和测算采用联合国工业发展组织(United Nations Industrial Development Organization，简称 UNIDO)推荐的可行性研究模式和规范，结合中国有关中外合资经营企业财务管理方面的具体规定进行财务和经济核算。

本可行性研究负责人和编制、测算者为×××，参与测算的有××，×××，×××。

××公司

19××年×月

第一章　项目总说明

（一）项目的背景

随着我国对外开放、对内搞活经济形势的不断发展，××市的旅游事业正在迅速起飞。由于××市具有得天独厚的古文化和古文物的优势，近年来到××市旅游的海外游客和外宾的数量逐年以较大幅度增加。但是，目前××市仅有一家可接待海外游客和外宾的水平欠佳的宾馆，不仅外宾、游客甚感不便，而且对继续大力发展××市的旅游事业也有直接的影响。为了解决外宾、游客在××市的食宿接待问题，××市××公司与法国××有限公司在××市政府的积极支持下，经过在××市的实地考察和深入的友好协商，于19××年×月×日签订了《合资兴建与经营××大酒店协议》，决定为发展××市的旅游事业、振兴××市经济而共同努力。其后，本公司为该项目编制了可行性研究报告，中外双方分别通过中国建设银行××市分行和法国××财务有限公司开展了资金筹集工作，并由该项目总承包者××建设总公司设计院设计了××酒店基本方案。

（二）项目主办者和总承包者

中方：中国××省××公司

地址：中国××省××市××路

法定代表：×××

外方：××有限公司

地址：法国××省××市××路

法定代表：×××

总承包者：××建设总公司

地址：中国××市××路×号

法定代表：×××

第二章　项目概况

（一）项目的名称和性质

1. 中外合资经营企业

以中国××公司（中方）与××有限公司（外方）构成的合作双方，根据《中华人民共和国中外合资经营企业法》及其他有关规定，组成中外合资经营企业，以中外合资经营方式兴建与经营××酒店。

2. 企业的性质与特点

本合资企业具有独立的中国法人的资格，其法律形式是责任有限公司，其基本特点是：

（1）共同投资：由中外双方共同投资，并用货币单位准确地计算各自投资的股

权比例;

(2) 共同经营:企业由中外双方共同经营和管理,双方共同组成董事会作为企业的最高权力机构,实行董事会领导下的总经理负责制;

(3) 共负盈亏:中外双方作为合资伙伴,按各自的出资比例分担风险,分享盈利。

3. 企业的经营期

××酒店的经营期为20年(含建设期)。

(二) 项目的选址(略)

(三) 项目拟建规模和标准(略)

(四) 项目的功能和服务对象(略)

(五) 市政工程和公共设施(略)

第三章 投资环境研究

(一) ××市概况(略)

(二) 市场研究(略)

(三)交通运量分析(略)

第四章 投资估算及其构成

(一) 总投资和资金筹措(略)

(二) 投资构成(估算)(略)

(三) 资本化利息与投资总额(略)

第五章 可行性研究数据的预测和选定

本研究报告使用的基础数据和基本条件是根据国内同类型酒店的实际经营状况,在分析××市场前景的基础上,结合本项目的具体情况而预测和选定的。

(一) 营业收入的测算标准(略)

(二) 营业成本的测算标准(略)

(三) 营业费用的测算标准(略)

(四) 土地使用费和税项(略)

(五) 固定资产折旧和开办费摊销(略)

(六) 投资本息的偿还(略)

(七) 三项基金的提取(略)

(八) 外汇收入和外汇支出的测算标准(略)

第六章 项目经济效益研究和评估

(一) 项目的财务效益评估(略)

(二) 投资返本期和投资回收期预测(略)

（三）外汇平衡预测（略）

（四）静态投资收益分析（略）

（五）动态投资收益分析（略）

（六）不确定性分析（略）

第七章　项目的社会效益评估

（一）对国民经济的作用

本项目的建成和营业，将为××市提供一个现代化的旅游接待设施。项目的营业不仅可解目前××市严重缺乏旅游酒店的燃眉之急，提高接待海外游客的服务质量，增强××市对游客的吸引力，促进××市旅游业的发展，而且还可以作为接待海外客商的服务基地，对改善投资环境、吸引客商到××投资，对进一步积极贯彻对外开放政策，都有积极的影响。

本项目营业后，将对××市，特别是××路一带的饮食、娱乐和旅游市场起直接的调剂作用，无疑将大大活跃该地区的经济。项目的现代化设施和外貌，将为美化××市市容增添一颗古洋结合、独具特色的明珠。由于项目的相当一部分投资在国内和本地区耗费，因此对活跃建筑业以及建材工业有积极作用。项目由××建设总公司总承包，它将成为该公司在××省外的第一项总承包项目，它的建设必然能进一步促进××市与××市之间的经济交往。

（二）劳动就业机会评估

本项目的开业将直接为社会提供近××人的就业机会，其中绝大部分在××本地招聘。由于项目的现代化标准要求，在本项目就业的人员必将有较高的素质，而且将有自然的劳动力流通现象出现，这无疑将间接影响该地区旅游业就业劳动力素质的提高。此外，由于项目对××旅游业发展的积极作用，还会间接地为社会提供更多的劳动就业机会。

（三）国家财政收入

根据本研究报告的测算，本项目在经营期×年内将直接向国家提供财政收入×万元，包括：

1. 土地使用费×万元；

2. 工商统一税×万元；

3. 所得税×万元。

除上述国家的直接财政收入外，中方在扣除了注册资本本金和利息的偿还后，还将获得纯利润×万元，两者合计，国家和集体的利益共达×万元。本项目合资期满后项目的全部固定资产将无条件归中方所有，国家还将继续获得可观的财政收入。

第八章 可行性研究结论

以上测算和研究的结果表明,本项目具有良好的投资环境和经营条件。从项目的地点、功能和标准以及相应的市场需求状况看,建设本项目是必要和可行的;从项目的经济效益来看,企业财务收益良好,外汇平衡,前景乐观,企业投资偿还能力较强,无论是静态还是动态的投资收益率对投资者来说都是较好的收益指标,项目的合资双方不仅能较好地偿还投资本息,而且均能获得较佳的赢利;从社会效益来看,本项目为国家直接提供×万元的财政收入,为××市增添一个新的、现代化的旅游接待服务设施,对促进××市旅游事业的发展、振兴国民经济有积极的作用。

综上所述,本可行性研究报告的结论是:

合资兴建和经营××酒店项目是可行的。

(选自《现代商务文书范本集成》,国际文化出版公司 1996 年 1 月版,有删改)

点评:这是一篇新建旅游项目可行性研究报告。全文首先有一个“前言”,正文共八章,可分为以下三部分:第一章“项目总说明”是正文的开头;二至七章是正文的主体部分,也是该报告的核心,它通过对投资环境的深入研究与各项财务指标的细致测算,着重论证该项目的必要性、可行性与效益性;第八章是正文的结尾,它总结全文,提出了明确的结论:“合资兴建和经营××酒店项目是可行的。”

该报告观点明确,材料可靠,方法科学,论证充分,结构紧凑,是一篇可资借鉴的可行性研究报告。

[**写法指南**]

可行性研究报告是实用性、专业性很强的应用文,其结构通常由以下几个方面组成:

1. 标题

(1) 简略式标题。可以省略项目实施单位名称,如“关于建筑工程项目的可行性研究报告”。

(2) 正副标题。将结论作为正题,项目名称与文种作为副标题,如“动迁××开发××风景区旅游业——关于扩建××风景区的可行性研究报告”。

(3) 完整式标题。通常由项目实施单位名称、项目名称和文种三部分组成,如“江苏青春服装厂关于缝纫设备补偿贸易可行性研究报告”。

2. 正文

正文是可行性研究报告的核心部分,一般包括前言、主体、结论三个部分。

(1) 前言。前言一般介绍可行性研究报告的基本情况,如项目名称、企业概况、实施单位、项目背景、项目具备的条件、研究依据和范围、主要的理论依据和政策依据等。

（2）主体。主体是可行性研究报告的分析论证部分，要求采用科学系统的分析方法，以经济效益为中心，围绕影响项目的各种因素，运用大量的数据资料论证项目是否可行。不同行业可行性研究报告的侧重点差异较大，但一般应包括以下内容：

① 投资的必要性。即依据有关政策及市场调查，预测项目前景，论证项目投资建设的必要性。

② 技术的可行性。即从项目实施的技术角度出发，设定合理的设计技术方案。

③ 投资估算和经济效益。即设计合理的财务方案，从企业的理财角度进行资本预算，评价项目的投资收益能力、现金流量计划及债务清偿能力。

④ 社会影响研究。一个新项目的实施，对其所在地必然产生一定的影响或冲击。可行性研究报告要分析项目对社会的影响，对经济、社会和自然等产生的影响加以分析说明，进行评估。

⑤ 项目实施方案。即制定合理的项目实施序时进度，设计合理组织机构，选择经验丰富的管理人员，制订合适的培训计划，等等，从而保证项目实施的顺利执行。

⑥ 风险因素及对策。主要是对项目实施过程中可能产生的市场风险、技术风险、财务风险、具体实施风险等因素进行评价，制定规避风险的对策，为项目全过程的风险管理提供依据。

（3）结论。即通过详尽的分析论证，作出总结性判断或提出研究结果，确定一个“技术上合理、经济上合算”的最佳方案。

3. 结尾

可行性研究报告的结尾主要交代报告的拟定单位和拟定时间。附件名称一般也在结尾部分说明。

4. 附件

为使报告更具有说服力和操作性，一些不宜放在正文中，但又具有一定参考价值或补充作用的材料，可作为附件处理，如合作各方的营业执照副本、法定代表人证明书、经营情况资料、上级主管部门的意见等。

［牛刀小试］

1. 什么是可行性研究报告？

2. “可研”报告有哪些特点？

3. 学校拟在校园内新建一个400米长的环形塑胶跑道，请仿照例文结构，针对这一计划写一篇可行性研究报告。

第七章

职业文书

职业文书是求职者在职业生涯中谋求工作、参加竞聘、汇报工作、辞去职务时向用人单位呈递的书面材料。

职业文书具有针对性强、真实、灵活等特点。

职业文书是求职者向用人单位展示其学识、能力，获得用人单位青睐的重要形式，也是用人单位认识、了解求职者的重要途径。

本章涉及的职业文书有简历、求职信、劳动合同、竞聘演说词、就职演说词、述职报告、辞职信。

第一节 简历

[基础知识]

1. 概念

简历即个人履历，是求职者针对自己想要谋求的工作机会，将个人学历、经历、特长、爱好及其他有关情况经过分析整理作的简明扼要的书面介绍。

2. 特点

(1) 针对性。通常用人单位都想知道求职者可以为他们做什么，所以要有针对性地写简历，必须避免千篇一律。应针对不同的招聘单位的特点和要求，写多份不同的简历，突出相应的重点。

(2) 精确性。阐述工作经验、业绩、学历、能力等要尽可能准确，不夸大也不误导，确保所写的与实际能力及工作水平相当。

(3) 具体性。简历内容比求职信具体，譬如，求职信可以说“曾多次参加社会实践活动”，而简历中则要具体说明每一次参加社会实践活动的时间、地点等。

(4) 策略性。好的简历不应当只是对自己以往工作经验的简略列举，而应当让用人单位看到求职者的潜力，甚至使其能想象出求职者正在他们单位工作的情况。

3. 种类

简历一般分为时间型简历、功能型简历、专业型简历、业绩型简历和创意性简历。

（1）时间型简历。它强调的是求职者的工作经历。大多数应届毕业生都没有参加过工作，更谈不上工作经历了，所以，这种类型的简历不适合应届毕业生使用。

（2）功能型简历。它强调的是求职者的能力和特长，不注重工作经历，因此对应届毕业生来说这是比较理想的简历类型。

（3）专业型简历。它强调的是求职者的专业、技术技能，也比较适用于应届毕业生；尤其对于那些申请对技术水平和专业能力要求比较高的职位的求职者，这种简历最为合适。

（4）业绩型简历。它强调的是求职者在以前的工作中取得过什么成就和业绩，对于没有工作经历的应届毕业生来说，这种类型不适合其使用。

（5）创意型简历。这种类型的简历强调的是与众不同的个性和标新立异，目的是表现求职者的创造力和想象力。这种类型的简历不是每个人都适用，它适合于申请广告策划、文案、美术设计、从事方向性研究的研发人员等职位。

［**例文导读**］

例文：

个 人 简 历

个人概况

姓名：张××

性别：男

民族：汉

出生年月：1985.11

政治面貌：党员

籍贯：江苏××

毕业院校：××学院

专业：桥梁与隧道工程

学历：大专

毕业时间：20××.07

爱好：篮球、音乐、吉他、计算机操作

学习情况

英语水平:国家三级,能够熟练地进行英语读写和一般翻译。

计算机水平:国家计算机一级,通晓办公自动化,能独立完成日常办公文档的编辑工作。

主修课程:桥涵设计与施工技术(上)(下)、工程机械与管理、结构设计原理、AutoCAD 辅助设计、工程地质、基础工程、公路工程、工程项目管理、专业英语、隧道工程、公路隧道施工、岩土工程等。

所获奖励

20××年 11 月获土木工程系“新生杯”篮球赛冠军;

20××年 1 月获院“20××年元旦晚会”最佳组织奖;

20××年 4 月获土木工程系“寝室设计大赛”三等奖;

20××年 1 月获得一等奖学金;

20××年 9 月获得院“暑期社会实践先行个人”称号;

20××年 1 月获得二等奖学金;

20××年 3 月获院“优秀团干”称号;

20××年 5 月获得三等奖学金;

20××年 10 月获得二等奖学金;

20××年 7 月获得院“优秀毕业生”称号。

实践经历

20××年暑假在××管理有限公司工作,并获得院“暑期社会实践先进个人”称号;

20××年暑假到××公司××北环路面中心试验室工作,熟练掌握沥青混凝土路面的施工工艺、沥青及沥青混合料各项试验的操作、数据分析和资料整理等工作。

求职意向:道路、桥梁及隧道工程相关专业的生产、施工、管理。

自我评价

本人做事谨慎细心,具有高度的责任感,善于处理人际关系,为人和睦,专业知识扎实,有较强的分析问题、解决问题的能力,能顾全大局,具备团队合作精神。

联系方式

手机:138××××××××

E-mail:×××@126. com

邮寄地址:××省××学院×号信箱

邮编:××××××

点评：本文属于应届毕业生的个人简历，它采用文字表述的形式，围绕毕业求职这个主题，有重点地介绍了自己的特长。特别是针对自己的求职意向，根据所求职业的需要，有针对性地介绍了自己具备这个岗位所需的知识和能力。

[**写法指南**]

个人简历一般应包括以下几个方面的内容：

1. 个人资料

这一部分包括姓名、性别、出生年月、家庭地址、政治面貌、身体状况、兴趣、爱好、性格等。

2. 学业有关内容

这一部分包括就读学校、所学专业、取得的学位、外语及计算机掌握程度等。

3. 本人经历

包括入学以来的简单经历，主要是担任社会工作或加入党团等方面的情况。

4. 所获荣誉

包括三好学生、优秀团员、优秀学生干部、专项奖学金等的获得情况。

5. 本人特长

如计算机、外语、驾驶、文艺体育等。

6. 求职意向

这是比较关键的一个版块，主要介绍求职者未来职业的目标定位，应聘单位会通过求职者的职业定位明确其的发展方向是否与公司招聘职位吻合。

7. 自我介绍

主要是通过一些简明扼要的概述，向招聘负责人展现自己的综合素质和特点。包括技能专长总结、兴趣爱好描述、沟通协调能力总结等，要用简练的语言说明对于所应聘职位最大的优势是什么。像"性格开朗、工作认真负责、具有团队精神"等千篇一律、没有针对性的词汇最好不要用。个人评价最忌空洞，最好能结合职位要求及自己专业特点进行阐述。

8. 教育背景

因求职者的目标职业与教育背景相关，招聘人员会参考其受教育的情况，因此，求职者要填写自己在校期间所学的重要课程、所获奖项等方面的信息，可多强调与自己目前的期望职业相关的信息，以突出自己的专业技能和特殊优势。

一般来说，中文简历没有固定的格式，内容大致分为以上几个部分，但在求职过程中，要针对不同公司、不同职位适当地调整简历内容，有的放矢地介绍个人的职业技能和沟通技巧，这样才能使简历成为众多简历中的亮点。

[**病例分析**]

个 人 简 历

个人概况
姓名:朱××
性别:女
民族:汉
出生年月:1987.11
政治面貌:共青团员
籍贯:江苏××
毕业院校:××学院
专业:会计
学历:大专
毕业时间:20××.07
学习情况
英语水平:国家二级
计算机水平:国家计算机一级
所获奖励
20××年5月获院“20××年新年晚会”最佳组织奖;
20××年1月获得二等奖学金;
20××年3月获院“优秀团干”称号;
20××年10月获得二等奖学金。
实践经历

20××年—20××年我加入院组织部和系学生会组织部,以一种积极乐观的工作态度,认真做好本职工作,并配合和协调其他部门的工作。

合理利用周末及假期时间做兼职,增加社会实践阅历,增强自身各方面能力。

自我评价

我一直以古人的名言“天行健,君子以自强不息;地势坤,君子以厚德载物”来激励自己,要求自己不断前进和发展。

分析:这份简历在描述英语水平和计算机水平时,只写了获得的等级证书,不够具体,最好写清自己的能力。实践经历部分,建议写清在实践时做了什么,从中学到了什么,而不仅仅是对所做工作一项项地罗列,如果能写清从中学到的知识对自己所选择的岗位有何帮助,就更好。自我评价过于空洞。最后,这份简历缺联系方式。

[**牛刀小试**]

假设你是一名应届毕业生,想申请一个外企办公室文员的岗位,请就此写一份简历。

第二节 求 职 信

[**基础知识**]

1. 概念

求职信即自荐信,指求职者向自己欲谋求职业的用人单位介绍自己的基本情况、请求对方予以任用的书信体文书。

2. 特点

求职信具有针对性、自荐性。

(1) 针对性。求职信是针对具体用人单位的具体职位的需求而发的,具有强烈的针对性。为了达到求职的目的,应从读信人的心理入手,客观地讲述自身的优势。好的求职信主次分明,重点突出,简明扼要。

(2) 自荐性。写求职信是毛遂自荐的一种方法,求职者要恰当地把自己介绍给用人单位,既要展示自己的优势,又要投其所好,以期获得面试的机会。

3. 种类

求职信按求职者的身份划分,可以分为毕业生求职信、从业者求职信和无业者求职信。按用人单位划分,可分为应聘式求职信和非应聘式求职信。

[**例文导读**]

例文:

求 职 信

尊敬的××公司总经理先生:

首先,为我的冒昧打扰向您表示真诚的歉意。在即将毕业之际,我怀着对贵公司的无比信任与仰慕,希望能成为贵公司的一员,为贵公司服务。

我是××职业技术学校计算机应用技术专业07级学生,将于今年7月毕业。在校学习期间,我努力学习各门基础课及专业课,并取得了良好的成绩(见附表),英语已通过国家四级考试(见附件)。本人不仅能熟练掌握学校所教课程的有关知识,如Ⅶ程序设计、AutoCAD、Frontpage98、FoxPro2.5、C语言等,而且还自学了Photoshop5.0、Dmax2.5、Visual Fox Pro等,专业能力强,曾获20××年××省计算机技能大赛二等奖。

作为新世纪的大专生，我非常注意对各方面能力的培养，积极参加社会实践，曾在人寿保险做过业务员，在麦当劳做过星级训练员，还在××信息有限公司做过网络技师，爱好广泛，有责任感，能吃苦耐劳。

本人期盼能成为贵公司的一员，从事计算机服务等工作。诚然我尚缺乏丰富的工作经验，如果贵公司能给我机会，我会用我的热情、勤奋来弥补，用我的知识、能力来回报贵公司的赏识。

盼望您能给我一次面试的机会。随信附上简历、英语等级证书、获奖证书等。

联系地址：××职业技术学校计算机应用技术专业07级2班（邮编：××××××）

电　话：189×××××

此致

敬礼

××　敬上

二〇××年×月×日

点评：这是一封非常成功的求职信。导言部分谦恭有礼，说明了写求职信的缘由。主体部分先介绍自己的学业情况，重点介绍了自己的学习成绩和自学能力；接着突出写自己注重参加社会实践，特别自评了自己的爱好、责任感和吃苦耐劳的精神；最后用恳切的言辞表达了自己的求职愿望和决心。附件为求职信提供了旁证。全文情辞恳切，谦恭得体，不卑不亢。

［**写法指南**］

求职信的格式与一般书信相似，包括标题、称谓、正文、落款四部分。

1. 标题

在第一行居中写上文种“求职信”或“自荐信”，也可以不写标题。

2. 称谓

在标题下一行，顶格写收信者的姓名、职务或单位名称，后面加冒号。求职信的称谓要恰当、郑重其事。

3. 正文

主要包括导言、内容、结尾三个部分。导言主要用来说明求职的原因和意向，有的求职信不写导言。内容主要包括介绍自己的基本情况（如学历、身份、年龄、专业、能力、业绩等）；介绍个人的志向、兴趣、特长等；表明求职意向；询问待遇要求（也可以不写）；适当地表达自己受聘后的工作设想；写清自己的通信地址、邮政编码、电话号码、电子邮箱等联系方式。结尾诚恳表达希望被录用的愿望，如可写“希望领导给我一次面试的机会”“盼望答复”“静候佳音”等。结尾可与主体衔接在一起写,也可另起一段。写上附件名称,附件一般是简历、各类证书以及有关材料的复印件等。

4. 落款

在正文右下方署求职者的姓名,署名下面一行写日期。

[**病例分析**]

尊敬的××领导:

您好!

首先,真诚地感谢您从百忙之中抽出时间来看我的自荐材料。是贵公司的某某总经理要我直接写信给你。

我叫×××,今年22岁,现就读于××职业技术学校应用电子技术专业。十几年的寒窗苦读,铸就了我的学识与自信。大专阶段的学习与成长更加磨炼了我的意志,提高了我的修养。

作为新世纪的大专生,我有着一种敢于自荐、敢于探索、善于创新的精神。诚实正直的品格使我懂得了如何用真心与付出去获取别人的回报,我会用努力与智慧去争取我的空间,让社会来接纳我。

在知识经济爆炸的时代里,不仅需要知识,更需要能力——接受新事物和适应新环境的能力。每一次的社会实践,我都认真对待。在每一次的实践活动中,我都尽最大努力去对待它,这使我养成了吃苦耐劳、坚定自信、乐于助人的品格。经过四年专业课程的学习和今年的社会实践,我具备了较为扎实的专业基础知识和实践经验,整体素质有了较大的提高,培养了敏锐的观察力,正确的判断力,独立完成工作的能力和严谨、踏实的工作态度,并以细心、爱心、耐心、责任心对待工作,适应电子行业的发展需要。因此,我对自己的未来充满信心。我相信自己,更相信您!

给我一个机会,蓄势而后发的我会还你们一个惊喜!我会尽自己最大的努力,辛勤劳作,实现自己的人生价值。

不管贵单位是否同意录用我,请于6月5日前给我回信。

此致

敬礼!

自荐人:×××

分析:"是贵公司的某某总经理要我直接写信给你"这一句极不恰当。信中切忌出现如该句的以上压下的字眼,通常用人单位人事部门对此非常反感;信中第二段的自我介绍过于简单,且信息不全,没有自己的联系方式;没有清楚地表达自己的求职意向,也没有针对欲应聘职位亮出自己的优势;空话、大话太多;"不管贵单位是否同意录用我,请于6月5日前给我回信"这句话表面上看好像很客气,实际上却在限定时间,给对方下命令,容易让人不快。最后,署名后面缺日期。

[**牛刀小试**]

请在上一节简历的写作基础上,写一篇相应的求职信。

第三节 劳动合同

[**基础知识**]

1. 概念

劳动合同是劳动者与用工单位之间确立劳动关系、为明确双方权利和义务而签订的协议。

《中华人民共和国劳动合同法实施条例》规定,用人单位自用工之日起超过一个月不满一年未与劳动者订立书面劳动合同的,应当依照第82条的规定向劳动者每月支付两倍的工资,并与劳动者补订书面劳动合同;劳动者不与用人单位订立书面劳动合同的,用人单位应当书面通知劳动者终止劳动关系,并依照劳动合同法第47条的规定支付经济补偿。

2. 特点

劳动合同具有以下特征:

(1) 劳动合同主体具有特定性。

(2) 劳动合同内容具有劳动权利和义务的统一性和对应性。

(3) 劳动客体具有单一性,即劳动行为。

(4) 劳动合同具有诺成、有偿、双务合同的特性。

(5) 劳动合同往往涉及第三人的物质利益关系。

3. 种类

劳动合同按照不同的标准可以有不同的分类。

按照劳动合同期限的长短,劳动合同可分为三种:有固定期限的劳动合同、无固定期限的劳动合同、以完成一定工作为期限的劳动合同。我国劳动法为了充分保护劳动者的合法权益,特别规定"劳动者在同一用人单位连续工作满十年以上,当事人双方同意续延劳动合同的,如果劳动者提出订立无固定期限的劳动合同,应当订立无固定期限的劳动合同",避免用人单位只使用劳动者的"黄金年龄"。

按照劳动合同产生的方式来划分,劳动合同可分为三种:录用合同、聘用合同(聘任合同)、借调合同(借用合同)。

按照劳动者一方人数的不同来划分,劳动合同可分为两种:一种是个人劳动合同,一般是由劳动者个人同用人单位签订;另一种是集体合同,一般是指在中外合资企业中,由工会代表劳动者集体同企业签订的合同。

按照生产资料所有制性质的不同,劳动合同可划分为全民所有制单位劳动合同、集体所有制单位劳动合同、个体单位劳动合同、私营企业劳动合同和外商投资企业劳动合同等。

按照用工制度种类的不同,劳动合同可分为固定工劳动合同、合同工人劳动合同、农民工劳动合同、临时工(季节工)劳动合同等。

劳动合同是劳动者实现劳动权的重要保障,是用人单位合理使用劳动力、巩固劳动纪律、提高劳动生产率的重要手段,是减少和防止发生劳动争议的重要措施,是建立规范有效劳动关系的重要载体。

[**例文导读**]

例文:

××公司合同

甲方(用人单位):××有限公司

住所:××省××市××路××号

法定代表人(或负责人):张××

乙方(劳动者):乔××

住址:××省××市××路××小区××幢534室

身份证号码:32××××××××××××××××

甲乙双方在平等自愿的基础上,按照《中华人民共和国劳动合同法》等法律规定,就甲方招用乙方一事,经协商一致达成本合同,供双方遵照执行。

第一条,劳动合同期限。

1. 本劳动合同为(选择其中一项并填写完整):

A. 有固定期限劳动合同:20××年9月1日至20××年12月30日。

B. 无固定期限劳动合同,自××××年××月××日起。

C. 以完成工作为期限。

2. 本合同包含1个月的试用期(自20××年9月1日至20××年10月1日)。

第二条,工作地点。

××省(自治区、直辖市)××市(县)××路××号。

第三条,工作内容。

1. 乙方同意在甲方部门(或岗位)担任职务,乙方具体工作内容按照甲方的岗位职责要求执行。

2. 若因乙方不胜任该工作，甲方可调整乙方的岗位并按调整后的岗位确定乙方的薪资待遇；如乙方不同意调整，甲方可以提前30日通知乙方解除劳动合同，经济补偿金按照国家规定发放。

3. 在工作过程中，因乙方存在严重过失或故意造成甲方损失的，甲方有权向乙方追偿。

第四条，工作时间和休息休假。

1. 工作时间：标准工时制，甲方保证乙方每天工作不超过8小时，每周工作不超过40小时。具体工作时间由甲方根据生产经营需要安排，乙方应当服从。

2. 休息休假：甲方按照国家的规定安排乙方休息休假。

第五条，劳动报酬。

1. 乙方月工资标准为人民币1000元，其中试用期内工资为人民币600元。

2. 因生产经营需要，甲方安排乙方延长工作时间或者在休息日、法定休假日工作的，甲方按国家规定的标准发放加班费。

3. 甲方保证按月发放工资，具体发放日期为每月5日。

第六条，社会保险。

1. 甲方按照国家的规定为乙方办理各项社会保险，缴纳社会保险费。

2. 依法应由乙方个人负担的社会保险费，甲方从乙方应得工资中扣缴，乙方不得有异议。

第七条，劳动保护、劳动条件和职业危害防护。

甲方为乙方提供劳动所必需的工具和场所，以及其他劳动条件；保证工作场所符合国家规定的安全生产条件，并依法采取安全防范措施，预防职业病。

第八条，甲方依法制定和完善各项规章制度，乙方应当严格遵守。

第九条，乙方应当保守工作期间知悉的甲方的各种商业秘密、知识产权、公司机密等任何不宜对外公开的事项，若周末遵守此条而造成甲方损失，应当承担赔偿责任。

第十条，乙方承诺在签订本协议时，未与其他任何单位保持劳动关系或者签订竞业限制协议。否则，给其他单位造成损失的，由乙方单独承担责任，与甲方无关。

第十一条，劳动合同解除或终止。

1. 若乙方需解除劳动合同书，应当提前30日以书面的形式通知甲方，书面通知以送达甲方（具体部门、职务）的为准。

2. 有关解除或终止劳动合同的事项，按照《中华人民共和国劳动合同法》等法律、法规有关规定执行。

3. 在解除或者终止劳动合同时,乙方应当将正在负责的工作事项以及甲方交付乙方使用的财物与甲方指定的工作人员进行交接。因乙方原因未办理交接造成甲方损失的,由乙方赔偿。

4. 因解除或者终止劳动合同,乙方依法应获得经济补偿金,但乙方与甲方办理工作交接前,甲方暂不支付经济补偿金。

第十二条、因履行本合同发生的争议,双方本着合理合法、互谅互让的原则协商处理;协商不成的,任何一方可依法向劳动争议仲裁委员会申请仲裁。

第十三条、本合同未约定的事项,按照法律、法规、行政规章以及地方性法规等规定执行。

第十四条、本合同自双方签字或盖章后生效,一式二份,双方各执一份,本合同的任何条款的变更,应当以书面形式经双方签字或者盖章确认。

甲方(盖章): 乙方(签字):乔××

签约代表(签字):周××

日期:20××年8月25日 日期:20××年8月25日

点评:这是一份比较规范的劳动合同。开头点明了合同双方,正文部分说明双方签订合同的目的和依据,主体部分采用分条列项的方式,清楚明了,说明了双方各自的权利和义务。各条均订立清楚,违约责任明确、具体。落款写明了双方的名称或姓名以及签订合约的日期。

[**写法指南**]

劳动合同主要由标题、正文、结尾三部分组成。

1. 标题

即合同的名称,居中写,可写明劳动合同的性质,如"××公司合同""××公司临时用工合同"等。

2. 正文

正文是劳动合同的主要部分,应依次分条写明法定的主要条款和由当事人双方协商约定的事项。《劳动法》第十七条规定劳动合同必备以下条款:

(1) 用人单位的名称、住所和法定代表人或者主要负责人。

(2) 劳动者的姓名、住址和居民身份证或者其他有效身份证件号码。

(3) 劳动合同期限。劳动合同期限可分为固定期限、无固定期限和以完成一定工作任务为期限。双方当事人可根据实际情况,按上述三种期限类型选择签订。如果有试用期限,根据《劳动法》规定,试用期限最长不得超过6个月。

（4）工作内容和工作地点。工作内容这一条款是劳动合同的核心条款之一，是指劳动者具体从事什么种类或者内容的劳动，是指工作岗位和工作任务或职责。它是用人单位使用劳动者的目的，也是劳动者通过自己的劳动取得劳动报酬的缘由。劳动合同中的工作内容条款应当明确具体，便于遵照执行。工作地点是劳动者从事劳动合同中所规定的工作内容的地点，它关系到劳动者的工作、生活环境以及劳动者的就业选择，劳动者有权在与用人单位建立劳动关系时了解自己的工作地点。

（5）工作时间和休息休假。工作时间是指劳动者在企事业、机关、团体等单位中，必须用来完成其所担负的工作任务的时间。这里的工作时间包括工作时间的长短、工作时间方式的确定。工作时间的不同，对劳动者的就业选择、劳动报酬等均有影响，因此成为劳动合同不可缺少的内容。休息休假的权利是每个公民都应享受的权利。《劳动法》第三十八条规定："用人单位应当保证劳动者每周至少休息一日。"

（6）劳动报酬。劳动合同中的劳动报酬，是指劳动者与用人单位确定劳动关系后，因提供了劳动而取得的报酬。劳动报酬是劳动合同中必不可少的内容。

（7）社会保险。社会保险是政府通过立法强制实施，由劳动者、劳动者所在的工作单位或社区以及国家三方面共同筹资，保障劳动者基本生活需求的社会保障制度。社会保险由国家成立的专门性机构进行基金的筹集、管理及发放，不以赢利为目的。一般包括医疗保险、养老保险、失业保险、工伤保险和生育保险。

（8）劳动保护、劳动条件和职业危害防护。劳动保护是指用人单位为了防止劳动过程中的安全事故，采取各种措施来保障劳动者的生命安全和健康。职业危害是指劳动者在职业活动中，因接触职业性有毒、有害物质等而对生命健康所引起的危害。根据《职业病防治法》第三十条的规定，用人单位与劳动者订立劳动合同时，应当将工作过程中可能产生的职业病危害及其后果、职业病防护措施和待遇等如实告知劳动者，并在劳动合同中写明，不得隐瞒或者欺骗。

（9）法律、法规规定应当纳入劳动合同的其他事项。劳动合同除前款规定的必备条款外，用人单位与劳动者可以约定试用期、培训、保守秘密、补充保险和福利待遇等其他事项。

3. 结尾

劳动合同的结尾包括用人单位、劳动者双方签章，鉴证员签章和签订日期，劳动部门鉴证意见，鉴证人姓名和日期。

订立劳动合同应注意：必须符合国家的政策法令；必须坚持平等协商的原则；合同的条文必须具体、明确，标点符号正确；单位名称必须与公章（法人章）一致。

[**病例分析**]

××市实习学生劳动协议书

甲方(实习单位)名称:____________

乙方(实习生)姓名:____________

甲乙双方在平等自愿的基础上签订本协议。

第一条　协议期限

本协议自____年____月____日起至____年____月____日止。

第二条　实习报酬或实习补助

甲方应与乙方学校协商确定乙方实习期间的报酬或实习补贴。具体支付办法和标准约定如下:

____

____。

第三条　工作时间及休息休假

甲方保证乙方按国家和本市有关规定享受各种休息、休假。

第四条　劳动保护和劳动条件

(一)在实习期间甲方应根据国家及本市有关规定为乙方提供劳动安全卫生的实习条件,为乙方配备必需的劳动防护用品。

(二)甲方应对乙方进行安全教育和岗位技能培训,实习学生不得从事特种作业。

(三)甲方不得安排18周岁以下的学生从事矿山井下、有毒、有害国家规定的第四级体力劳动强度和其他禁忌从事的工作。

(四)甲方不得安排女实习生在经期从事高温、低温、冷水作业和国家规定的第三级体力劳动强度的工作。

(五)乙方在实习工作过程中应严格遵守劳动安全卫生规程和操作规程,有权拒绝违章指挥,对甲方及其管理人员漠视人身安全和健康的行为有权拒绝执行、检举或控告。

第五条　劳动纪律

(一)甲方有权按照国家及本市的有关规定及企业的规章制度对乙方实行管理。

(二)乙方应遵守甲方依法制定的各项规章制度和劳动纪律,保守甲方的商业秘密。

第六条　本协议的解除、变更、终止

(一)经甲乙双方协商同意,本协议可以变更或解除。

（二）本协议到期即终止，不得续订。

第七条　甲乙双方履行本协议发生争议先经企业调解委员会或实习学生所在学校进行调解，调解未成按《中华人民共和国民事诉讼法》程序办理。

分析：甲方、乙方的信息过于简单；没有写明制定劳动合同的依据；条款中缺社会保险的说明；结尾处缺甲方、乙方的署名及该合同签署日期；文字表述不清，如“不得安排……从事矿山井下，有毒、有害国家规定的第四级体力劳动强度和其他禁忌从事的工作。”

［**牛刀小试**］

1. 什么是劳动合同？它有什么特点？

2. 劳动合同一般包括哪些条款？

第四节　竞聘演说词

［**基础知识**］

1. 概念

竞聘演说词，也称作竞聘报告、竞聘演讲，是竞聘者为了竞争某职位或岗位而向领导和听众展示自己优势条件的演讲稿，属于演讲的一种，因此，它具有口语化、时限化、临场化、交流化等演讲具有的一般特点。

2. 竞聘演说词除了具有演讲稿的一般特点外，还具有以下特点：目标明确、内容具有竞争性、主题集中、材料实用、思路“程序”化、措施条理化、语言“准确”化。

3. 通过竞聘演说词，竞聘者能够比较全面地反映出的基本情况和素质，可向在场的听众“推销”自己。它是竞聘者能否被聘用的重要文字依据，也是组织人事部门用以考核干部的重要档案资料。

［**例文导读**］

例文：

人生能有几回搏，敢立潮头竞风流

——工交科副科长竞聘演说词

尊敬的评委、各位领导、同志们：

下午好！

我叫××，今年××岁，大专文化程度，现在办公室工交科从事文秘工作，主要联系和协调工业经济、金融等方面工作。今天,我竞聘的岗位是工交科副科长,我所演讲的题目是“人生能有几回搏,敢立潮头竞风流”。

参加今天的竞职演讲,我心潮澎湃,有兴奋,有激动,有期待,有希冀,也有一丝忐忑和不安。首先,感谢办公室提供了这样一个机会和平台,感谢各位领导对我的关怀和期许,感谢同志们对我的信任和帮助。

回顾人生匆匆30年,从小学、初中、高中到大学,十余年学习生涯;从教育系统到行政部门,9年多的工作经历;我的人生平淡,我的人更平凡。坦白地说,我既无长才大略和经世才华,也没有经历前辈英烈的壮志义举和现代精英们的多彩人生。我只是一个平凡的人,在自己的人生轨道上寻找属于自己的坐标,在自己的岗位上勤奋踏实地工作。我选择工交科副科长这一岗位,主要基于对这一职位的理性思考和对自己工作能力的客观评估。

工交科的主要职责是联系工业、交通、金融方面的工作,负责相应的文字材料起草、把关、校对及协调督办、调研信息、会务承办的工作。竞争工交科副科长,客观评估,我有以下优势:

一是养成了勤奋踏实的工作习惯。进市政府办公室一年多,在各位领导的教育、帮助和同志们的关心支持下,我很快熟悉了岗位,掌握了业务技能,增强了自身素质,各方面都有了很大的提高和进步。这些成绩的取得,离不开领导和同志们的帮助,也是自己一步一个脚印,踏踏实实走出来的。

二是具有较强的党性修养。我是在党的关怀和组织的培养下不断进步的,对共产党怀有深厚感情。听党的话,跟党走,牢记党的宗旨,执行党的纪律,已成为我的自觉行动。在工作期间,我干一行,爱一行,专一行,忠诚党的各项事业,切实履职尽责,全心全意为人民服务。服从领导,服从大局;坚持原则,严守纪律;务实进取,开拓创新,以自己的勤奋工作实践“三个代表”重要思想,以自己的规范言行维护了群众利益和单位形象。

三是具有良好的群众基础。我正直、诚实、对事业忠心,对同志热情,勤勤恳恳办事,老老实实为人。大事讲原则,小事讲风格,与人为善,乐于助人;尊敬领导,团结同志,吃苦耐劳,任劳任怨,在同志和群众中有着良好的口碑。

用人如器,各取所长。如能竞任工交科副科长,我将从以下几方面继续努力:

一是坚持学习不放松。不断学习新知识,把握新理论,增添新本领,进一步提高自己的理论水平和工作能力。市委、市政府提出了“突出抓产业,重点抓工业”的工作思路,工业经济的突破性发展是全市经济发展的关键所在,自己将围绕这一中心工作,认真学习掌握工业经济工作的政策、法规和理论知识,掌握联系工业经济工作的技能技巧,切实提高工作能力。

二是优质服务不懈怠。深入调查研究，认真思考总结，科学归纳提炼，形成高质量的调研信息和其他文字材料，为领导决策提供更多的智力服务；加强协调和督办，在科长的带领下，团结科室人员，深入基层，深入一线，深入企业，更好地为部门、基层和群众作好服务。

三是严于律己不动摇。坚持讲政治，讲正气，讲原则，讲纪律，时时以共产党员的标准严格要求自己，处处以办公室工作规则规范自己，切实树立廉洁、勤政、务实、创新的良好形象。

我知道，人生旅程并非一片坦途。也许这一次的竞聘我可能失败，但是人生能有几回搏？不管结果如何，我尝试过，我努力过，所以我无怨无尤。我相信，这次的宝贵经历，必将伴我走过人生每一个站台，激励我勇往直前，追求进步，追求自身价值的完美体现。

点评：这是一篇竞聘副科长的演说词。标题概括了文章的主题和性质。正文开头部分对自己作了简单的介绍，对听众表达了衷心的感谢，通过优美动情的语言说明了竞聘工交科副科长的理由。正文主体部分，结构安排合理，每一段主题分明，在每一段开始亮出主题后，后面紧紧围绕主题进行阐述。最后明确表明了自己的信心和对工作的承诺。

［**写法指南**］

竞聘演说词是随着我国人事制度改革中引进竞争机制而出现的一个新文种，目前尚无规范的格式，不过，实践使用中已形成一些大体的写法。一般的竞聘演说词除标题、称谓和结尾外，正文部分可从四个方面来写。

1. 标题

标题有三种写法：文种标题法、公文标题法、文章标题法。文种标题法是只标“竞聘演说词”“竞聘词”；公文标题法由竞聘人和文种或竞聘职务和文种构成，如“关于竞聘××公司副经理的演说词”；文章标题法，可以采用单行标题形式，也可采用正副标题形式。

2. 称谓

主要是指对听众的称呼，书写格式同一般书信。称谓应写得恰如其分，表现出应有的礼貌。

3. 正文

正文第一部分主要写目的和态度。目的是说明为什么要参加竞聘；态度则表明对竞聘的决心。

正文第二部分主要介绍自己的经历，展示自己参加竞争的优势所在。

正文第三部分是竞争成功后的奋斗目标。竞聘者应根据不同的行业、职务，提出不同的任务和目标。这部分用到数字、指标时,力求量化,无法量化的,力求讲得具体化。

正文第四部分是第三部分的延伸,主要写实现奋斗目标的方法和措施。写时重点突出,使人觉得切实可行。

4. 结尾

竞聘演说词的结尾应写得简单,不宜拉得太长。

总之,竞聘词的写作,要求目标明确,内容有竞争性、真实,措施得当,语言准确。

[**病例分析**]

敬爱的老师、亲爱的同学们:

大家好!

今天我站在这里是为了竞选班长这个职位,我的心情是无比激动与感慨。激动是因为我有资格竞选这个班的班长,感慨是因为我再也不是那个缺少勇气的女孩儿。

我认为我有资格担当班长这个职务。第一,我的学习成绩还算可以;第二,我是老师的得力助手;第三,我热情开朗,关心班级,热爱集体,有爱心,能够做一个合格的班长。

戴尔·卡耐基说过,不要怕推销自己,只要你认为自己有资格,那你就能够胜任这个或那个职务。挫折磨炼了我,生活锻炼了我,所以,我一定能担任好班长这个职务。

请大家支持我!

谢谢大家!

分析:首先,这篇竞聘词缺标题,可拟"竞选班长的演说词";其次,竞选的理由过于简单,例如,说到自己学习成绩还算可以,可以给全班同学做榜样时,可展开谈谈具体内容;最后,正文最后部分可以简单说说如果当上班长会如何处理班级事务。

[**牛刀小试**]

假设你是校学生会主席候选人之一,请你写一篇竞聘演说词。

第五节 就职演说词

[**基础知识**]

1. 概念

就职演说词是指通过竞聘后,新上任的领导干部在特定的环境中对听众的一次正式亮相与表态。就职演说词的篇幅一般都比较短小,这就要求语言必须简洁、明快,切忌夸夸其谈,拖泥带水。

2. 特点

就职演说词与求职演说词、竞聘演说词相比有许多相类似之处,但也有自己的突出特点,如具有针对性、承诺性、简洁性、鼓动性。

3. 分类

就职演说词就其内容来说,可分为施政纲领式和表明态度式两种。

[**例文导读**]

例文:

就职演说词

同胞们:

今天,我站在这里,谦卑地接受摆在我们面前的重任。感谢你们寄托给我的信任。感谢我们的祖先为我们的今天所作出的牺牲。我要感谢布什总统,感谢他对我们的国家所作出的贡献,也感谢他在交接过程中所展示出来的慷慨大方和合作精神。

现在,已经有44名美国人进行过总统宣誓。

这些宣誓词存在于平和昌盛时期,也存在于风起云涌的动荡时期。这些时刻,美国都坚持下来了,不是因为那些身居要职的人所表现出来的技巧和形象,而是因为人民对先人理想的坚信,对立国纲领的信守。

过去如此。我们这一代的美国人也必将如此。

目前,我们正陷入危机当中。(略)

这些是数据和统计显示的危机征兆,不可测量却侵蚀了全民的自信——我们开始困扰美国的衰落是否不可避免,我们开始怀疑下一代是否终将风光不再。

今天,我告诉你们,我们面临的挑战是真实存在的。它们严重而繁琐,可能短期内不会遇见,但是美国与它们终将相遇。

今天,我们相聚在一起,因为我们选择了希望来克服恐惧,联合起来解决矛盾和是非。

今天,我们来到这里,宣告冤屈和虚伪诺言的终结,结束相互指责和一无是处的教条,解放长期以来被压制的政治。

我们是一个年轻的民族。圣经上说,时间用来摒弃幼稚。时间已经再度肯定了我们隐忍的精神;选择了我们更好的历史;推进了珍贵的礼物——代代相传的崇高理念:上帝面前,人人平等而自由,人人都有权利追求自己的幸福。

再度肯定我们的民族是伟大的同时，我们必须理解，伟大不是赠予的，而是赢得的。我们并没有走捷径。这不是胆怯懦弱的人（那些好逸恶劳、追名逐利之徒）所走的路。

这是冒险家、实干家和创造者的路。他们中有一些是大名鼎鼎的人，但是更多的是在劳动中默默无闻的男男女女，他们带领我们走过荆棘和崎岖，走向繁荣和自由。

为了我们，他们背起行囊，远涉重洋，寻找新的生活。

为了我们，他们在条件恶劣的工厂埋首苦干，开拓建立了西方世界；他们忍受鞭笞，辛勤耕耘贫瘠的土壤。

为了我们，他们誓死奋战，鲜血洒在康科德（Concord），盖茨堡（Gettysburg），诺曼底（Normandy）和科萨恩（Khe Sahn）。

一次又一次，为了使我们过上更好的生活，他们奋斗牺牲，辛勤工作直到双手布满老茧。在他们眼里，美国超越了每个个体雄心的总和，超越了出身、财富和派系的差别。

这就是我们将继续的征程。我们仍然是地球上最繁荣富强的民族。在这场金融危机开始的时候，我们的劳动者的创造力并没有降低。

我们的思想仍然具有创造性，我们的产品和服务跟上周，上月，或者上一年一样有人需求。我们的能力从未衰退。

但是墨守成规、维护狭隘利益、畏惧艰难决策的时代必然已经过去了。今天，我们必须整好行装，拍拍尘土，开始重建美国的征程。

举目四望，很多事情等着我们去做。国家的经济形势亟待我们大胆而快速的行动。我们会行动——不仅要创造更多的工作机会，也要为经济增长建立新的基础。我们将建桥铺路，建立更多的电网和数字线路来促进商业发展，紧密联系彼此。我们会将科学研究归位，使用高新的技术来提高卫生保健的质量，降低其费用。我们将充分利用太阳能、风能和土壤，来为我们的汽车和工厂提供燃料和动力。我们将改革学校、学院和大学，以适应新时期的需要。这些我们都可以做。这些我们将去做。

现在，有人质疑我们的野心。有人暗示我们的体制不可能容纳太多宏伟的计划。（略）

市场力量是好是坏并不是我们面临的问题。

它创造财富和扩大自由的能力是无与匹敌的。但是，这次金融危机提醒了我们，如果没有监督机制，市场会脱离正常轨道。（略）

说到共同防御，我们拒绝在安全和理想之间做出选择。（略）

我要对那些望着我们的政府和人民说，不管你身处繁华的都市，还是位于像我父亲的出生地那样的小乡村，对于追求和平和尊严的民族、男人、女人和孩子，美国都是你们的朋友，我们已经准备好，在此引领世界。（略）

我将与老朋友和先前的敌人一起，不遗余力地减轻核威胁，解决全球变暖问题。我们不会为我们的生活方式道歉，也不会动摇我们捍卫它的决心。对于那些通过恐怖活动和滥杀无辜来达到目的的人，告诉你们，我们的精神是强不可催的，你们不可能打败我们，而我们将打败你们。

多民族混居是我们的优势，而非劣势。（略）

对于穆斯林世界，基于共同的利益和对彼此的尊重，我们将寻求前进的新方式。（略）

对于贫穷国家的人们，我们保证与你们一起建设茂盛的农场和干净的水源，以滋养饥饿的身体和灵魂。对于那些像我们一样富饶的国家，我们再也不能漠视疆土之外的世界了，也不能不计后果地消耗世界的资源。世界已经变化了，我们必须随之变化。（略）

我们的挑战可能是崭新的。我们遭遇挑战时所面临的情况也可能是前所未有的。

但是，我们赖以成功的价值观——勤劳，诚实，勇敢，公平，宽容，好奇，忠诚和爱国——从未改变。（略）

美国，面对我们共同的危机，在这个艰难的冬季，让我们铭记这些永恒的话语。带着希望和美德，让我们再一次勇敢地面对冰冷的现实，迎击即将来临的风暴。让我们的子孙传唱，当我们接受考验时，我们并没有停止，退缩，更没有踌躇不前。我们在上帝的保佑下眺望远方，我们在自由的道路上勇往直前，我们的精神将万古流芳。

点评：这是美国第44任总统奥巴马于2009年1月20日在美国首都华盛顿特区参加就职典礼发表的就职演说。在这篇就职演说词中，开头对民众的信任、对上届领导人表示了感谢；主体部分则围绕当前的形势与问题，针对听众最为关心的问题明确提出了自己任职期间的工作思路、施政纲领等；最后在结尾处表示自己履行职务的信心和决心。这篇演说词应该说基本符合就职演说词的写作规律，可以作为范文进行模仿和借鉴。

［**写法指南**］

不同的就职演讲，其背景、性质、对象、范围等情况是不一样的，因而它的内容与结构也是丰富而有变化的。但就其基本程序而言，仍可分为以下几个部分。

1. 标题

就职演讲的标题有三类。一类是文种标题，即只标“就职演讲稿”；一类是公文标题,由就任职务与文种构成,如“关于就任××市市长的演讲”;还有一类是普通文章标题,可用单行标题,也可用正副标题。

2. 称谓

指对现场听众的称呼。称谓要根据听众的不同身份而定,力求恰当、得体,如“各位领导,同志们”等。

3. 正文

(1) 开头。就职演讲的开头,一般都要表达任职者的心情与对听众的谢意。开篇要恳切自然,给听众以良好的印象与感受。

(2) 主体。这是全文的主要内容,应当着重谈就职者的工作目标、打算与措施,以获取听众的信任与支持。

4. 结尾

就职演讲的结尾,一般都要发出号召,展望前景,给听众以激励与鼓舞。

[**病例分析**]

就职演说词

同志们:

省委调我来市任职,使我有机会为××市××多万人民服务,我感到非常荣幸,同时又深感责任的重大。

作为新任市长,新官上任三把火,具体到政府工作,我们要做到“三不变、五坚持”。

当前,要认真学习、全面领会党的十六大精神,围绕主题,把握灵魂,深入学习,务求实效。要把思想和行动统一到十六大精神上来,以全面建设小康社会的奋斗目标统揽工作全局。

要围绕中心,把握全局,处理好经济建设与其他工作的关系。坚持以经济建设为中心不动摇,增强忧患意识,找准差距,正视困难,艰苦奋斗,始终保持昂扬的精神状态。

要切实转变作风,以发展的观点营造勤政为民、与时俱进的政府工作氛围,要把主要精力用在调控、引导、监督、服务上,用在改善发展环境、解决人民群众的实际困难上。政府工作人员要善于学习,努力掌握经济发展的规律,使政府工作特别是政府决策符合经济发展的规律。要以改革意识建立运转协调、办事高效的工作机制,增强工作透明度,进一步规范行政行为,促进依法行政,把政府的职能真正转到宏观调控、市场监督、社会管理和公共事务上来。要以求实的作风面向群众,把好事办好,实事办实,既要注意大多数群众普遍关心的共性问题,使大多数群众得到实惠,又要注重解决困难群体的特殊问题,切实保障他们的基本生活;既要着眼于人民群众的长远利益,集中力量办大事,从根本上改善人民群众的生产生活条件,又要立足当前,从人民群众的迫切需要做起,切实解决他们的眼前困难。要进一步强化群众观念,体察民情,了解民意,集中民智,珍惜民力,真正做实事求是的表率,做联系群众的表率,做艰苦奋斗的表率,做清正廉洁的表率,做遵守纪律的表率,不断提高领导水平。以解决人民群众关心的热点、难点问题为重点,深入基层调查研究,政府各部门要深入基层,深入企业,深入实际,调查研究,认真解决群众关心的重大问题。总之,要求真务实,开拓创新,适应社会主义市场经济发展的新要求,在市委的领导下,自觉接受人大、政协的监督,扎扎实实地把政府工作提高到一个新水平。

谢谢大家!

分析:就职演说词中最好阐述一下何为"三不变,五坚持";"新官上任三把火"不适宜自己用;最好能够明确自己上任后的决心和态度。

[**牛刀小试**]

假设你已经成功竞聘当上校学生会主席,请你写一份就职演说词。

第六节　述职报告

[**基础知识**]

1. 概念

述职报告是领导干部、公务员、专业技术人员和生产经营管理人员等向上级机关、所在单位的组织人事部门和干部群众陈述自己在某一时期内完成工作、履行职责的情况的一种文书。

述职报告是管理和考核干部的重要方式之一。对于相关工作人员来说,撰写述职报告,可对自己的任职情况加以回顾和反思,有利于自审和提高,也有利于改进工作;对于一个单位或部门来说,要求领导干部提出述职报告,利于考核干部,也便于群众民主监督。

2. 特点

述职报告具有个人性、真实性、通俗性。

3. 分类

根据不同标准,述职报告有不同的分类:按内容分,有综合性述职报告、专题性述职报告;按时间分,有任期述职报告、年度述职报告、临时述职报告;按报告主体分,有集体述职报告、个人述职报告。

[例文导读]

例文：

年度述职述廉报告

各位领导，同志们：

××年，面对复杂多变的发展形势，我在上级党委政府和市委的正确领导下，按照建设××的总体要求，紧密团结市政府班子，紧紧依靠全市广大干部群众，坚定意志，积极应对，群策群力，共克时艰，较好地完成了年初确定的各项目标任务。现根据省委的有关要求，述职述廉如下：

一、坚持发展为要，着力谋划全局

秉承科学发展理念，结合当前的宏观形势与××所处的发展阶段，围绕区域经济的体制转型、社会事业的和谐发展开展调研，进一步理清发展思路，明晰发展方向。一是认清形势，提振信心。去年下半年以来，受全球性金融危机的影响，国内经济陷入疲态，××的发展也面临着挑战。在困难面前，我反复强调并多次在大会上指出，越是在困难面前，越要保持清醒头脑，坚定信心，越要在危中寻机，加快发展，努力激发机关干部、企业家在逆境中创业创新的激情。二是找准切入点，优化生产力布局。结合当前正在建设的铁路与××区块开发的实际情况，提出要大力发展铁路经济和临港型经济，着力培育新增长极，促进生产力布局进一步优化。三是立足工贸互动，加快产业转型升级。根据××产业发展的历史和特征，我觉得××过去的成功在于建立了一种良好的工贸产业结构，××明天的又好又快发展必须立足这一现实优势，继续坚持走工贸互动之路。在制造业发展上，提出要以创新为主线，一手抓传统产业的振兴，一手抓新兴产业的培育，积极提升制造业的发展层次；在服务业发展上，提出要着眼二、三产业融合联动，优先发展生产性服务业，积极引导工业企业主辅分离，全力构筑市场、金融、会展、物流等平台。

二、坚持项目为本，着力破解难题

项目是发展的支撑和载体，是政府工作的主要抓手。一年来，我把主要精力放在重大项目建设上，突出抓好项目的推进和保障。

一是勤督查，抓重点项目推进。工程项目的推进涉及面广，程序多，往往因某个环节受阻而影响项目推进。为加快工程项目推进，我探索建立了项目推进督查协调机制。对重点项目，我都亲自过问，亲自督查。全年安排各类重点建设项目××个，其中××个列入省、市重点建设项目，完成投资××亿元。

二是重协调，破要素瓶颈制约。为有效缓解要素的供需矛盾，我坚持“两腿走路，多措并举”，既抓开源，又抓节约集约。土地方面，全年共有××个项目列入省重点工程，上报批准农转用土地××亩，争取计划外指标××亩，农转用报批率达100%；倡导“零增地”技改、土地整理、建设多层标准厂房等方式，盘活存量，扩大增量，提升容量，全年共安排××家企业实施“零增地”技改，新增厂房面积××平方米。资金方面，扩大融资平台，加大筹措力度；加强税收征管，全年实现财政总收入××亿元，地方财政收入××亿元。针对输变电项目推进困难的现状，我经常到基层现场办公，协调解决相关问题，全年新增装机容量近××千伏安。

三是多帮扶，助企业渡过难关。××年的经济形势是极具戏剧性变化的一年。下半年开始，受美国金融危机冲击和影响，国内经济形势急转而下，企业生存面临着极大的挑战。困难面前，我要求广大机关干部要树立“保就业就要保企业，保企业就是保民生、保发展、保稳定”的理念，怀着感情，带着责任，多做雪中送炭的事，积极帮扶企业共渡难关。加强政策的服务，要求税务、工商、土地等相关部门吃透上级文件精神，多做宣传，多想办法，引导企业用足用好国家的优惠政策，努力创造更加宽松的发展环境。建立政府与金融机构的协调机制，在平时下企业调研过程中，多请相关银行参加，现场对接落实，推进银企合作。同时，及时调整企业社保“五费”征收比率，有效降低企业负担。

三、坚持潜绩为重，着力改善民生

牢固树立“潜绩为民”的政绩观，引导干部把改善民生放在更加突出的位置抓紧抓好，真正做到“群众利益重于山”。

一抓民生保障工程。（略）

二抓城市的路网建设。（略）

三抓群众反映强烈的热点难点问题。（略）

四、坚持自律为先，着力政风建设

政风建设事关政府形象和民心向背，直接影响到××事业的健康发展。一年来，我以身作则，率先垂范，从严治政，大力加强政风建设，为××发展营造了风正、心齐、气顺的良好局面。

一是加强班子队伍建设。（略）

二是自觉落实党风廉政建设责任制。（略）

三是坚持以身作则廉洁从政。（略）

总之，在市委的正确领导下，在人大、政协的监督支持下，在班子成员、各部门、各单位负责同志的大力支持下，去年我市经济社会发展取得了一些成绩，本人也经受了锻炼和考验，能力和修养有了提高。但也存在许多不足和问题，如经济增长方式转变步伐不够快、社会事业仍然滞后等，特别是在资源和环境的承载压力越来越大、群众对生产生活环境的要求越来越高的情况下，如何从维护群众的根本利益出发,推进经济社会和谐协调发展上,还有许多工作要做、要思索。从个人角度来讲,我这个人事业心、责任心强,要求高,比较急,增加了同志们的压力,有时为工作批评一些同志,场合欠注意,程度比较重,可能伤害了这些同志的感情,这些都需要切实加以改进。真实、真诚、进取是我的本色,我仍将保持。下阶段,我将继续以科学发展观为指导,坚持"为民、务实、清廉",在××的领导下,更好地履行自己的职务和职责,带领市政府班子更好地服务于××人民。

点评:这篇述职报告,开篇明义,直入主题;正文主体部分能够通过一个个主题将自己的工作列举出来,中心明确、条理清晰;正文结尾部分内容不长,仅有300多字,却准确指出了工作中存在的问题、不足及今后的打算。

[**写法指南**]

述职报告一般由标题、称谓和正文、署名几个部分构成。

1. 标题

述职报告的标题分为以下几种:只写文种"述职报告";由任职时间、述职者职务和文种组成,如"20××年×公司总经理的述职报告";由时间和文种组成,如"20××年述职报告";由职务和文种组成,如"××中学校长的述职报告";双标题正标题标明述职报告的主旨,副标题补充说明述职者的职务、述职报告的时间、文种等。

2. 称谓

述职报告的称谓要写明报告对象或主送机关,如"各位领导,同志们""××组织人事部""××董事会"。

3. 正文

正文一般由开头、主体和结尾三部分组成。

(1) 开头。写任职的情况,包括任何职务、任职时间、岗位目标和自我评价等。要写得集中概括、简明扼要。

(2) 主体。这是述职报告的核心部分,主要报告履行职责的具体情况,一般包括任职期间所做的主要工作,取得的主要成绩;存在的问题、缺点;个人的认识和体会,主要经验、教训;今后的工作设想。

(3) 结尾。主要写以后的打算和决心等。

4. 署名

在正文右下方写明述职人的职务、姓名。如果标题中已出现,此处可以省略。署名下面写日期。

[病例分析]

述职报告

各位领导、老师,亲爱的同学们:

大家好!

本学期远程教学部学生会已基本步入正轨。在总结过去一个学期的工作经验的基础上,在全体委员干事的共同努力下,学生会围绕远程教学部中心工作,开展了一系列丰富多彩的校园活动。作为学生会主席,我将这学期的工作总结如下:

一、各项工作条理化、档案化、制度化。

二、响应号召,不断学习。

三、多元化的分支组织。

四、扬远程特色,举"开拓"大旗。

五、注重活动的学术化。

六、积极组织开展社会实践。

一分耕耘,一分收获。在日常的管理中,我虽然做出了一点点成绩,但随着对学生会管理人员的要求会越来越高,我感到差距还很大。只有通过不停地学习、总结、提高,才能适应。我愿以全部的精力投入到学生会的发展中去,为我们辉煌明天贡献出自己的全部力量。

分析:该述职报告只是简单地罗列事实,没有指出主要业绩以及存在的问题,更谈不上问题的解决之道。最后部分缺署名、日期。表述方面也存在着语病,如"我虽然做出了一点点成绩,但随着对学生会管理人员的要求会越来越高,我感到差距还很大",语意不清。

[牛刀小试]

假设你已经任校学生会主席一年,请你写一篇相关的年终述职报告。

第七节 辞职信

[基础知识]

1. 概念

辞职信也叫辞职书或辞呈,是辞职者辞退在原工作单位所担任的职务和工作时写的书信。一般在打算离开前一个月提出申请。

2. 辞职信具有含蓄、简洁的特点。

[例文导读]

例文：

李总：

您好！

经过深思熟虑，我决定辞去艺术总监一职，因为考虑到目前行业的现状以及我自身的专业水平，我想重返校园进一步深造，以适应今后的发展。

在此辞呈递交之后的1个月内我将离职，这样您将有时间去寻找适合人选来填补因我离职而造成的空缺，同时我也能够协助您对新任艺术总监进行工作交接，使他尽快熟悉工作。另外，如果您觉得我在某个时间段内离职比较适合，不妨给我个建议或尽早告知我。

我非常重视我在公司工作的这段经历，也很荣幸自己曾经是公司的一员，我确信我在公司里的这段经历和经验，将为我今后的发展带来非常大的帮助。再次对您和公司表示感谢！

此致

敬礼！

×××

20××年×月×日

点评：这封辞职信，不设标题，直接从称呼开始，开门见山表明辞职的事由，申述合情合理；通知对方自己离开的时间，同时为对方留出了寻找替代人员的时间，处处为对方着想，显示了良好的职业道德；最后，离开之前对公司表示感谢。这是一封标准的辞职信，可模仿借鉴。

[写法指南]

辞职信一般包括标题、称呼、正文和落款四个部分。

1. 标题

首行正中写“辞职信”三个字，字体略大于正文，也有的不写标题，直接从称呼开始，类似一般的书信。

2. 称呼

标题下一行顶格写本单位人事主管部门领导的名字，或者本部门直接主管领导的名字。

3. 正文

正文一般分成以下三个部分来写：

首先要直接表明辞职的意图，说明辞职的原因。其次要说明个人打算离开的时间。一般提前2至4周或根据企业规定时间提出辞职。最后对过去接受的培训、取得的经验或者建立的关系向单位、上级表示感谢，这样有助于保持良好的人际关系，有利于下一步的发展。

4．落款

正文右下角署上辞职者的名字，下一行写上具体的时间。

[**病例分析**]

辞职信

尊敬的×总：

您好！

屈指算来，我到公司已有×个月了，这×个月里，虽然我的工作并不是尽善尽美，但在公司同事们的帮扶、辅佐下，尤其是在您的信任与支持下，我也要求自己尽心尽职，每一项工作都用了自己十二分的努力去对待。平心而论，领导青睐器重，同事齐心融洽，这真的是我工作以来所遇到的最好的工作环境。

但犹豫再三，我还是写了这封信。

我要离开公司了！

虽然我心里也真的不愿意，但我不得不这样选择。

您知道虽然我是个女孩，但我并不是个怕吃苦的人。而让我感到难堪的是，身体不好，居然成了我这次离开公司的理由。虽然我的毛病不是什么大问题，但医生一再叮嘱要我好好静养，这令我不得不认真对待。您知道，对于一个女孩来说一份好的工作固然重要，但一个健康的身体却是一切的根本。

我是一个理智而现实的人，虽然事业上的进步也是我的梦想，但我不敢去拼什么青春。健康对我来说，真的比什么都要重要。以我现在的身体状况，已经不能再胜任您交给我的工作，所以我不想为难自己，更不愿让您及公司为难，我必须要离开了。我真的需要休息一段时间，我不想自己这样的年龄就有着这样或那样的隐疾。尽管我知道这样的理由在别人看来并不算是什么，但对我来说它真的很重要，这点还希望你理解与谅解。

加入公司以来，您对我的器重与信任，我非常感动，也成为激励我努力工作的动力。在您及同事们的热心指导与悉心帮助下，我个人无论是业务素养的提高，还是社会阅历的丰富都是非常明显的。我常想，自己应该用一颗感恩的心，去回报您及公司对我的厚爱，真的想用自己的努力去做好您交给的每一份工作任务，但自己的能力真的很有限，不一定做得都能让你满意，所以在工作中如果有什么失误与不足的地方，我只能对您说声抱歉，请您原谅！再一次真诚地感谢您及公司全体同事对我的关爱与信任！

悬请您接受我的辞职请求！

谢谢！

×××

20××年×月×日

分析：这封辞职信长篇大论辞职原因，不够简明扼要，且没有点明明确的离职时间；表述啰唆拖沓，逻辑不清。

［**牛刀小试**］

毕业在即，假设你将不能继续担任校学生会主席一职，请你向你的上级写一封辞职信。